GÜTERSLOHER
VERLAGSHAUS

G

Bärbel Wartenberg-Potter

Anfängerin

Zeitgeschichten meines Lebens

Gütersloher Verlagshaus

Der Neubeginn, der mit jeder Geburt in die Welt kommt,
kann sich in der Welt nur darum zur Geltung bringen,
weil dem Neuankömmling die Fähigkeit zukommt,
selbst einen neuen Anfang zu machen, d.h. zu handeln.
Im Sinne von Initiative ...

Hannah Arendt

Für meine Schwestern Christel, Traudel, Heidi und Hannelore
und als Fünfte im Bunde, Marie

Inhalt

S. 116 ¾₀

S. 175 !

S. 201
S. 208 !

handwritten annotations: 285, Alter, S. 287, S. 289, Münster, S. 291

So wie ein Bach ...

In diesem Buch erzähle ich Geschichten aus meinem Leben. Aber nicht immer der Reihe nach, sondern eher »... *so wie ein Bach durch Hügel und Laubwälder fließt; mit jedem Felsen, auf den er trifft, und mit jedem Gras bewachsenen, kiesigen Vorsprung, der in seinen Weg ragt, verändert sich sein Lauf; ... ein Bach, der nicht eine Minute lang gerade verläuft, der aber läuft ... und am Ende seines Kreislaufs nur einen Meter weit von dem Bett entfernt fließt, das er eine Stunde zuvor durchlaufen hat; immer aber läuft er ...*« (Mark Twain)

So ist es mit diesem Buch. Die Geschichten sind recht eigenwillig in meiner Erinnerung aufgetaucht, haben sich oft überraschend miteinander verbunden nach der Logik meines Lebens, nicht immer nach seiner Chronologie.

Ein Freund behauptet, die Sprache der Hoffnung sei *nicht das Argument*, sondern das *Erzählen*. Ich habe immer gerne erzählt. Also erzähle ich, was ich über das Leben herausgefunden habe. Mit einiger Entdeckerinnenfreude! Als ob ich es erfunden hätte! Daraus ist ein Buch meiner Begeisterungen entstanden. Aber das Traurige und die Niederlagen fehlen deshalb nicht, ebenso wenig wie die Theologie, die Kirchenpolitik und die Zeitgeschichte.

Geschrieben habe ich es mitten in den häuslichen Erfordernissen der Begleitung meines fast 92jährigen Mannes, Philip Potter, des ehemaligen Generalsekretärs des Weltkirchenrates. Ohne seine lebensfrohe Gegenwart wäre das Buch nicht entstanden.

Aber dann habe ich mich auch in die Stille Mecklenburgs zurückgezogen, in das gastfreundliche *Gutshaus-Hotel Parin*, wo mich liebevolle Menschen versorgen und mir die Köstlichkeiten der vegetarischen Küche auftischen. Ich blicke in die uralten Bäume, die ihre Äste in den eisigen Winterwind strecken. Der nächtliche Sternenhimmel lässt viel Raum für die Erinnerungen. Zuhause hält derweil Frau Rita Göbel mit tüchtiger Hand unser Haus in Ordnung und hilft meinem Mann. Die Freundinnen Dorle Dilschneider und Angelika Schmidt-Biesalski ermöglichten mir durch klugen und praktischen Rat, Jörn Halbe, Georg Pfäfflin und Antje Vollmer durch ideenreiches Mitlesen dieses Buch in Form zu bringen. Viele andere Menschen haben das Ihre beigetragen, damit ich den richtigen Ton fand. Danke von Herzen an alle! Es bewahrheitet sich einmal mehr: Der Mensch ist die Medizin des Menschen.

Lübeck, im Mai 2013   *Bärbel Wartenberg-Potter*

Erstes Kapitel

Was willst du mit deinem Leben anfangen?

Leben an der Grenze

Im Pfälzer Wald, im hintersten Winkel sozusagen, an der deutsch-französischen Grenze liegt das Dorf, in dem ich aufgewachsen bin. Dieses Buch beginnt, wie mein Leben, an einer Grenze.

An manchen Wochenenden rief mein Vater den wanderfreudigen Teil der Familie, seine Frau, seine fünf Töchter und die möglichen Schwiegersöhne, die Tanten, die Ferienkinder und besuchsfreudige Verwandte zusammen, um »in den Wald zu gehen«.

Der Wald war das unerschöpfliche Reservoir von Entdeckungen in meinem Kinderleben. Die Familie wanderte oft durch die herrlichen Buchen- und Mischwälder. Wir schöpften mit der Hand Wasser aus den Quellen, die aus dem weichen Sandstein sprudelten und liefen an kleinen Weihern voller Entengrütze vorüber. Irgendwann überquerten wir die Grenze, hinauf zu den elsässischen Burgen, dem Wasigenstein, dem Fleckenstein, den Windsteinen. Manchmal stand da ein alter Grenzstein am Weg, Moos bewachsen, ein großes B auf der einen Seite – die Pfalz gehörte einmal zu Bayern – ein F auf der anderen. Dann machten wir einen übermütigen Sprung von einer Seite auf die andere und riefen: »Jetzt sind wir in Frankreich. Bonjour Babette.«

Frankreich, das war Ausland und noch vor wenigen Jahren Feindesland gewesen. Mein Vater zeigte uns die Stellen, die er als

Meldegänger des Zweiten Weltkrieges abgelaufen war. Die Familie hatte aus dem Heimatdorf wegziehen müssen, weil unsere Schuhfabrik zu Beginn des Zweiten Weltkriegs im Schussfeld des strategisch wichtigen »Westwalls« stand, den Hitler hatte bauen lassen, das Bollwerk gegen Frankreich. Die Schuhfabrik wurde abgerissen. Nach dem Krieg sind wir zurückgekommen und mein Vater hat die Fabrik wieder aufgebaut. Ich bin in einem Geschäftshaushalt groß geworden.

Im Wald begegneten wir manchmal deutschen Zöllnern mit Schäferhunden. Die kannten uns. Aber die französische Grenzpolizei forderte streng unsere Ausweise. Es war ja verboten, über die grüne Grenze zu gehen.

Es kam auch vor, dass sich im Dunkel der Nacht fremde Männer über diese Grenze schlichen, um illegal in die französische Fremdenlegion zu gelangen. Wenn uns einer von ihnen in der Dämmerung begegnete, bekam ich es mit der Angst zu tun. Fremdenlegion, das war eine tödliche Angelegenheit. In der Fremdenlegion wurden die Männer oft an den gefährlichsten Stellen eingesetzt, in Algerien, in Indochina. »Sie sind Kanonenfutter«, sagte mein Vater, »da geht einer nur hin, wenn er etwas auf dem Kerbholz hat oder – ein dummer Junge ist«.

Vom Truppenübungsplatz in der Garnisonsstadt Bitsch hörten wir oft das dumpfe Donnern der französischen Kanonen. Irgendwann in den 1960er Jahren haben dann auch noch die Amerikaner ihre Raketen in unserem schönen Wald gelagert und unsere Wanderwege versperrt. Deutsche Starfighter und französische Mirage-Flugzeuge flogen mit ohrenbetäubendem Lärm im Tiefflug über uns hinweg. Der Kriegsgott hatte anscheinend sein Lager an unserer Grenze aufgeschlagen. Unsere Idylle war keine.

Beim Wandern wurden wichtige Dinge besprochen. Mein Vater sprach mit mir oft über Fragen des Lebens. Er war es, der meine intellektuelle Neugier geweckt hat. Einmal fragte er mich, als ich vor dem Abitur stand: »Was willst Du jetzt mit Deinem Leben anfangen?« Ich musste mich entscheiden, ob ich, als erste in der Familie, studieren wollte. Etwas als Erste anfangen? Das war nicht leicht. Aber ich habe den Schritt gewagt, bin von der Familie weg gezogen und habe in Heidelberg mit dem Studium begonnen.

Die Schlagbäume an der deutsch-französischen Grenze sind später gefallen. Jetzt konnten wir mühelos hin- und herfahren, ohne Grenzkontrollen. Wir gingen ins Elsass zum Wandern, zum »Französisch-Essen« und um das schöne Straßburg zu besuchen.

Heute verbringe ich meine Ferien in einem Dorf auf der elsässischen Seite der Grenze, nur zehn Kilometer Luftlinie von meinem Heimatort entfernt, in einem alten Haus mit ausgetretenen Treppen, rußgeschwärzten Balken und knorrigen Apfelbäumen im Garten. Über das Schilf im Tal fliegen die Vogelschwärme. Tiefster Friede. Früher hatten das deutsche und das französische Dorf sogar einen gemeinsamen Friedhof.

Im Elsass bin ich heimisch, unter den bunten Sandsteinfelsen und im Frieden mit den Leuten, die Elsässisch und Französisch sprechen. Die alte Feindschaft hat sich einfach aufgelöst. Hie und da gibt es noch ein paar alte Ressentiments auf beiden Seiten.

Auf der elsässischen Seite ist nicht alles so begradigt wie auf der deutschen. Das passt zu meinem karibischen Mann und mir, einem schwarz-weißen Ehepaar mit großem Altersunterschied. Mein Mann spricht auch Französisch. Es ist eine seiner Muttersprachen. Dank der Überseeprovinzen gehören Menschen anderer Hautfarbe für die Franzosen zum Alltag.

Wir gehen oft »hin und her«. Meine Schwestern leben noch auf der deutschen Seite. Wir fahren über die Grenze, die es in der neuen europäischen Zeit fast nicht mehr gibt. Die Amerikaner sind inzwischen mit ihren Raketen wieder abgezogen. Der Kalte Krieg ist vorbei. Der Wald gehört wieder uns.

Was ist aus der Grenze geworden? *»Die Grenze ist der eigentlich fruchtbare Ort der Erkenntnis«*, sagt der Theologe Paul Tillich. Seit ich als Kind die Grenze überschritten habe, ist sie Teil meines Lebensverständnisses geworden. Ich bin über viele Grenzen gegangen in meinem Leben und habe »fruchtbare Erkenntnisse«

gesammelt, auch schmerzliche und im wahrsten Sinne »grenzwertige«. Es wurde zur Herausforderung, Grenzen zu überwinden, sie aber auch manchmal zu akzeptieren! Denn sie können vor dem Sog der Grenzenlosigkeit schützen. Tillich sagt: »*Das Dasein auf der Grenze, die Grenzsituation ist voller Spannung und Bewegung. Sie ist in Wirklichkeit kein Stehen, sondern ein Überschreiten und Zurückkehren, ein Wieder-Zurückkehren und Wieder-Überschreiten, ein Hin und Her ...*«

Manche Menschen stehen vor einer Grenze und haben Angst, sie zu überschreiten. Das war bei mir selten der Fall. Da überwogen meist die Neugier und Entdeckerinnen-Freude. Etwas Neues fängt an! Nach der Grenze trete ich ins Neuland. Da kann man und besonders auch frau etwas Neues anfangen. Eine neue Spur legen. Da sind noch keine Fußstapfen, in die ich treten muss. Glück des Anfangs!

Ich hatte immer Lust auf das Neuland. Besonders wenn ich sah: Es *muss* etwas getan werden. Ich war oft empört über die Zustände in der Welt. Ich wollte nicht nur reden – obwohl ich das auch gerne tue – sondern etwas tun. Meine Phantasie für eine bessere Welt einsetzen. Gelegenheiten beim Schopf packen. Später lernte ich auch, für eine Idee eine Struktur zu schaffen, damit sie Bestand hat und weiterlebt.

Aber jedem Anfang wohnt nicht nur ein Zauber inne, sondern auch die Möglichkeit, auf die Nase zu fallen. Man kennt sich noch nicht aus. Macht Fehler. Schätzt Situationen falsch ein. Misst mit den alten Maßstäben. Schafft Missverständnisse. Scheitert. Verletzt andere. Ich bin in manches Fettnäpfchen getreten – wir Pfälzerinnen sind, so sagte man mir schon in der Schule, auch gerne etwas vorlaut.

Wie ein roter Faden ziehen sich diese Fragen durch mein Leben: *Was kommt hinter der Grenze? Was kann ich im Neuland anfangen?*

Zweites Kapitel

Ein Wanderzirkus Gottes

Anfänge meiner Berufstätigkeit. Aktion Missio

Im Sommer 2008 wurde ich im Lübecker Dom – begleitet von vielen Weggefährtinnen und -gefährten aus der nahen und weltweiten Ökumene, aus der leiblichen und spirituellen Familie – mit viel Singen und Reden in den Ruhestand verabschiedet. Sieben Jahre zuvor hatte ich bei meiner Einführung ins Amt der Bischöfin gesagt: »Ich möchte Gottesdienste feiern, in die ich auch selbst gerne gehe«. Beim Abschied nun war dieser Wunsch mehr als erfüllt. Festliche Musik erklang in diesen Abschiedsstunden, neue Lieder wurden gesungen, sogar auf Plattdeutsch: »Gott is bi di. Wes man nich bang«. »Gott ist bei dir, hab' keine Angst.« Eine Freundin aus Dänemark sang mit zartester Stimme den Prolog des Johannesevangeliums auf Dänisch. Eine deutsch-amerikanische Schwester im Dreiklang mit mir und der Gemeinde ein glanzvolles Taizé-Lied. Der Domchor füllte das Kirchenschiff mit großem Ton. Ruhige Saxophontöne zogen durch das helle Kirchenschiff und dazu tanzte eine junge Frau ausdrucksstark das Thema meiner Predigt: »*Das große Genug*«. Die Geschichte vom Manna in der Wüste. Gott hatte dem wandernden Volk Israel in der Wüste das Manna geschickt, Speise genug für jeweils *einen* Tag.
Das Abendmahl wurde zum Abschieds-Mahl. Die Liturgie sprach von dem, was damit schon immer gemeint ist, jetzt aber in einer für heutige Menschen verständlichen Sprache.

Da stand ich am Altar in der Mitte des Kirchenschiffes, umgeben von mir besonders nahen Menschen aus Nordelbien und der zukünftigen Nordkirche. Zusammen mit vielen teilte ich das Abendmahl aus. Neben mir stand der schwer versehrte Bruder aus Südafrika, Father Michael Lapsley. Er hielt den Brotteller mit zwei Eisenhaken. Seine Hände hatte er bei einem ihm geltenden Bombenanschlag verloren.

Der Dom rauschte und durch das strahlende Fenster des Westwerks fiel jenes mystische, unvergleichliche Licht, das mich so oft erfüllt, getröstet und gestärkt hatte. Jetzt war das Ende meiner bischöflichen Zeit gekommen.

Und doch weniger Ende als noch einmal ein Anfang.

Es sollte weitergehen nach den so reich erfüllten Jahren im bischöflichen Amt. Aber langsamer. Ich war 65 Jahre alt. Ich hatte fast ohne Unterbrechung seit 1970 an verschiedensten Stellen »im Weinberg Gottes« gearbeitet. Zuweilen hatte mir das Ende meines Berufslebens schon vorgeschwebt, als ich im September 2000 unerwartet ins bischöfliche Amt gewählt wurde, nach Maria Jepsen und Margot Käßmann als dritte Frau in Deutschland. Zusammen mit meinem Mann Philip Potter, dem »großen, alten Mann der Ökumene«, sollte es nun im Ruhestand geruhsamer weitergehen. Ich wurde wieder, was ich immer gewesen war: eine Frau, der die Gerechtigkeit Gottes unter den Menschen und die Erneuerung der Kirche am Herzen liegt. Von nun an aber ohne Amtsbefugnisse.

◆ ◆ ◆

Anfangen also.

Ich bin wohl eher eine Anfängerin als eine geduldige Langstreckenläuferin.

Am Anfang meines Berufslebens stand die Entscheidung, nicht den geebneten Weg als Lehrerin in ein Tübinger Gymnasium zu gehen, sondern Neuland zu betreten. Ich hatte gerade das zweite Staatsexamen für das höhere Lehramt in Deutsch und Religion abgelegt. Der Titel meines Examensarbeit lautete: »Entwicklungshilfe. Ein sozialethisches Thema im Religionsunterricht der gymnasialen Oberstufe«. Es war der Versuch einer Antwort auf die Umbrüche, die wir damals, 1969, durchlebten. Mein bisheriges Weltbild war tief erschüttert: vor allem durch den Vietnamkrieg mit seinen Napalmbomben und dem Entlaubungsmittel »Agent Orange«, mit dem die Amerikaner den Wald entlaubten und die Dörfer Vietnams zerstörten; aber auch durch den Biafrakrieg mit den vielen Hungertoten; durch die Revolutionen in Lateinamerika; das China Mao Tse Tungs. Und durch die Eroberung des Weltalls, als am 21. Juli 1969 die Astronauten der »Apollo Mission« die ersten Schritte auf dem Mond taten. Alles war plötzlich anders geworden. Die Welt war geschrumpft, war ein globales Dorf geworden und – sie ging uns etwas an. Wir waren aufgewacht, erschüttert, empört. Wir, mein zukünftiger Mann Wolfgang und ich hatten miteinander Theologie studiert und waren durch all diese Veränderungen aufgerüttelt.

In der Kurrende der evangelischen Studentengemeinde in Tübingen hatte ich unter den Sängerinnen Hilfe für die Versorgung einer Mitstudentin aus Persien, also Iran gesucht. Sie war an Multipler Sklerose erkrankt. Da hatte Wolfgang sich gemeldet und Frau Mortazi einmal in der Woche im Rollstuhl spazieren gefahren. Sie nahm später freudig in Anspruch, unsere Ehe gestiftet zu haben. Miteinander haben wir dann in der Tübinger Studentengemeinde die »Dritte Welt« entdeckt: Kolonialismus, Rassismus, Verarmung, Ausbeutung. Besonders durch den Kirchentag 1969 in Stuttgart war unser Gerechtigkeitssinn geweckt worden.

Mein Referendariats-Ausbilder, Gerhard Martin in Tübingen, hatte uns ReferendarInnen gefragt, ob jemand Interesse hätte, in einem ökumenischen Team mitzuarbeiten, das Pater Willigis Jäger aus Münsterschwarzach ins Leben gerufen hatte, die »Aktion Missio«. Ja, ich hatte Interesse, das war für mich wie eine Tür ins Freie, eine Möglichkeit, teilzunehmen am Kampf für mehr Gerechtigkeit in der Welt. Aufzuklären!

Am 4. April 1968 war Martin Luther King, der schwarze amerikanische Bürgerrechtler und Pastor, ermordet worden. *»Ich habe einen Traum, dass eines Tages auf den roten Hügeln von Georgia die Söhne früherer Sklaven und die Söhne früherer Sklavenhalter miteinander am Tisch der Brüderlichkeit sitzen können ...«,* hatte er gesagt. Es war, als ob auch sein Traum ermordet worden wäre. Im gleichen Jahr hielt der Ökumenische Rat der Kirchen (ÖRK), auch Weltkirchenrat genannt, mit Sitz in Genf, seine Vierte Vollversammlung in Uppsala in Schweden ab. Der Weltkirchenrat ist eine Organisation, die heute 345 Mitgliedskirchen in allen Teilen der Erde hat, mit etwa 500 Millionen Gläubigen aus den Kirchen der Reformation und der Orthodoxie. Eine Vollversammlung ist die Zusammenkunft von ChristInnen von allen Teilen der Welt. Die römisch-katholische Kirche ist nicht Mitglied, arbeitet aber in der »Faith and Order-Commission« »Glaube und Kirchenverfassung« verbindlich mit.

Bei der Vierten Vollversammlung hätte Martin Luther King sprechen sollen. Der Weltkirchenrat trat damals ganz neu in mein Blickfeld. Zum ersten Mal hörte ich eine Kirchenorganisation über Rassismus und Unterdrückung, über reale Gerechtigkeit und Frieden sprechen. Und wie! Bis dahin war es für mich unvorstellbar gewesen, dass solch radikale Reden auf einer Kirchenversammlung gehalten wurden. Es sprachen der Präsident Sambias, Kenneth Kaunda, die britische Ökonomin Barbara Ward und der schwarze Schriftsteller James Baldwin. Die Vollversammlung fasste weitreichende Beschlüsse und empfahl beispielsweise den Regierungen, 0,7 % ihres Bruttosozialproduktes für gerechte Entwicklung bereit zu stellen. Bis heute ist diese Zahl übrigens in Deutschland nicht erreicht worden. »Justice, not charity«. »Gerechtigkeit, nicht Wohltätigkeit« war die Forderung der »Dritten Welt«, wie wir damals noch sagten. Alle Dokumente der Vollversammlung hatte ich mit großem Staunen und Feuereifer gelesen. Es war ein theologisches Erwachen geworden, das mich motivierte, in der »Aktion Missio« mitzuarbeiten.

1970 also wurde ich das erste evangelische Teammitglied der »Aktion Missio«. Mein Bild von katholischen Ordensleuten war sehr altmodisch. Hier traf ich nun auf eine ungewöhnliche Schar von Ordensleuten, mit und ohne Habit, Frauen und Männer, die als Missionare in allen Teilen der Welt unterwegs gewesen waren. Inspiriert vom Zweiten Vatikanischen Konzil, hatten sie etwas Neues angefangen, etwas Ökumenisches.

Es wurde eine Erfahrung herrlicher Freiheit, dieses Neue gemeinsam zu gestalten. Mit einem Ordensmann, einem »Weißen Vater«, Helmut Hubert – der aber kein bisschen väterlich, sondern eher jungenhaft und jederzeit bereit war, von seiner Arbeit in Tansania zu sprechen – fuhr ich durchs schwäbische Oberland. Wir organisierten die Besuche der »Aktion Missio« in den Schulen und Kirchengemeinden, mit einem Brief des Kultusministers und der Bischöfe in der Tasche. So etwas Ökumenisches war damals erlaubt! Unser Team bestand aus zehn und mehr Leuten, die Hälfte davon katholische Ordensleute, die andere Hälfte ein bunter Haufen Evangelischer.

Wir lebten und arbeiteten als fahrendes Team, immer ökumenisch zu zweit. Es war einer der ernsthaften Versuche, ein »gemeinsames Leben« zu leben, uns an die Interkommunion heranzutasten. Eine vorweggenommene Utopie! Wir wohnten in stillen Klöstern, genossen die sprichwörtliche Gastfreundschaft und die Köstlichkeiten der Klosterküchen. Ich erlebte in einer morgendunklen Kirche mit Staunen den murmelnden Gesang der auf dem Boden ausgestreckten Ordensfrauen. Oder wir wohnten in unwirtlichen Gästehäusern, fuhren bei Eis und Schnee bis in die letzten Dörfer; besuchten, ausgestattet mit Diaprojektor und Leinwand, die Schulen und Gemeinden, zunächst in Süddeutschland, später auch in Berlin. Wir sprachen über Mission, Ökumene und Entwicklungsverantwortung in der »Dritten Welt«. Wir klärten auf und diskutierten: dass Armut strukturelle Ursachen *auch bei uns* hat und von uns Veränderung erfordert. Ich erinnere mich an Willigis Jäger, wie er einen katholischen Pfarrkonvent einmal völlig aus dem Takt brachte mit seinen großartigen Dias, zu denen er revolutionäre Thesen zum Auftrag der Mission an der Seite der Armen vortrug.

Wir lebten in der Zeit der 68er-Bewegung. Die SchülerInnen waren oft sehr rebellisch. Aber groß war auch das Erstaunen, wenn Ordensfrauen in vollem Habit von den ungerechten »Terms of Trade« des Welthandels sprachen, oder vom Dialog der Religionen. Oder verständnisvoll erklärten, warum es Heilige Kühe in Indien gibt. Es war eine aufregende, reiche und lebendige Zeit mit diesem Wanderzirkus Gottes. Wir lebten ein Stück ökumenischer Zukunft, das es heute meines Wissens so nicht mehr gibt. Meine evangelischen Kollegen, Georg Pfäfflin, Rolf Lüpke und ich probierten eine neue Sprache aus, um über Gerechtigkeit zu sprechen. Die beiden wurden später wichtige Lebensgefährten. Ich lernte die Katholiken ganz neu kennen. Nach dem Zweiten Vatikanischen Konzil und der Vollversammlung in Uppsala diskutierten wir im Team viele theologische und entwicklungspolitische Fragen. Wir feierten gemeinsame Gottesdienste und gingen zusammen ins Kino, berieten die Schwestern, wenn sie zum ersten Mal wieder »zivil« anlegten, um in den Schulen mit ihrem Habit nicht so viel Aufsehen zu erregen. Wir Evangelischen ließen uns staunend in allen Details das Leben in einem Missionsorden erzählen. Alle Teammitglieder predigten auf allen möglichen Kanzeln. Es war schon eine Sensation, wenn ich als evangelische Theologin zum ersten Mal seit der Reformation auf einer katholischen Kanzel predigte. Wir wuchsen ökumenisch zusammen. Es war eine revolutionäre, eine herrlich ökumenische Zeit, die Jahre nach 1968 in der »Aktion Missio«, »fette ökumenische Jahre«, denen dann ab Mitte der 1980er Jahre die bis heute eher »mageren Jahre« folgten. Die »Aktion Missio« wurde eingestellt. Die Grenze zwischen Rom und den nichtrömischen Kirchen wird wieder scharf bewacht, auf beiden Seiten. Vielleicht wird sich mit dem neuen Papst Franziskus I etwas verändern. Sein Name ist ja ein verheißungsvolles Versprechen.

Alles, was heute unter Globalisierung verstanden wird, war damals schon gegenwärtig oder in Sichtweite: Schuldenkrise, ungerechter Welthandel, Umweltzerstörung, Bevölkerungsexplosion, grüne Revolution. Ja, wir sprachen sogar damals schon von einer Transaktionssteuer.

◆ ◆ ◆

Bevor ich diese Arbeit in der »Aktion Missio« begann, wurde ich von meinem Arbeitgeber, der Südwestdeutschen Arbeitsgemeinschaft für Weltmission in Stuttgart, auf eine Reise nach Ghana und Südafrika geschickt. Denn bisher kannte ich die »Dritte Welt« nur theoretisch aus meiner Examensarbeit. Nun sollte ich Erfahrungen aus nächster Nähe machen, »live« sozusagen.

Zum ersten Mal saß ich als einzige weiße Frau in einem Flugzeug voller schwarzer Menschen, die alle vor dem Morgengrauen von der Elfenbeinküste nach Accra in Ghana flogen, mit Käfigen voller Hühner und riesigen Gepäckladungen, die in kein Gepäckfach passten, sondern auf dem Schoß der stattlichen Marktfrauen und dann auch auf meinem Schoß mitreisten. Ich erlebte meinen ersten Kulturschock, als es in Accra keine Namensschilder für die Straßen gab und ich dem Taxifahrer nicht erklären konnte, wo meine Gastgeber wohnten. Ich trank zu Ehren eines Häuptlings eine unabgekochte, sehr trübe Flüssigkeit – was in den Reiseempfehlungen eigentlich streng verboten war. Als Höflichkeitserweis war dies unumgänglich – führte aber auch zu unumgänglichen Folgen. Ich wusch mich nach einer rasanten Tagesfahrt auf roten Staubpisten mit einem Zahnputzbecher voll Wasser. Mehr gab es nicht. Ein Schaf nahmen wir praktisch auf dem Schoß mit zurück in die Hauptstadt, weil der Häuptling es uns geschenkt hatte. Es war genau so, wie es sein soll, wenn man zum ersten Mal in Afrika ist.

Mein Mann, inzwischen Vikar in Württemberg, begleitete mich auf einem Teil der Reise. Wir besuchten Projekte, darunter eine ambulante Klinik der Basler Mission. Die Menschen saßen geduldig in langen Schlangen vor den Behandlungszimmern im Freien. Da saß auch ein Kind mit dick aufgeblähtem Bauch, ausfallenden rötlichen Haaren, in seiner eigenen Pfütze. Als wir näher kamen, begann es zu weinen. Die Krankenschwester erklärte: dies sei ein Kwashiorkor-Baby, an Eiweißmangel erkrankt infolge von Hunger und Fehlernährung. Obwohl sehr klein, sei es schon zwei Jahre alt und würde wohl kaum überleben. Ich solle es ruhig fotografieren und den Leuten in Deutschland zeigen, wie die Ungerechtigkeit konkret aussieht. Und ich tat es. Nicht, dass wir solche Bilder nicht kannten. Seit dem Biafrakrieg 1967-1970 waren sie zum Klischee geworden. Und doch hat sich das Bild dieses Kindes tief in mein Gewissen eingegraben. Damals, in jener rationalistischen, entmythologisierten Zeit meiner Seele habe ich dem Kind keinen Namen gegeben. Heute spreche ich von einem Engel Gottes. Dieses Kind wurde ein Engel meines Alltags, von dem ich glaube, dass Gott ihn mir geschickt hat. Seitdem hat dieser Engel mich in all meinen Lebensjahren begleitet, er steht in vielen Situationen neben mir und sagt, ermutigend, streng oder bittend: »Du wirst jetzt etwas sagen. Du wirst jetzt etwas tun. Du wirst nicht aufgeben.« Erich Fried hat das in einem Gedicht ausgedrückt:

Kind in Peru

Weil es den Kopf schief hält
Weil es nicht schreit
Weil es stinkt
Weil es zu schwach ist
Um leben zu bleiben
Soll auch die Ordnung
Die daran schuld ist
Nicht leben bleiben

Weil es den Kopf schief hält
Sind eure Erklärungen schief
Weil es nicht schreit

Könnt ihr es nicht niederschreien
Weil es stinkt
Stinkt eure ganze Ordnung
Zu stark um leben zu bleiben
Zum Himmel in den es nicht kommt

Erich Fried

Freilich weiß ich, dass so ein Kind ganz gewiss in Gottes Gerechtigkeits-Himmel kommt, wie alle Kinder, die – aus welchen Gründen auch immer – zu früh sterben müssen. Wie auch meine eigenen Kinder später.

Noch ein anderer Mensch wurde mir auf dieser Reise besonders wichtig. Er würde herzlich darüber lachen, dass ich ihn einen Engel des Alltags nenne. Engel können ganz irdische Menschen sein, mit Kraft und mit Schwächen. Der weiße Südafrikaner Christian Frederik Beyers Naudé hat mich, eine Anfängerin, mit dem Wunsch nach Gerechtigkeit infiziert, mit seiner Leidenschaft für gerechte Beziehungen zwischen den Rassen. Er war voller Humor und Klarheit. Er hat mir das schwarze Südafrika hinter dem weißen gezeigt und zugänglich gemacht. Er hat mich auf seine Weise gelehrt, wie man leben kann: Unabhängig, frei inmitten von Repression, einfühlsam, voller Gottvertrauen und menschlicher Güte, Kritik und Selbstkritik. »Wenn ich morgens in den Spiegel schaue, dann sehe ich zwar kein sehr schönes Gesicht, aber ich kann ihm in die Augen schauen«, lachte er. Und zu mir: »Solange Du Dir selbst in die Augen schauen kannst, liegst du nicht falsch.« In meiner schwierigsten Lebensphase hat er – selbst dann, als er selber gebannt war[1] – von Südafrika aus regelmäßig angerufen und gefragt: »Wie geht es Dir?«

---

1. Bannung bedeutete, dass er seinen Wohnort nicht verlassen durfte, sich regelmäßig bei der Polizei melden musste und nicht mit mehr als einem Menschen gleichzeitig zusammen sein konnte.

Seither begleiten sie mich, diese Engel des Alltags. Dem Kwashiorkor-Baby bin ich vor wenigen Jahren in Johannesburg in der St. Peters Child Care Wohngruppe, einem Wohnprojekt für AIDS-Waisen noch einmal begegnet.[2]

Beim Besuch des AIDS Waisen Projektes in Johannesburg, Südafrika 2007

Ich habe dieses arme, HIV-infizierte Kind auf den Arm genommen, noch immer ist es zweijährig, es hat sich an meinem bischöflichen Kreuz festgehalten und ich weiß jetzt besser, was es bedeutet, ein Kreuz, das Zeichen der Solidarität Gottes mit dem Leiden, zu tragen. Dieses Kind bleibt ein Begleiter auf meinem Weg. Und es spricht zu mir, wann immer es um Ungerechtigkeit im Weltmaßstab, um Rassismus, um Unrecht gegen Frauen, um Atomraketen, um lieblose Strukturen in Kinderkrankenhäusern geht. Heute sogar dann, wenn es um die Brutalität gegenüber

---

2. Ein junger Theologiestudent hat in Deutschland einen Freundeskreis für St. Peters Child Care gegründet www.homes4kids.de

den Tieren in der Massentierhaltung geht. Es versteht auch etwas von versteinerten Strukturen und versteinerter Sprache in der Kirche, die verhindern, auf die brennenden Fragen der Zeit aus dem Glauben heraus zu antworten und deutliche Zeichen der Versöhnung und Gerechtigkeit zu setzen. »Du wirst jetzt etwas sagen. Du wirst jetzt etwas tun. Du wirst nicht aufgeben.«

Als ich, noch recht neu im bischöflichen Amt, 2002 mit dem Arbeitskreis Evangelischer Unternehmer in Hamburg ein Gespräch über die Globalisierung führte und dabei in eine Kontroverse geriet über die Transaktionssteuer auf Devisengewinne, die Tobin-Steuer für Entwicklungsprojekte, die es heute ja geben soll, hat mein verhungerter Engel neben mir gestanden. Wenn es um Wesentliches geht, wird es oft ganz einfach in meinem Kopf, postkarteneinfach. Und alles beginnt ganz elementar wie in den Tagen in Ghana und Südafrika, am Anfang eines Weges, auf dem ich noch immer unterwegs bin.

Drittes Kapitel

Kinder der Traurigkeit

Familienschicksal und Engagement gegen die Apartheid

Vor meinen Augen steht ein kleiner weißer Kindersarg. Es ist
Karfreitag. Ein bleiches, stilles Kind liegt im Sarg. Es ist zuge-
deckt mit einer Decke aus Stiefmütterchen. Es schläft. Es bewegt
sich nicht mehr. Meine Mutter sagt: »Es ist tot«. »Was ist tot?«,
denke ich, vierjährig, und fürchte, mein heimlicher Wunsch:
»Der Bruder soll wieder weggehen« sei in Erfüllung gegangen.
Dieses Kind hatte so viel geweint, es war krank gewesen. Es hatte
die ganze Aufmerksamkeit meiner Mutter in Anspruch genommen, während ich an der Seite stehen musste. Nun aber sah ich,
wie meine Mutter ganz bitterlich weinte.
Als ich viele Jahre später diese Geschichte meiner Seelsorgebe-
raterin erzählte, war ich noch immer nicht sicher, ob ich nicht
doch schuld war am Tod meines Bruders. Er war der einzige Junge unter sieben Kindern und er ist im Alter von drei Monaten an
einem Karfreitag gestorben. Später habe ich mit meiner Mutter
oft gestritten, wenn sie sagte, wir seien alle schuld am Tod Jesu.
Mein kindliches Argument war unschlagbar: »Da war ich doch
noch gar nicht auf der Welt, als der starb.« Bei meinem Bruder,
ja, da war das schon anders.
Eine Phase magischen Denkens nennen es die Kinderpsycholo-
gen. Aber was wissen sie wirklich von der Kraft des Wünschens
einer Vierjährigen!

Bärbel, vierjährig

Der kleine Junge, Frieder, wurde in Zoar, einer Einrichtung für
geistig behinderte Menschen, in der mein Vater nach dem Krieg
als Geschäftsführer arbeitete, hinter der Kapelle bei den Birken-
bäumchen beerdigt. Ich sah das schwarze Loch, in dem der kleine weiße Sarg verschwand. Oft sind wir Kinder mit der Mutter
dorthin gegangen, haben gebetet und geweint. Hauptsächlich,
weil die Mutter so weinte.
Bevor ich geboren wurde, war schon einmal ein Kind in unserer
Familie gestorben, das Ruthchen. Es war nur ein Jahr alt geworden. An ihrem und an Frieders Geburtstag standen wir alle vor
dem kleinen Bild der Kinder, das mit einem brennenden Licht
und einem kleinen Blumenstrauß geziert war. Meine Mutter hat
lange um ihre toten Kinder geweint. Dann sangen wir:

»Weil ich Jesu Schäflein bin,
freu' ich mich nur immerhin
über meinen guten Hirten,
der mich wohl weiß zu bewirten,
der mich liebt, der mich kennt
und bei meinem Namen nennt.«

Mit meinen Schwestern, von links: Christel, Heidi, Traudel mit Frieder
und Bärbel 1947

Nun war ich wieder das wichtigste Kind meiner Mutter, mindestens bis die nächste Schwester kam.

Die Botschaft meiner toten Geschwister war: So ein totes Kind macht die Mutter unendlich traurig. Die andere Botschaft aber war: Du, Bärbel, bist ein ganz wichtiges Kind, jetzt zwischen den beiden toten Geschwistern. Nie hatte ich einen Zweifel daran, dass ich wichtig bin und eine besondere Rolle habe. Es hat mich später manchmal irritiert, dass andere Leute das nicht auch wussten. Das hieß aber auch: Ich durfte die Mutter nicht enttäuschen. Und so versuchte ich, alles zu tun, um dem gerecht zu werden. Ich habe in meiner Familie, soweit dies möglich war, die Rolle des Jungen übernommen, habe das altsprachliche Gymnasium besucht – ich war das einzige Mädchen in der Klasse, die einzige Evangelische in einer katholischen Jungenklasse. Ich habe Theologie studiert, obwohl ich aus einer Unternehmerfamilie kam und ich wurde später Bischöfin. Das haben meine Eltern leider nicht mehr erlebt.

◆ ◆ ◆

Fünfundzwanzig Jahre nach jenem bedeutungsschweren Karfreitag habe ich selbst mein erstes Kind geboren und es – wie den Bruder – Frieder genannt. Ich wollte ihn wohl ersetzen. Einige Tage, bevor auch unser Frieder starb, hatte der Professor in der Tübinger Kinderklinik meinen Mann und mich einbestellt und uns erklärt, sie wüssten nicht, warum das Kind so gar keine Abwehrkräfte habe. Es traf uns wie ein Blitz. Muss ein Kind heutzutage noch an einer Lungenentzündung sterben? Wir tauften Frieder in einer traurigen Nottaufe in der Klinik. Bei dem sterbenden Kind durften wir nicht bleiben. An einem trüben Bächlein sitzend, weinten wir uns die Augen aus dem Kopf. Danach irrte ich zitternd durch Tübingen. Wohin in einer solchen Stunde? Ich fand mich plötzlich am Rande des Festplatzes wieder, auf dem in den nächsten Tagen die Hochzeit einer echten »Zigeunerprinzessin« – so sagte man damals noch – stattfinden sollte. Hunderte von Fahrenden aus allen Teilen Europas waren eingetroffen mit riesigen Wohnwagen und großen Autos. In mächtigen Kesseln wurden auf offenem Feuer Mahlzeiten gekocht. Alte Frauen, mit sonnengegerbter Haut, Ohrringen und bunten Röcken, eilten hin und her und schrien einander etwas zu. Ständig kamen neue Wagen hinzu. Schöne braune Kinder turnten auf den Bäumen herum, spielten mit einem Hund, hüpften mit dem Seil, sangen und schrien. Ich sehe alles noch ganz genau vor mir, eingebrannt in die Erinnerung jener Tage. Plötzlich stand eine junge Frau neben mir – aus dem Nichts. Sie hat ihre großen schwarzen Augen auf mich gerichtet und mein Elend wohl schon bemerkt. Geheimnisvoll gab sie mir ein Zeichen und bot an, mir die Zukunft aus der Hand zu lesen. Ich wendete mich ab und sagte leise: »Ich kenne sie schon.«

Einige Tage später starb Frieder im Alter von sieben Monaten. Wir mussten einer Obduktion zustimmen, denn es bestand der Verdacht auf einen angeborenen Immundefekt, der sich auch bestätigte. Eigentlich hätten wir keine Kinder mehr bekommen sollen. Aber so hatte man uns nicht beraten. Nach einem Jahr voller Tränen erwartete ich bangen Herzens unser zweites Kind. Es wurde in der Frauenklinik in Ulm durch einen Kaiserschnitt steril auf die Welt geholt und sogleich in ein Life-Island gebracht, das es nur in Ulm gab, ein völlig abgeschlossenes steriles Plastikgehäuse, in das man mit keimdicht befestigten Handschuhen hinein fassen konnte. Das alles sollte nur eine Vorsichtsmaßnahme sein bis geklärt war, ob auch dieses Kind einen Immundefekt hatte. In der schrecklichen Wartezeit verdichtete sich in mir die Gewissheit, dass auch dieses Kind verloren war.

Durch den Schnitt in mein Fleisch
wurdest du in die Welt geworfen.

Der Flaum hing noch
an deinen Wimpern,

als sich dein Tod
in den Laborgläsern schon ansagte,

sich Zeit ließ,

damit du deine großen Augen
auf uns richten konntest

in Neugier
und sengendem Schmerz,

auf dass eine ewige Spur bliebe
in unseren Leben.

Fast zwei Jahre lebte Micha in diesem Life-Island in der Ulmer Kinderklinik und war seltsamerweise zwischen all den Schläuchen und der Technik, trotz endloser Blutentnahmen, Knochenmarkpunktionen und anderer Schrecklichkeiten ein frohes und munteres Kind. Ich ging jeden Tag zu ihm in die Klinik und blieb den ganzen Tag über dort. Die Folgen des klinischen Hospitalismus bei Kindern, die lange Zeit im Krankenhaus bleiben müssen, waren den jungen fortschrittlichen Ärzten in Ulm bekannt. Sie ermutigten mich, bei dem Kind zu bleiben. Micha wuchs in dieser bizarren Welt auf. Die Ärzte standen damals vor einem medizinischen Experiment. Das Kind konnte nicht genügend eigene Abwehrstoffe bilden und würde nur dann eine Lebenschance haben, wenn wir einen kompatiblen Knochenmarksspender

Micha, das Zeltkind
1976

31

oder eine Spenderin finden würden. Durch eine Transplantation von Knochenmark, in dem die wichtigen Stammzellen enthalten sind, sollte in ihm ein funktionierendes Immunsystem aufgebaut werden.

Ich wohnte im Gästezimmer einer Pfarrersfamilie in Ulm, nur fünf Minuten von der Klinik entfernt. Wir hofften, alles wäre bald vorbei und das Kind gesund. Es kam aber anders. Mein Mann und ich lebten in dieser schwierigen Zeit voneinander getrennt. Er musste seinen Dienst als Pfarrer in Stuttgart tun und konnte nur ein, zwei Mal in der Woche nach Ulm kommen.

Nach der dritten vergeblichen Transplantation meines eigenen Knochenmarks auf das Kind – wir hatten keinen passenderen Spender gefunden – starb es. Ausgelaugt, blutleer, ausgekämpft. Der behandelnde Arzt, Dietrich Niethammer, stand mit mir und meinem Mann im Morgengrauen vor dem Life-Island. Wir hatten gemeinsam um das Leben des Kindes gekämpft. Wir hatten verloren. Aber gewonnen war eine tiefe, bis heute während Freundschaft. Als Professor an der Tübinger Kinderklinik hat Dietrich Niethammer später wesentliche Neuerungen eingeführt: ein kliniknahes Wohnhaus für begleitende Familienangehörige kranker Kinder und einen offenen Umgang mit krebskranken und sterbenden Kindern, denen ihr Schicksal nicht mehr verschwiegen wird. Dafür hat er viele andere Ärzte gewonnen. 20 Jahre später hat er, von mir zu Hilfe gerufen, durch sein schnelles Eingreifen das immunkranke Kind der nächsten Generation in meiner Familie gerettet. Es war wie ein später Trost, vielleicht sogar Lohn. In seiner Humanität war dieser christliche Arzt für mich wie ein Fels in der Brandung, einer Brandung aus Unwägbarkeiten, Bürokratie, Personalproblemen, Klinikpolitik, besonders aber aus sich oft täglich ändernden Befunden und Situationen im Life-Island rund um den kleinen Micha. Als das tote Kind aus dem Zelt herausgeholt wurde, konnte ich es zum ersten Mal überhaupt ohne Plastikhandschuhe anfassen.

Wir begruben Micha neben seinem Bruder Frieder in Tübingen in der Kinderabteilung des Friedhofs neben der Kirche mit den

Turmfalken, und ließen eine Bildhauerin zwei kleine Grabsteine aus Muschelkalk von der schwäbischen Alb hauen, die noch heute eine Zierde auf dem Derendinger Friedhof sind.

Zwei Jahre, von 1974 bis 1976, habe ich bei Marie und Otto Dilger und ihren vier Kindern in Ulm gelebt. Sie waren als Missionare der Basler Mission in Sabah, Malaysia, gewesen. Nach diesen Erfahrungen in der »Pioniermission« konnte sie so schnell nichts mehr erschrecken. Ich nahm bei ihnen teil an einem ganz normalen Familienleben mit Schulproblemen und Geschwisterstreit, Kindergeburtstagen und Ferienglück, Singen und Beten, ja, das tat man im Hause Dilger täglich. Zwei Jahre haben die Dilgers mich, meinen Mann und das Kind mitgetragen, mitertragen, mitgelitten und sich mitgefreut, wenn es gut aussah.

Marie Dilger, die Anti-Apartheid-Aktivistin

33

Endlose Stunden an den Abenden haben Marie und ich über Gott und die Welt diskutiert. Denn das Leben ging ja weiter. Die Apartheid musste bekämpft werden. Die Kinder in der »Dritten Welt« hungerten. Es gab jede Menge Arbeit zu tun. Wir hatten verstanden, dass wir beide noch eine größere Familie hatten als das kranke Kind in der Klinik und die vier oben unterm Dach. Marie wurde später eine der energischsten und bestinformierten Frauen, die die Aktion »Kauft keine Früchte aus Südafrika« der Evangelischen Frauenarbeit in Deutschland durchführten.

◆ ◆ ◆

In dieser Zeit kam meinem Mann und mir etwas Wichtiges zu Hilfe, um unsere Trennung zu bewältigen: unser gemeinsames Engagement in der Rassenfrage. Nach der Rückkehr von der Afrika-Reise hatte ich mich in die Fragen des Rassismus im südlichen Afrika eingearbeitet. Im Programm zur Bekämpfung des Rassismus (Program to Combat Racism – PCR), das der Weltkirchenrat initiiert hatte, waren 1970 bei einer Sitzung in der Akademie Arnoldshain die Beschlüsse gefasst worden, die es ermöglichten, die Befreiungsbewegungen im südlichen Afrika – darunter der Afrikanische Nationalkongress (ANC) des in Robben Island inhaftierten Nelson Mandela – in humanitären Angelegenheiten zu unterstützen, ohne dass die Verwendung der Mittel kontrolliert wurde. Der Generalsekretär des Allafrikanischen Kirchenrates, Burgess Carr, ist später einmal in Arnoldshain beim Betreten des Konferenzsaales auf die Knie gefallen, hat den Boden geküsst – wie es damals der Papst zu tun pflegte – und gesagt: »Hier haben die Vertreter der Kirchen der Welt uns Afrikanern zum ersten Mal Vertrauen entgegen gebracht.« Das PCR hat dann zu großen Kontroversen zwischen dem Weltkirchenrat und den westdeutschen Kirchen geführt.
Vor der Geburt meines ersten Kindes, 1972 also, lag der Anfang eines anderen wichtigen Projektes. Als Anti-Apartheid-Aktivistin hatte ich dank Beyers Naudé viele Verbindungen zur südafrika-

nischen schwarzen Opposition. Der Mainzer Arbeitskreis Südliches Afrika (MAKSA) rief in Deutschland kirchliche Mitarbeiter, die im südlichen Afrika gearbeitet hatten und sich nun gegen die Apartheid engagierten, zusammen, um die – in unseren Augen – halbherzige Politik der Evangelischen Kirche in Deutschland (EKD) zu kritisieren und zu verändern: die EKD unterstützte nämlich immer noch mit beträchtlichen Finanzmitteln die weißen deutschen lutherischen Gemeinden. Auch sie führten ihr geistliches Leben getrennt von den schwarzen Christen. Für einige Zeit wurde ich zur Sprecherin von MAKSA gewählt.

Der noch größere Einsatz galt der Gründungsversammlung der deutschen Anti-Apartheid-Bewegung (AAB) in Othfresen in Niedersachsen, wohin der Pfarrer des Ortes, auch MAKSA Mitglied, etwa 80 engagierte Anti-Apartheid-Aktivisten aus ganz Westdeutschland eingeladen hatte. Dort wurde ein Bündnis politischer, sozialer und kirchlicher Gruppen und hier lebender schwarzer Südafrikanerinnen und Südafrikaner, meist politische Flüchtlinge, geschmiedet. Ungeladen kam auch ein sehr freundlicher älterer Herr, der einigen als heimlicher Berichterstatter für die südafrikanische Apartheidregierung bekannt war. Er kam als Journalist, wurde aber durch Beschluss des Plenums nur zum Pressegespräch und nicht zu den Sitzungen zugelassen. Die südafrikanischen Teilnehmenden wären durch seine Berichterstattung sehr gefährdet gewesen.

Die Anti-Apartheid-Bewegung sollte eine Struktur bilden, ein bundesweites Instrument, um der Apartheid und ihrer starken Lobby in der Bundesrepublik etwas entgegen zu setzen. Es gab besonders in Deutschland, Holland, England und den USA große wirtschaftliche, politische, geostrategische und kulturelle Interessen am Erhalt des Status Quo in Südafrika. Viele Gelder flossen fortwährend nach Südafrika, viele Investitionen wurden getätigt, die von den billigen Löhnen der Apartheid profitierten. Die Firma Daimler produzierte beispielsweise in Südafrika Lastwagen, die sogenannten »Kaspirs«, die später, leicht umgerüstet, zum Polizei- und Militäreinsatz gegen die Jugendaufstände in den Townships verwendet wurden. Man konnte sie auf vielen Fotos der Schüleraufstände in Soweto sehen. Ich habe sie auch selbst während einer meiner Reisen entdeckt und fotografiert.

Als 1976 die Evangelische Frauenarbeit in Deutschland unter ihrer mutigen Generalsekretärin Hildegard Zumach die Boykott-Aktion »Kauft keine Früchte der Apartheid« ins Leben rief, waren die Frauen aufgefordert, »Politik mit dem Einkaufskorb« zu machen. Heute ist der Kauf-Boykott eine anerkannte Methode des gewaltfreien Widerstandes. Damals war unser Boykott unerhört kontrovers. Die Frauen boykottierten besonders die Outspan Orangen und Cape-Trauben. Sie wurden durch diese Aktion, durch zahllose Informationsveranstaltungen, Mahnwachen, Leserbriefe und Gottesdienste zu einer wichtigen Kraft, die eine Veränderung des Bewusstseins in Deutschland im Blick auf Südafrika bewirkte. Das neue Anti-Apartheid-Netzwerk half wesentlich, die Boykott-Aktion zu stützen und zu verbreitern. Für die Boykott-Aktion habe ich das Bild der Nabelschnur entwickelt, das den Frauen die Verbindungen Deutschlands zum hässlichen Apartheid-Baby verdeutlichen half. Die Frauen verstanden die politischen Zusammenhänge mithilfe dieses Bildes sofort. Deutsche Politik und Wirtschaft nähren und stärken die Apartheid. Der Boykott rief dazu auf, diese Nabelschnur zu kappen.

Bei der Gründung der Anti-Apartheid-Bewegung gab es unter den Gründungsmitgliedern Meinungsverschiedenheiten, welche der südafrikanischen Befreiungsbewegungen unterstützt werden sollte. Der ANC schloss Weiße nicht aus, der Pan African Congress (PAC) war eine rein schwarze Organisation. Sie vertraten auch verschiedene politische Optionen. Der ANC wurde zum Beispiel auch vom Ostblock unterstützt. Man stritt, welche Aktivitäten in Deutschland entfaltet und wer in den ersten deutschen Vorstand gewählt werden sollte, der die Aktivitäten der deutschen Bewegung zu koordinieren hatte. Als ich gefragt wurde, für den Vorstand zu kandidieren, sagte ich mit Blick auf meine sehr sichtbare Schwangerschaft: »Umständehalber stehe ich dieses Mal leider nicht zur Verfügung.«

Zurück nach Ulm. Während der lähmenden Zeit des Wartens auf Lösungen, die unser Kind retten würden, wanderte ich zwischen dem Life-Island und meiner Gastfamilie hin- und her. Mein Mann versah in Stuttgart seinen Pfarrdienst. Da begannen er und ich, um innerlich näher beisammen zu bleiben, ein Buch zu schreiben: »Schwarzer Widerstand – weiße Herrschaft«. Es war damals eines der ersten Bücher auf dem deutschen Buchmarkt neben Freimut Duves »Kap ohne Hoffnung«, das die Apartheid klar kritisierte und ablehnte. Zugleich bastelten wir wortwörtlich an Schaubildern für eine Dia-Serie und ein Arbeitsheft. Wir schnitten aus Tonpapier graphische Darstellungen aus und beschrifteten sie mit Klebebuchstaben – es gab damals noch keine Computerprogramme – fotografierten sie und stellten mit unseren Dias aus Südafrika eine informative Dia-Serie zusammen, die durch das Evangelischen Missionswerk in Südwestdeutschland unter dem Titel: »Nur weil du schwarz bist ...« an die Öffentlichkeit gebracht wurde
Die Dia-Serie fand lange Zeit in zahlreichen Gemeinden und Schulen Verwendung. Die gründlich recherchierten Zahlen, Schaubilder, Texte und Gedichte schufen eine solide Wissensgrundlage.
Diese Publikationen hinterließen auch Spuren in meiner Personalakte. Ich wurde von einigen Leuten aus der Deutsch-Südafrikanischen-Gesellschaft beschuldigt, »zum Rassenhass aufzustacheln«. Ein eigens eingesetzter Untersuchungsausschuss des Württembergischen Oberkirchenrats in Stuttgart musste die Publikationen und die Diaserien beurteilen, fand daran aber nichts zu beanstanden.
Fast zehn Jahre lang habe ich mich im Anti-Apartheid-Kampf engagiert und mehrere Reisen nach Südafrika unternommen, bis ich beim Besuch eines gebannten Mannes in einer Township mit der südafrikanischen Sicherheitspolizei Bekanntschaft machte und danach kein Visum mehr bekam. In der Evangelischen Akademie Bad Boll haben wir Tagungen zur »Schwarzen Theologie« organisiert, Flüchtlingen nach den Soweto-Aufstän-

den weitergeholfen und Netzwerke innerhalb Europas gebildet. Auf dem Stuttgarter Schlossplatz demonstrierten wir mit den Namensschildern der in südafrikanischer Haft umgekommenen Gefangenen und schrieben Protestbriefe.

Einmal führten wir bei einer solchen Aktion vor dem Stuttgarter Rathaus einen im Theater ausgeliehenen Pappsarg mit, auf dem »Steve Biko« stand. Steve Biko war für uns so etwas wie eine jüngere Version von Nelson Mandela. Dieser große und vielversprechende Führer der schwarzen Jugend war in Südafrika in Polizeigewahrsam totgeprügelt worden. Ich hatte ihn zwei Monate vor seinem Tod in Südafrika in Kingwilliamstown noch kennen gelernt, wo auch er gebannt leben musste. Er war kein bisschen eingeschüchtert, voll leidenschaftlicher Energie und lebhaftem Humor, einer der führenden Köpfe der Black Consciousness Bewegung. Sie hat den schwarzen Menschen ein neues Selbstbewusstsein gegeben, ähnlich wie die amerikanische Bewegung der Schwarzen mit dem Slogan: »Black is beautiful«. Ich sehe ihn noch mit Beyers Naudé sprechend in einem Garten umhergehen, denn die meisten Räume wurden ja abgehört.

Nun war Steve tot. Wir deponierten den Pappsarg vor dem Eingang des Stuttgarter Rathauses, wo gerade ein Vertreter der südafrikanischen Regierung den Oberbürgermeister besuchte. Die Empörung in der Presse war groß – über den Sarg! Ich schrieb für die Stuttgarter Zeitungen einen Leserbrief »Über das Mitführen von Särgen bei Protestaktionen« in dem ich fragte, was schlimmer sei, einen Sarg mitzuführen oder einen Mann totzuschlagen. Zugegebenermaßen war diese Aktion für manche anstößig; sie führte aber schließlich zu einem mehr als zweistündigen Gespräch der »Boykottfrauen« mit Oberbürgermeister Manfred Rommel, für das sich dieser, sichtlich beeindruckt von der Kompetenz dieser »Hausfrauentruppe«, ausführlich bedankte. Er hatte manches darüber gelernt, was Firmen aus dem Stuttgarter Raum in Südafrika alles anrichteten.

Die Gründung der Anti-Apartheid-Bewegung fiel mitten in den Beginn unseres familiären Elends. Das Südafrika-Engagement aber sollte mich durch die struppigsten Jahre meines Lebens begleiten ... und tragen.

Heute sehe ich diese Zeit persönlicher Bewährung wie einen schmerzlichen Besitz. Oft habe ich gedacht: Wenn mein Kind stirbt, dann stirbt auch ein Stück von mir. Dann habe ich den Tod auch schon hinter mir. Was kann mich dann noch schrecken?

Zurück in Stuttgart, folgte aber noch ein weiterer Tod: das Ende unserer Ehe. In diesen anstrengenden Jahren des Getrenntseins hatten wir uns verloren. Vorbei: das gemeinsame Hoffen und Bangen in der Kinderklinik; das Vorlesen der »Ilias« auf einer Sommerwiese; den toten Kindern in der römischen Campagna Blumen pflücken und in den Katakomben von Rom das Lied »Alta Trinita« singen; vorbei war das Warten, Warten ...

*In der Campagna
bei Rom im April
1976*

Es folgten Aussprachen, Tränen, Entscheidungen. Das Ende unserer Ehe.

Ein Freund aus der Anti-Apartheid-Bewegung sagte damals zu mir: »Weine doch nicht deinem kleinen Familienglück hinterher. Du hast eine größere Familie, du hast Kinder in Mosambik und Südafrika.« Und augenzwinkernd fügte er hinzu: »Und Männer gibt es auch genug. Schau mich nur an.«

Ja, so war es – diese größere Familie hat mich gerettet. Das Kwashiorkorbaby aus Ghana. Ein Südafrika-Film, den wir damals oft zeigten, trug den Titel: »Das letzte Grab von Dimbaza«. Er endet auf einem Friedhof in einem armen »homeland«, wo bereits eine Reihe von Kindergräbern ausgehoben war – auf Vorrat. Als ich diesen Film einmal mit Beyers Naudé anschaute, da hat dieser alte Bure im Dunkeln laut und schmerzlich geweint.

◆ ◆ ◆

In den zwei Jahren in Ulm gab es noch mehr Anlässe, etwas neu anzufangen. Immer noch brodelte in mir der Zorn darüber, dass wir bei unserem ersten sterbenden Kind in Tübingen nicht hatten bleiben dürfen. Und so gründete ich mit anderen Müttern die Ulmer Aktionsgruppe »Kind im Krankenhaus«. Wir kämpften für bessere Besuchsregelungen für Eltern kranker Kinder und konnten diese auch durchsetzen.

Wir zogen mit dem Film »Bottle Babies« von Peter Krieg in die Kliniken. Dieser Film machte auf die verheerenden Folgen künstlicher Babynahrung – statt Muttermilch – unter den hygienisch schlechten Bedingungen in den armen Ländern Afrikas aufmerksam. Der Nestle–Konzern vertrieb mithilfe aufwändiger Reklame die künstliche Nahrung auch unter den Armen, reagierte dann aber auf diesen Film mit verbesserter Aufklärung und einer anderen Werbung in den Entwicklungsländern. Wenigstens etwas.

In Ulm entstand auch »U-Plak«, die »Ulmer Plakataktion«. Denn in meiner Landeskirche war in jener Zeit die scharfe Kontroverse gegen den Ökumenischen Rat und seinen Generalsekretär Philip Potter auf dem Höhepunkt. Als die konservative »Lebendige Gemeinde« den Austritt der Landeskirche aus dem ÖRK forderte wegen dessen Antirassismusprogramms, starteten meine Kollegen und ich in einer Gruppe in Ulm eine Gegenaktion, aus der »Pro Ökumene« entstand. Darin sammelten sich die ökumenisch gesinnten Frauen und Männer der Landeskirche. Es wurde Geld eingeworben, um den ÖRK zu unterstützen. Das tut »Pro Ökumene« übrigens bis heute. Ein Graphiker entwarf Plakate mit witzigen Slogans und Karikaturen: »In Württemberg geht das Licht aus«. Jemand zieht den Stecker der Landeskirche aus der Steckdose ÖRK. Diese Aktion hatte kirchenpolitisches Gewicht und machte sichtbar: in Württemberg gibt es auch eine beachtliche Unterstützung für den Weltkirchenrat.

Aber die Distanzierung vom Ökumenischen Rat blieb nicht auf Württemberg beschränkt. In einem Memorandum sprach sich der Rat der EKD am 6. November 1978 einmal mehr kritisch gegen das Antirassismusprogramm aus und kam zu dem Schluss »... *dass die Grenzen kirchlicher Gemeinschaft im politisch relevanten Handeln für den ÖRK in Sicht gekommen sind*«. Es wurde die Gewalt der Befreiungsbewegungen angeprangert, aber über die ungerechte Gewalt der Unterdrücker tunlichst geschwiegen. Daraufhin fanden sich in der Evangelischen Akademie Arnoldshain einige engagierte Leute zusammen, die noch immer an die Kraft der theologischen Argumente glaubten. Wir forderten in einem »Plädoyer für eine ökumenische Zukunft« von der EKD mehr ökumenische Verbindlichkeit und Solidarität. Wollte sich die EKD aus der ökumenischen Solidarität ausklinken? Zur Geschichte der deutschen Kirchen gehört, dass sie nach dem Zweiten Weltkrieg – aufgrund des »Stuttgarter Schuldbekenntnisses« – durch die explizite Hilfe der ökumenischen Bewegung wieder in die weltweite Gemeinschaft der Kirchen aufgenommen worden waren.

Daran erinnerten wir in dem 1979 in Arnoldshain verfassten »Plädoyer«. Wir sprachen von den »*Mauern der babylonischen*

Gefangenschaft der evangelischen Kirche«. Es war vom *nötigen und unnötigen* Streit die Rede. Wir erinnerten an die beschämende Rolle der Christen in der Zeit des antijüdischen Rassismus im Dritten Reich und stellten fest: »*Die deutschen Christen brauchen die Ökumene, um aus ihrer Gefangenschaft herauszufinden und einen verantwortbaren Beitrag zur Überwindung des Rassismus zu leisten.*«

Angeführt wurde die Initiative von den Akademiedirektoren Martin Stöhr und Paul Gerhard Seiz. Auch Karl-Heinz Dejung, der Leiter der Gossner Mission in Mainz, war eine der wichtigen Stimmen in der Abfassung des Plädoyers. Er erinnerte mich bei einem Festakt aus Anlass des 30 jährigen Jubiläum des »Plädoyers« daran, dass ich als einzige Frau in der Gruppe mit viel Widerspruchsgeist gegen die versöhnlerischen Töne des ersten Textentwurfs gekämpft hatte. Das »Plädoyer« hat innerhalb der EKD eine wichtige Rolle gespielt und dreißig Jahre lang bis heute »*den ökumenischen Gedanken und das ökumenische Gedächtnis in unserem kirchlichen und gesellschaftlichen Kontext zur Geltung*« gebracht. Die Themen der »Gerechtigkeitsökumene« und auch die Frage nach der »Dominanz des Ökonomischen« wurden im »Konziliaren Prozess für Gerechtigkeit, Frieden und Bewahrung der Schöpfung« engagiert vorangebracht. Diese Initiative hat den ökumenischen Geist in der EKD wesentlich mitgeprägt, aber nicht verhindert, dass 2006 in dem Dokument der EKD »Kirche der Freiheit« die Ökumene – außer im Vorwort – praktisch nicht vorkommt. Das Desinteresse an der multilateralen Ökumene und die kirchliche Selbstgenügsamkeit zeigen sich auch an den fortwährenden Kürzungen der finanziellen Zuwendungen an den ÖRK, während die konfessionellen Jubiläen wie die Luther-Dekade finanziell beachtlich ausgestattet werden. Wie kann es sein, dass man in Zeiten der Globalisierung die globalen Instrumente der Kirchen praktisch verdorren lässt? Dennoch, das »Plädoyer« spielt nach wie vor eine wichtige Rolle und ist eine Struktur für kritische, engagierte ökumenische Diskussionen. Bis heute.

Die Ulmer Jahre und die Zeit danach waren geprägt vom Kampf gegen den Rassismus. Es war unser Versuch, aus der Geschichte unserer Eltern im Nationalsozialismus zu lernen.

Mein persönliches Familiendrama fand immer gleichzeitig statt, und ich habe dabei gelernt, dass man solche Schicksalszeiten nur übersteht, wenn man, wie ich es erlebt habe, von einer Wolke von Freundschaft und Liebe umgeben und getragen wird. Es waren die Mitstreiterinnen und Mitstreiter in diesen Auseinandersetzungen, die auch das persönliche Geschick mittrugen. Ohne Marie und Otto Dilger und ihre Kinder hätte ich diese Zeit nicht ohne große seelische Blessuren, wenn überhaupt, überlebt. Ohne die Freundschafts-Besuche, Telefonanrufe, ohne meine Familie, meine Schwestern, ohne die Zuwendung der Ärzte und Krankenschwestern, ohne ihre Geduld und ihr Können wären wir verloren gewesen.

Nach Michas Tod kämpfte ich mich zurück ins Leben. Es waren vier Jahre Wüstenzeit – also nicht vierzig, wie in der Bibel! Mit Georg Pfäfflin habe ich nach dem Tod der Kinder in Stuttgart das »Zentrum für Entwicklungsbezogene Bildungsarbeit« (ZEB) aufgebaut. Paul Gerhard Seiz und Werner Simpfendörfer hatten es in den Gremien der Landeskirche vorbereitet. Es wurde von uns beiden im Geist der »Aktion Missio« geprägt. Zusammen mit dem »Dienst für Mission und Ökumene« der Württembergischen Landeskirche hat es die entwicklungspolitischen Positionen der Landeskirche entwickelt. Wir arbeiteten an der Förderung entwicklungsbezogener Bildungsarbeit in Württemberg durch die Finanzmittel des Kirchlichen Entwicklungsdienstes (KED). Die Kompetenz in den Gruppen und kirchlichen Organisationen wuchs. Wir leiteten Seminare für ausreisende Entwicklungshelfer und -helferinnen mit »Dienste in Übersee«, organisierten Konferenzen zu Themen wie z.B. »Bonhoeffers Wirkung in der Dritten Welt«. Wir vernetzten entwicklungspolitische Gruppen und förderten besonders die Filmarbeit und die Verbreitung alternativer Informationen für »Dritte-Welt-Touristen«. Das ZEB wurde eine wichtige Adresse in entwicklungspolitischen Fragen und der Information über die Situation in Südafrika – und für mich ein Auffangort nach dem Tod meiner Kinder.

Immer wieder bekam ich Rückhalt durch die Leute der Anti-Apartheid-Bewegung in Stuttgart; und durch gemeinsame Ferien mit den befreundeten Familien. Am Mittagstisch von Brigitte und Georg Pfäfflin in Stuttgart fand ich einen Ersatz für meine verlorene Familie. Wir machten Ferien im Elsass mit den beiden Buben und Patenkind Hanna. Georg und Brigitte kochten und wir sangen an den Abenden hingebungsvoll »Es war ein König in Thule« oder das Lied von den »Moorsoldaten«.

Daneben ist es der unirritierten Begleitung meiner Beraterin Ilse Hilzinger zu verdanken, dass ich wieder ins normale Leben zurückgefunden habe. Ohne Kinder, ohne Mann. Aber lebendig. Manchmal fühle ich so etwas wie einen eigenartigen Stolz darüber, dass ich alles überstanden habe.

Einen Ölzweig pflanzten wir
auf das Grab unserer Ehe.

Die Messer haben wir begraben.
Wir halten die Wunden nicht offen.

Ich bin nicht mehr Teil deines Glücks,
noch deines Unglücks.

Und du nicht des meinen.

Doch ich folge noch immer,
von ferne,
deinen Auf- und Untergängen,

und es rührt mich,
wie immer,
dein schönes Lächeln
und die geschwungene Braue.

Als viele Jahre später, 1990, Nelson Mandela aus dem Gefängnis entlassen wurde und die Leute fragten: »Wer ist denn dieser Mandela?«, wussten wir, wer das war. Wir hatten in der Aktionsgruppe »Freiheit für Nelson Mandela« seit 1974 seine Freilassung gefordert, als noch niemand ihn kannte und seine Verteidigungsrede im Rivonia Prozess, in der es um die Gründe für den Kampf des ANC ging, als Broschüre unter die Leute gebracht. »We were born to make manifest the glory of God that is within us!«[3] war einer seiner erstaunlichen Leitsätze. Bis heute habe ich diesen Satz in meinem Arbeitszimmer immer vor Augen. Mandela wurde der erste schwarze Präsident Südafrikas. Eine große Straße in Johannesburg wurde später nach Beyers Naudé benannt – er hätte darüber gelacht. Die Anti-Apartheid-Bewegung in Deutschland und unsere Südafrika-Arbeit waren ein kleines, aber für uns selbst wichtiges Rädchen im großen Räderwerk der Geschichte geworden. Als die Apartheid 1994 endlich endete, war ich mit einem schwarzen Mann verheiratet.

3. Wir sind dazu geboren, die Herrlichkeit Gottes, die in uns ist, sichtbar zu machen.

Viertes Kapitel

Am Anfang war das Lied

Kindheits- und Jugend-Erfahrungen. Aufbruch in die Ökumene

Jeden Morgen weckte uns unsere Mutter mit einem Lied. Es war sechs Uhr. Sie schob den Deckel des altmodischen Harmoniums zurück. Wir hörten in unseren Betten das Klappern und schlichen herbei, um mit der Mutter Morgenlieder zu singen. »Fröhlich klingt das Dorf entlang, heller jubelnder Gesang«, manchmal noch sehr verschlafen. Besonders gerne sang sie:

>*»Morgenglanz der Ewigkeit,*
>*Licht vom unerschaffnen Lichte,*
>*schick uns diese Morgenzeit*
>*deine Strahlen zu Gesichte*
>*und vertreib durch deine Macht unsre Nacht.«*

Es war ein Ritual, das mein Leben prägte. Unser Morgengebet. Manchmal waren wir nur zu zweit oder zu dritt. Die Schwestern waren zuweilen verschlafen und später auch nicht mehr im Haus. Ich bin loyal mit der Mutter jeden Morgen aufgestanden oder besser: sie mit mir, denn ich musste als Fahrschülerin jeden Tag eine Stunde mit dem Bus zur Schule fahren. Ich habe wohl am längsten mit ihr gesungen, während meiner gesamten neunjährigen Gymnasialzeit. Mein Vorrat an frommen Liedern ist vermutlich auch darum groß. Wir sangen aus einem Liederbuch für Mädchen-Bibelkreise von 1928 mit dem Titel »Unser Lied«, das zum Lebensgepäck meiner Mutter gehörte. Es gab darin heute seltsam klingende Lieder, die ich gerne gesungen habe: »*Wer geht hinaus aufs Erntefeld zu folgen froh dem Herrn der Welt? Wer bleibt am Markte müßig stehn, sieht er den Herrn der Ernte gehn?*« Dieses Liederbuch hat sie mir, ganz zersungen, als Erbstück hinterlassen mit folgender Widmung: »*Nun aufwärts froh den Blick gewandt, und vorwärts fest den Schritt, wir gehn an unsres Meisters Hand, und unser Herr geht mit.*« Daher *können wir nie einsam sein, wenn auch mal allein. Grukuma.*« »Gruß und Kuss, Mama« hieß das in ihrer Kurzschrift, denn sie hatte es immer eilig bei ihrer großen Familie.

Am Anfang des Tages, am Anfang meiner Frömmigkeit, war das Lied. Mehr als auf Belehrungen und auf theologische Bücher, auf die mein Vater setzte, vertraute meine Mutter den Liedern bei der Frömmigkeitserziehung ihrer Töchter.

Emilie Reinhard mit ihren fünf Töchtern, von links: hinten: Christel, Heidi, Traudel, vorne: Bärbel, die Mutter mit Hanni

Als ich 1943 in der Pfalz geboren wurde, war Krieg. Bomben fielen auch auf meine Geburtsstadt Pirmasens und meine Schwestern mussten mich oft in den Luftschutzkeller schleppen. Ein Stück meiner inneren Unruhe kommt sicher aus dieser Zeit. »Du bist halt ein Kriegskind«, sagte meine Mutter. Sie hat geweint, als ich geboren wurde: »Wieder ein Mädchen! Das fünfte!« Pausbäckig sehe ich auf den Kinderbildern aus. Manchmal habe ich mir gewünscht, groß, schlank und vornehm blass zu sein. Ich war aber klein, rotwangig und eher querformatig, wie alle in meiner Vaterfamilie. Ich hatte das unerschrockene extrovertierte Gemüt eines pfälzischen Kindes und redete schon damals munter drauf los. Ein Rundfunkjournalist, der zu Besuch kam, hat meine Mutter einmal bekniet, mich mit ihm eine live-Sendung im Kinderfunk des Süddeutschen Rundfunks machen zu lassen, aber Mama erlaubte es nicht. Der Journalist hat mir dann einen schönen langen Brief geschrieben und eigenhändig einen kleinen Foxterrier auf den Briefkopf gemalt. Lange habe ich das Bildchen in meiner Schatzkiste aufbewahrt.

Die schönsten Ferien verbrachten wir armen Nachkriegskinder auf einem Bauernhof an der pfälzischen Weinstraße bei der Familie Roggenwieser. Vater Roggenwieser las uns am Abend aus der großen Bilderbibel mit den schön erschreckenden Bildern von Schnorr von Caroldsfeld vor. Ich durfte auf dem Ackergaul reiten, wenn es hinaus »aufs Feld« ging und sehr oft bin ich den Hühnern in der Scheune zu ihren Nestern gefolgt, um dort mehrmals am Tag die Eier zu finden. Am schönsten aber war die Weinernte. Da ging es im kalten Morgennebel hinaus in den »Wingert«, wo ich ein Eimerchen und eine kleine Traubenschere bekam, mit der ich die fetten Traubenklötze, die zwischen den eisigen Blättern hingen, abschneiden konnte und sie beim Traubensammler ablieferte. Am Abend waren die Kelterbottiche randvoll mit Trauben und wir probierten vorsichtig von der allzu verlockenden süßen ersten »Kelterbrühe«, die schon herauslief. Einmal habe ich sogar geholfen, einen neuen Weinberg zu pflanzen. Ich durfte die Rebstöcke in die ausgehobenen Löcher legen. Als Kind habe ich ohne Scheu die Erwachsenen unterhalten mit all den Liedern, Sprüchen und Wilhelm Busch-Versen, die meine Mutter als ausgebildete Kindergärtnerin uns beigebracht hatte. Oft spielte ich zusammen mit meiner Schwester vor den Erntearbeiterinnen und -arbeitern in den Essenspausen kleine Scharaden, zum Beispiel über »das Stadtfräulein und das Landfräulein«. Ich wollte immer das Landfräulein sein mit Korb und Kopftuch, das sich durch die feinen Manieren des Stadtfräuleins nicht einschüchtern lässt. Und am Schluss sagte ich unter großem Beifall der Zuhörenden: »Und wenn mir mal ein Bauernbub ein Busserl gibt, ist's auch keine Schand'.«

Meine Mutter war eine lebhafte Frau. Sie leitete den Kirchenchor im Dorf und auch zuhause war es ihr nie zu viel, ihre Gitarre zu nehmen und mit den immer zahlreichen Gästen am Tisch zu singen. Singen war ihr und unser Lebenselixier. Später habe ich als Gymnasiastin in der Evangelischen Jugendkantorei der Pfalz gesungen. Der Kirchenmusikdirektor Adolf Graf hatte diese Form der Chorarbeit erfunden, bei der sich die musikalische Jugend aus allen Ecken der Pfalz zusammenfand, um die großen Werke von Bach und Händel zu singen, die wir auf herrlich unbeschwerten Chorfreizeiten in Waldfischbach und am Gardasee einstudierten. Wir übten morgens und mittags die Chorpartien und abends tanzten wir heimlich – ich war in diesen Dingen allerdings lange sehr schüchtern – im »Herrenhaus« oder kletterten über das verschlossene Hoftor zu einer kleinen amourösen Nachtwanderung. Am Morgen sahen wir Herrn Graf verstohlen die Türklinken abwischen, um die Spuren, die die nächtlichen Aussteiger hinterlassen hatten, zu beseitigen. Wir waren beglückt und erfüllt nach den Aufführungen der großen Konzerte, weil weniges im Leben dem Singen der H-moll Messe oder der Matthäuspassion an spiritueller Tiefe gleich kommt. Ich fand in diesem Chor Freundinnen fürs Leben: Roswitha, Uta und Hildegard. Wir probierten erste heimliche Liebschaften aus. Wir sangen uns hinein in die tiefere Wahrheit unseres Lebens. Als ich mein Theologiestudium begann, waren die blut- und tränenreichen Barocktexte oft eine Anfechtung für mich – und sie sind es auch heute noch. Die Musik aber war ein Halteseil, an dem ich mich über die gedanklichen Abgründe des Theologiestudiums, über Liebeskummer, Zukunftsängste und menschliche Herausforderungen hinwegretten konnte. Wie es uns unsere Mutter gezeigt hatte, glaube ich immer noch an die Kraft des Singens.

Meine Mutter war aus tiefstem Herzen eine Missionarin, mit leidenschaftlicher Liebe zum Leben und frommer Unermüdlichkeit, mit der sie uns manchmal auch genervt hat. Sie hatte ursprünglich »in die Mission« gehen wollen, nach China, wenn ihr da nicht ihr Mann und ihre Kinder in die Quere gekommen wären. Sie berief sich auch gerne auf den Vorfahren im Familienstammbaum, der in Formosa/Taiwan missioniert hatte.

Der Stammbaum ist in der Tat beachtlich, aber ich wollte lange nichts davon wissen, wie das nach der Zeit des Dritten Reiches und dem Missbrauch der Stammbäume für rassistische Zwecke, nämlich für den Ariernachweis, eben war. Erst als mein späterer Mann Philip Potter in die Familie kam, war da endlich jemand, der diesen Stammbaum ernst nahm, ein Mensch mit historischem Interesse. »Man muss doch wissen, woher man kommt.« Seitdem habe auch ich den Stammbaum schätzen gelernt. Er verweist nämlich auf einen Vorfahren, Dionys Weis aus Ypps in Österreich, einen Gutsbesitzer, geboren 1440. Dessen 14. Enkel, Pantaleon, studierte bei Melanchthon Theologie und kam, unter latinisiertem Namen, als Pantaleon Candidus nach Zweibrücken in die Pfalz, wo er die Reformation im Herzogtum Zweibrücken einführte und heute in der Alexanderkirche ein schönes Epitaph hat. Ein Reformator als Vorfahre, das ist mir sehr recht. Jetzt verstehe ich mich selbst besser in meinem Drang, fortwährend etwas reformieren, etwas anfangen zu wollen. Wenn Leute zuweilen Zweifel an meiner lutherischen Rechtgläubigkeit äußerten, habe ich mich schon einmal auf Pantaleon berufen. Nicht auf den Rechtgläubigen, sondern auf den Reformator, den Erneuerer und Anfänger. Inzwischen bin ich, gemäß Stammbaum, in dieser »reformatorischen Sukzession« das 19. Glied dieser Familie, die den Pfarrberuf ergriffen hat und die erste Bischöfin dazu. Auch hier eine Anfängerin.

◆ ◆ ◆

Es ist das Jahr 1979. Ich bin nach all den Zusammenbrüchen in meinem Leben jetzt Studienleiterin im Zentrum für entwicklungsbezogene Bildungsarbeit in Stuttgart: Zugleich bin ich eine Anti-Apartheid-Aktivistin, eine feministische Theologin, eine geschiedene, kinderlose, allein lebende Frau. Ich werde meinen Lebensunterhalt von nun an immer selbst verdienen.

Im März 1979 werde ich zu einer theologischen Konferenz nach Kuba geschickt. Als Vertreterin des Evangelischen Missionswerkes, das als Mitfinanzierer eine Einladung erhalten hatte. Jemand fand, dass mir eine solche Reise gut täte. Ich sitze also in einer klapprigen Aeroflot-Maschine und lande im Morgengrauen auf dem Flughafen in Havanna. Ich werde später noch öfter hier landen. Niemand holt mich ab. Ich treffe auf Professor Johann Baptist Metz, der auch zur Konferenz kommt, diesen sympatischen katholischen Theologieprofessor. Er hat in seiner Theologie vom Evangelium als einer »gefährlichen Erinnerung« gesprochen, die ein allzu glattes Christentum aufstört und unbequeme Fragen zu stellen bereit ist. Die »memoria passionis«, die Erinnerung an das Leiden Jesu und an das Leiden der heutigen Menschen begründet seine politische Theologie. Wir sitzen im Halbdunkel vor dem Flughafen auf unserem Gepäck. Andere Konferenzteilnehmer stellen sich ein. Es wird langsam hell. Die Sonne geht auf, eine mächtige karibische Sonne. Riesige museumsreife amerikanische Oldtimer kreuzen auf der Straße. Wolken von Vögeln zwitschern lautstark in den Bäumen. Es ist warm, sehr warm, so früh am Tag.

Zum ersten Mal bin ich in der Karibik. Mit disziplinierter Geduld warten wir auf irgendjemanden, der uns abholt. Zwei Stunden später sitzen wir dann in einem Bus, der uns in das Theologische Seminar auf den Hügel über der Bucht von Matanzas bringt. Es ist jetzt heller Morgen und schon heiß. Wir kommen auf einem weiten Campus an. Bäume mit riesigen Blättern, überall lautes Vogelgeschrei, ein weiter Blick über das Meer und die Bucht. Amerikanische Missionare haben diesen Campus gebaut, bevor sie und viele kubanische Pfarrer das Land auf der Flucht vor der sozialistischen Entwicklung, die die Kubanische Revolution 1961 nahm, verlassen haben. Sergio Arce, der presbyterianische Leiter des Seminars, den viele den »Propheten von Matanzas« nannten, weil er die sozialistische Entwicklung als Herausforderung für die Theologie annahm, sagt darüber: »Als der Wolf kam, haben sich die Hirten davon gemacht und die Schafe allein gelassen.« Er und seine Frau Dora Valentin quartieren mich in ihrem Privathaus ein, dem einzigen Haus auf dem Campus, in dem es zum Willkommen einen »Mochito« aus Rum, Zucker, Zitrone und einem Stiel Pfefferminzkraut gibt. Sonst gilt auf dem Campus Alkoholverbot. Das wird von den verschiedenen Konfessionen streng gehandhabt.

Alles, was in der Befreiungstheologie Rang und Namen hat, Leute, die ich vom Lesen kenne oder kennenlernen werde, sind anwesend: Harvey Cox, George Casalis, Gustavo Guiterrez, Robert McAffee Brown, James Cone, Paul Verghese, Augusto Cotto, der später bei einem Flugzeugabschuss über El Salvador umkommen wird. Aus Nicaragua, aus Brasilien, aus Angola und Mosambik, selbst aus der Sowjetunion, und, kaum zu glauben, auch aus den USA kommen die Teilnehmenden. Johann Baptist Metz spielte mit seiner politischen Theologie eine wichtige Rolle. Jürgen Moltmann hatte nur seinen Assistenten geschickt. Das wird bedauert, ist er doch mit seiner »Theologie der Hoffnung« ein großer Stichwortgeber für die Befreiungstheologie.

Und dann sind da die Kubaner: der katholische Rechtsanwalt Raúl Gomes Treto, der die katholische Kirche zu den Armen »bekehren« will; der Theologieprofessor René Castillanos, der die Studierenden in seinem Seminar das Tanzen lehrt, damit sie Gott mit Geist *und* Leib loben können. Sergio Arce erklärt auf dem Hintergrund der Kubanischen Revolution den Satz. »Es werden nicht alle, die zu mir sagen ›Herr, Herr‹ in das Himmelreich kommen, sondern die den Willen meines Vaters tun (Mt 7,21).« Der Wille Gottes ist es, dass die Armen gespeist und gekleidet werden. Den erfüllen die Kommunisten in Kuba mehr als die Christen.« Ophelia Ortega, die Pfarrerin, die »bei den Leuten auf dem Land ihre beste Theologie gelernt hat« und wie alle Kubanerinnen und Kubaner solidarisch ein Jahr lang nur Spaghetti gegessen hat, weil Italien das einzige Land war, das dem US-Embargo nicht folgte und Nudeln nach Kuba exportierte. Sie ist mir eine ökumenische Freundin geworden, auf die immer Verlass ist, besonders wenn es darum geht, ein Fest zu feiern. Sie ist heute eine der Präsidentinnen des Weltkirchenrates in Genf. Und dann eben ich. Was soll denn ich hier? Nun denn. »Ich bin wichtig«, denke ich ein wenig verzagt.

In Kuba 1979, von links: mit Nora Boots und Ophelia Ortega

Zusammen mit Nora Boots aus Bolivien, Ophelia und der Musikerin Lois Kroehler, einer in Kuba zurück gebliebenen amerikanischen Missionarin, bilden wir das Theologinnenkontingent in dieser Männerwelt. Dieses Mal – um ehrlich zu sein – hatte ich daran nichts auszusetzen. Dennoch soll ich – nach der Erinnerung Ophelias, die davon betroffen war – einmal kritisch im Plenum gefragt haben: »Wo sind denn die kubanischen Frauen?« Sie waren nämlich in die Küche abgestellt. Ich malte ein Poster mit vielen bunten Blumen als *meinen* Konferenzbeitrag und heftete es an das Rednerpult. Es war mir alles zu wortlastig bei den Herren Befreiungstheologen. Lois Kroehler sang mit uns neue, selbst komponierte, zärtliche Kirchenlieder. Später würde ich die Texte dieser Lieder aufschreiben und die Melodien aufzunehmen versuchen, um eine Musikkassette daraus zu machen, um neue Lieder in die deutschen Gemeinden zu bringen. Leider ist dann doch nichts daraus geworden, obwohl ich dafür eigens noch einmal nach Kuba gereist bin. Die Texte schreibe ich handschriftlich ab. Es gibt kaum Schreibmaschinen wegen des Embargos der USA. Unter dem Titel »Die sanfte Deborah« habe ich ein Portrait über Lois Kroehler geschrieben, diese ungewöhnliche, bescheidene Missionarin, die in Kuba blieb und so mutige und gegenwartsbezogene Kirchenlieder verfasst hat. Es gibt Menschen, wenn ich denen begegne, gehe ich weg und möchte weinen. Es gibt aber auch Menschen, wenn ich denen begegne, gehe ich weg und möchte singen. Lois Kroehler hat mir Lust zum Singen gemacht. Sie erklärte mir auch: Die Kindersterblichkeit in Kuba ist laut Weltgesundheitsorganisation eine der geringsten weltweit, schon damals. Heute sterben in Kuba von 1.000 lebend geborenen Kindern gerade einmal 4,5, in Deutschland waren es im Jahr 2011 3,51; die Lebenserwartung der Menschen ist auf Kuba eine der höchsten auf dem amerikanischen Kontinent. Der Palast der Familie Dupont, die einen weltweit agierenden Konzern besitzt und die in Kuba einen herrlichen Feriensitz an der Spitze des Ferienparadieses Varadero hatte, war nach der Revolution für alle Kubanerinnen geöffnet worden. Der Dichter Nicolas Guillen schrieb dazu: »Palaces of ancient marble for those who had no shoes ... The country house of the Duchess for John's daughter who is sick.«[4] Lois setzte einfach einige Verse aus dem Jesajabuch in singbare Musik um. »Einige dieser Verheißungen Jesajas sind hier wirklich geworden, ich habe es selbst erlebt«, sagte sie einfach. »Es ist noch nicht fertig. Wir sind keineswegs im Reich Gottes, aber es gibt Zeichen, die unsere Herzen stärken.«

> *»Ein neuer Himmel, eine neue Erde,*
> *diese sind die Zeichen des Reiches Gottes.*
> *Neues Leben und neue Menschen*
> *singen die Lieder des Gottesreiches.*
>
> *Der früheren Dinge wird man nicht mehr gedenken,*
> *niemand wird sich ihrer erinnern.*
> *Fröhlichkeit wird über der Stadt Jerusalem sein*
> *und Freude in meinem Volk.*
>
> *Es wird daselbst keine Kinder mehr geben,*
> *die nur wenige Tage leben*
> *und keine Alten,*
> *die ihre Jahre nicht erfüllen.*
>
> *Sie werden Häuser bauen*
> *und sie bewohnen.*
> *Sie werden Weinberge pflanzen*
> *und ihre Früchte essen.«*

nach Versen aus Jes 65,17-25

---

4. Alte Marmorpaläste für die, die keine Schuhe hatten. Das Landhaus der Gräfin für Johns Tochter, die krank ist

Das sind Erinnerungen an meine erste Kubareise: Lieder, Musik, Sonne, Tanzen auf der Straße, relevante Theologie, Evangelium als Befreiung, an einer anderen sozialen Wirklichkeit teilnehmen. Auch heftige Diskussionen über dies alles. Engagierte, schöne Menschen, Lachen, Mochitos, Zigarren, das Meer. In der psychiatrischen Klinik in Havanna sahen wir einen Schönheitssalon für die Patientinnen, in dem sie sich gegenseitig die Fingernägel lackierten und Locken drehten. Ich habe noch heute ein Foto von dieser Szene in meinem Haus hängen. Vorzeigeprojekte, oder? Es gab auch eine Rumba-Band der Patienten, die uns zum Tanzen aufspielte. Einmal im Jahr zog die ganze Klinik mit den Patientinnen und Patienten tanzend und singend in einem großen Karnevalsumzug durch Havanna. War das alles wirklich? Soviel Lebensfreude, Sozialismus mit karibischer Farbe eben. Ich teilte mit einer überzeugten Sozialistin aus der DDR das Zimmer und wir haben uns ständig gestritten, besonders über Wolf Biermann, dessen herzhafte Lieder mir so viel bedeuten. Hier in Kuba gab es so viel Neues, so viel Engagement, so viel Lebenslust. Ich hatte mich auch ein wenig in einen der engagierten Companeros verliebt. Tapfer aß ich das sozialistische Essen und merkte nicht, dass den Menschen in Kuba auch vieles fehlte.

Bei einem Straßenhändler in Havanna kaufte ich einen Schmetterling aus Pappmaschee in kräftigsten Farben, der bis heute in unserem Haus hängt. Später sagte mir meine Beraterin Ilse: »Der Schmetterling ist ein Symbol der Wandlung.« Neben all den wichtigen Gedanken engagierter Befreiungstheologen, bei denen ich die »vorrangige Option für die Armen« noch einmal besser verstanden habe, ist damals ein Funken Befreiung in mein eigenes Leben gefallen, ein Funken Lebenslust. Alles war sehr exotisch, kaum hinüber zu retten nach Deutschland, aber: seit langem zum ersten Mal hatte ich sie wieder gespürt, die Lust zu leben.

◆ ◆ ◆

Von der Haltbarkeit

Zerbrechlich
sind die Lieder
vom Glück.

Kaum füllen
sie mir den Mund,

wird mir angst
vor ihrer Fülle.

Wie viel
haltbarer
sind die Lieder
vom Schmerz.

◆ ◆ ◆

Mit einem Lied den Tag anfangen. Viele geistliche Bräuche meiner Familie sind mir abhandengekommen: so der Abreißkalender mit der Auslegung der Tageslosung. Überhaupt die Losungen. Sie sind eben doch nur ein sehr mageres Schnäppchen protestantischer Spiritualität, und sie werden so losgelöst aus dem Kontext gelesen, dass sie jede beliebige Deutung zulassen. Laut sagen mag man diese Kritik ja nicht.

Aber mit einem Lied, gebetet oder gesungen, beginne ich noch immer den Tag:

All Morgen ist ganz frisch und neu
Dein Gnad', o Gott, und große Treu'.
Sie hat kein End' den langen Tag
Drauf jeder sich verlassen mag.

Ich schlage die Augen auf: Dieser Tag, was immer er bringen mag, ist ein Geschenk Gottes. Gott schenkt mir den Atem, den Blick, die große, aber auch die kleine Kraft, den Mut zu sein. Es ist Gnade. Es ist nicht selbstverständlich, dass ich lebe. Meine Kinder leben nicht mehr. Dass die Sonne aufgeht, der Morgenwind weht: Gnade.

> *O Gott, du schöner Morgenstern,*
> *gib uns, was wir von dir begehrn.*
> *All deine Licht zünd in uns an,*
> *lass's Herz an Gnad kein Mangel han.*

Am Morgen ist es in meinem Herzen oft noch Nacht. Aber bei Gott ist das Licht, bete ich mit Bonhoeffer. »Ich bin mutlos, aber du hilfst mir.« Erwartet mich heute etwas Schönes? Mein Lebenshunger ist noch immer groß. »Ich bin unruhig. Aber du schenkst mir Frieden.«
Der Morgenstern geht über meinem Zagen auf. Gott spricht mit mir durch die Stimme des Morgens. »Zünde in mir Deine Lichter an, in meinem trüben Herzen.« Alle Lichter sollen entzündet werden wie zu einem prächtigen Fest. »Lass's Herz an Gnad' kein' Mangel han.« Die Gnade, das Leben zu haben, den Mut zum Sein zu empfangen, zum Gut-Sein mit anderen Menschen. Den Mitmenschen die Gnade zuwenden zu können, die Gott mir an diesem Morgen zuwendet. Ein großzügiges Herz haben, nicht bitter und nicht eng sein, einen offenen Geist – an diesem, genau diesem Tag.

> *Zu wandeln als am lichten Tag,*
> *damit was immer sich zutrag,*
> *wir stehn im Glauben bis ans End'*
> *und bleiben von Dir ungetrennt.*

Ungetrennt von Gott bleiben, von der Sinngeberin des Lebens –
was für eine Hoffnung. Bis zum Ende – was für ein Trost. Auch
dieses Lied habe ich oft mit meiner Mutter gesungen. Ich hatte
es in Zeiten meines Lebens ganz vergessen, ja verloren – und es
war doch unverlierbar.

◆ ◆ ◆

Meine Jona-Geschichte

Zu meinem Walfisch
hatte ich dich erkoren
und mich verschlucken lassen
von der Tiefe
deiner schmerzgetauften Augen.

Für Augenblicke
saß ich rund und vergnügt
in deiner Seele Bauch.

Dann hast du mich
unlustig
ans Land gespien,
von zu schweren Wünschen
ermüdet.

Da steh ich nun wieder
auf dem Trockenen
und geh,
was ich längst weiß,
nach ... Ninive.

◆ ◆ ◆

In jener Zeit klammere ich mich an jeden Glück verheißenden Strohhalm. Allzu oft stellen sich Mutlosigkeit und ein Gefühl von Vergeblichkeit ein. Eines Morgens aber wache ich auf und fasse einen Entschluss. Mir ist klar geworden: Ich werde dem Generalsekretär des Weltkirchenrates, Philip Potter, erklären, warum ich es bisher *nicht* geschafft hatte, dem Ruf nach Genf zu folgen und seinen Vorschlag und den der Auswahlkommission anzunehmen, Direktorin der Frauenabteilung des Weltkirchenrates zu werden. Warum ich gedacht hatte: Das kann ich noch nicht. Warum meine Seele, in einem Zustand der Verwirrung gefangen, hinterherhinkte. Warum ich zögerte, etwas wirklich Neues anzufangen. Die Häutungen, das Abstreifen des Alten war noch zu mühsam im Gange. Noch war ich ohne Vertrauen.

Es ist der 1. Mai 1980 und heute fahre ich nach Genf und sage JA. Ich werfe mein Herz über die Hürde.

In Genf saß ich diesem eindrucksvollen, verehrten Mann in seinem Büro gegenüber, aus dessen Fenster man an guten Tagen den Mont Blanc sehen kann. Ich hatte mir meine Erklärungen zurechtgelegt. Er hörte zu, aber nicht sehr lange. Dann fragte er ohne Umschweife: »Are you ready to come to Geneva?« »Bist Du bereit, nach Genf zu kommen?« Sehr verlegen antwortete ich: »Yes, I am ready.« »Ja ich bin bereit.«

Ich bin meinem Mut dann hinterher gesprungen, habe meine Zelte in Stuttgart abgebrochen und bin nach Genf gezogen. In der Route de Ferney 150 begann meine Arbeit für die Ökumenische Bewegung. Mein Büro lag im dritten Stock mit Sicht auf den französischen Jura. Aber mein Blick begann sich zu weiten – auf die ganze bewohnte Erde, die Ökumene – auf die Frauen der Welt. Ich entdeckte die »Global Sisterhood,« die weltweite Schwesterlichkeit!

Fünftes Kapitel

Von der Mühe und dem Glück, ein neuer Mensch zu werden

Direktorin der Frauenabteilung beim Ökumenischen Rat der Kirchen in Genf

Oktober 1980. Mein erster Blick am Morgen geht hinaus auf den französischen Jura, der jetzt schon eine weiße Schneekappe trägt. Er begrüßt mich verlässlich jeden Morgen am neuen Ort. Wo bin ich? Nach Genf zu kommen, war mehr als ein Ortswechsel, mehr als ein Stellenwechsel und mehr als ein Perspektivwechsel. Es war wie eine Geburt. Plötzlich hatte ich große Sympathie für den biblischen Nikodemus, der Jesus fragt: »Wie kann ein Mensch geboren werden, wenn er oder sie alt und erwachsen ist?«

Ich bin siebenunddreißig Jahre alt, als ich nach Genf komme. Da weiß frau normalerweise, wer sie ist. Meine erste Entdeckung im Ökumenischen Rat ist, dass ich mich selbst ganz neu kennenlerne. Wer bin ich?

Ich kam als Deutsche. Ah, die Neue aus Deutschland! Vielen Kolleginnen und Kollegen fiel da zuerst die EKD ein mit ihrer Kritik am Antirassismusprogramm. Oder die gründlichen deutschen Theologen in der »Faith and Order-Commission«; die wichtigen Geldgeber des kirchlichen Entwicklungsdienstes; die engagierten Ökumenegruppen und der Kirchentag; auch Bonhoeffer und das Dritte Reich. Eine indische Kollegin gestand mir, sie habe bisher noch nie eine Deutsche in Wirklichkeit gesehen. Sie dachte, alle Deutsche seien Nazis, wie sie es aus den Filmen in Indien kannte. Nie wieder bin ich so deutsch gewesen wie in dieser Anfangszeit beim Weltkirchenrat. Ich traf mich mit den deutschen Kolleginnen und Kollegen. Besonders der stellvertretende Generalsekretär Konrad Raiser und seine Frau Elisabeth halfen mir in großer Freundschaft, einen Weg in dieses verschlungene Neuland zu finden. Mit Elisabeth habe ich bis heute an vielen Frauenprojekten glücklich zusammengearbeitet.

Als neues Stabsmitglied, als »new staff« hatte ich mit anderen Neulingen an gemeinsamen Orientierungssitzungen über den ÖRK teilzunehmen. Sehr schnell merkte ich, dass ich jetzt Leitungsverantwortung hatte, ein »executive staff« war. So hatte ich an den Sitzungen des Generalsekretärs mit allen Direktorinnen und Dirketoren teilzunehmen, in denen die Gesamtausrichtung der Arbeit des ÖRK besprochen wurde.

Ich war eine Frau, und von denen gab es auf Leitungsebene auch im ÖRK noch nicht viele. Für Frauen gab es während der Zentralausschusssitzungen spezielle Frauentreffen. Die waren eine wirkliche Powerbasis für meine Frauenabteilung. Zugleich hatte ich eine eigene »Working Group« aus Vertreterinnen und einem Vertreter der Kirchen, die einmal im Jahr die Arbeit der Frauenabteilung berieten.

Als Europäerin nahm ich am Europa-Treffen, als Angehörige einer lutherischen Kirche am Treffen der Lutheraner teil. Manchmal gab es für Menschen aus der »Ersten Welt« eigene Treffen, ebenso wie für die Osteuropäer, die sog. »Zweite Welt« und für die »Dritte-Welt-Leute«. Diese Terminologie wurde so allerdings nicht gebraucht. Als Theologin nahm ich *nicht* an den Treffen der Laiinnen und Laien teil. Die Frauenabteilung war ein Teil der Einheit III »Bildung und Erneuerung« und in dieser gab es auch eigene Ausschüsse.

Fügt man die Sprachen hinzu, die im ÖRK eine wichtige Rolle spielen, wurde es noch interessanter. Schließlich entdeckte ich, wer ich bin: Eine englisch, deutsch und französisch sprechende, weiße, deutsche, lutherische Frau und – feministische – Theologin aus Württemberg, die sich im Antirassismusprogramm engagiert hatte und nun neues Stabsmitglied und Direktorin der Frauenabteilung in der Einheit III des Ökumenischen Rates der Kirchen in Genf/Schweiz war. Im Spiegel der anderen konnte ich mich selbst besser erkennen. Eine Grundeinsicht ökumenischen Lernens. War ich das? Was war ich noch?

Jede dieser Identitäten stellte Ansprüche an mich. Ich veränderte mich, wurde eine neue Frau, zusammengesetzt aus Bruchstücken meines bisherigen Lebens und aus den vielen, täglich neuen Erfahrungen, die mir im Ökumenischen Zentrum in Genf, auf Reisen in alle Welt und auf ökumenischen Konferenzen zuwuchsen. Ich lernte neu den aufrechten Gang »auf ökumenisch«. Was würde aus mir werden unter der Sonne der ökumenischen Vielfalt? Im spannungsreichen Kraftfeld der Konfessionen und Kulturen? Im Sperrfeuer theologischer und politischer Kontroversen? Man kann sich das Leben im Kopf zurechtdenken, es geht dann aber doch ganz anders weiter. »You can't plan for life«! »Du kannst das Leben nicht planen«!

Es war ein turbulenter, bunter, verwirrender, lebendiger Anfang 1980 in Genf als Direktorin der Abteilung »Frauen in Kirche und Gesellschaft«. Der Haushalt des ÖRK, so entdeckte ich, war gerade einmal so groß wie der des Württembergischen Oberkirchenrates. Diese Erkenntnis verschlug mir damals die Sprache, und sie tut es noch bis heute. Etwa 300 Kolleginnen und Kollegen arbeiteten im Genfer Zentrum. Sie kamen von Orten, die ich manchmal nicht einmal dem Namen nach kannte. Ich musste nun Englisch sprechen und in der Stadt Genf Französisch. Mein Leben fand in fremden Sprachen statt. Bis sich meine englische Gedächtnishälfte entwickelt hatte, musste ich alles innerlich übersetzen. »Hallo Barbel«: die meisten sprachen mich mit Vornamen an, der schwierig auszusprechen war. Die Türen der Büros standen offen, man eilte von einer Sitzung zur nächsten. »Only connect.« »Stell Verbindungen her!« war ein Schlüsselwort.

Im Ökumenischen Zentrum, dieser großen offenen Herberge, begann ich zu verstehen, warum Menschen mit Haut und Haaren Christen sind. Es war, als ob Blut in diese alte Tradition einströmte. Die biblischen Begriffe machten plötzlich Sinn im Alltag. Sie bekamen einen ganz neuen Glanz, wenn ein Mensch auf einen zukam, der gerade in John Vorster Square in Johannesburg die Folter des Apartheidregimes überlebt hatte. Oder wenn eine Frau aufgeregt vom erfolgreichen Verhandlungsmarathon über den Friedensschluss im Sudan berichtete. Wenn schüchterne Nonnen aus Moldawien vor der Vollversammlung über ihre Spiritualität im kommunistischen Osten redeten oder in meinem Nachbarbüro Paolo Freire saß, der große lateinamerikanische Entwickler einer »Pädagogik der Unterdrückten«, der an der Befreiung der Menschen durch Bewusstseinsbildung arbeitete. Wenn ich erlebte, dass Frauen endlich eine eigene Stimme, eine Sprache, einen Platz in den Kirchen und einen eigenen Namen bekamen, ja sogar einen Platz in den Geschichtsbüchern. Da verstand ich das biblische Wort »Hoffnung«.

Der Generalsekretär erklärte uns biblische Begriffe in ihrem Wortsinn. Das waren damals große Sternstunden des Verstehens. »Aletheia«, sagte er, »Wahrheit« meint im Wortsinn: »Das Un-Verborgene. Man soll also nichts verheimlichen«. So wurde klar, warum er zusammen mit Kardinal Paulo Evaristo Arns aus São Paolo, dem Bischof der weltweit größten römischen Diözese, zusammenarbeitete. Arns hatte übrigens sein Bischofspalais verkauft und Sozialstationen in den Favelas eingerichtet. Die beiden brachten die Zeugnisse der Gefolterten unter der Militärdiktatur in Brasilien 1964-1985 als Dokumentation »Nunca mais!« »Nie wieder!« in die Öffentlichkeit. Eine ökumenische Freundschaft verband sie. Erst 25 Jahre später würde es – auch aufgrund dieser Dokumente – den ersten Prozess wegen Menschenrechtsverletzungen in jener Zeit geben.

Wir beteten in vielen Sprachen, sangen Lieder und feierten Liturgien aus vielen Kulturen, aßen orthodoxes Agape-Brot und feierten vielfältige Abendmähler. Einmal wollten die Leute aus dem Pazifik es gar mit Kokosmilch feiern, dem wichtigsten Nahrungsmittel ihres Lebens. Und ich verstand: »In Gottes Haus gibt es viele Wohnungen.« (Joh 14,2)

Am Anfang glich die Arbeit einem Dauerlauf. Heimlich eilte ich in einer Sitzungspause nach Hause, »to catch a few wings«, »um ein paar Augen voll Schlaf zu erhaschen«. Ein halbes Jahr lang brummte mir abends der Kopf von all dem Neuen, das es zu verarbeiten galt. Um 5.00 Uhr nachmittags war das Gebäude des ÖRK schlagartig leer. »Have a nice evening!« »Mach dir einen schönen Abend!« Da fing ich gerade an – beglückt oder bekümmert über die Fülle – meine Tagespost zu lesen und schlief nicht selten einfach an meinem Schreibtisch ein. Ich erwachte mit dem Blick auf den schneebedeckten Jura. »Woher kommt mir Hilfe?« (Ps 121) Diese Frage war mir in dieser Zeit sehr vertraut. Der Jura mit seinen sprachlosen Wolkenbergen und seiner jahreszeitlich gefärbten Schönheit wurde mein Freund.

Schnell hatte ich verstanden: Die Zeit auf der »Spielwiese« war nun für mich vorbei. Wie bei vielen Frauen meiner Generation war der Beruf für mich eine Kann-Option gewesen, so viel oder wenig zu arbeiten, dass man dem Ehemann, sich selbst und der Familie gerecht werden und den Lieblingsthemen nachgehen konnte. Jetzt musste ich nicht nur meinen eigenen Lebensunterhalt verdienen, sondern auch eine wichtige Abteilung im ÖRK leiten und für Mitarbeiterinnen Verantwortung übernehmen, ein Budget aufstellen und auch noch das Geld dafür zusammenbringen. Ich sollte die Entwicklung der ökumenischen Bewegung mit gestalten, globale politische Szenarien im Blick behalten und alles theologisch durchdenken. Denn ich war die erste Theologin in der Leitung der Frauenabteilung nach den beiden Laienfrauen Madeleine Barot aus Frankreich und Brigalia Bam aus Südafrika.

Manchmal ging ich mit dem holländischen Kollegen Baldwin Sjollema, dem Direktor des Antirassismusprogramms, in der Mittagspause zum Schwimmen nach Ferney Voltaire. Genau eine Stunde durfte das dauern. Auf diese Weise konnte ich etwas

Mit den beiden früheren Direktorinnen im Frauenreferat des ÖRK, Brigalia Bam aus Südafrika und Madeleine Barot aus Frankreich

für die Gesundheit tun und beim Abschwimmen der Bahnen meinen Informationshunger im Blick auf das wichtige Antirassismusprogramm stillen.

In dieser Zeit bin ich anderen auch oft auf die Füße getreten, ohne zu merken, dass da überhaupt Füße waren. Ich wusste zu oft zu schnell, was richtig ist und wie etwas gemacht werden muss. Zum vorsichtigen Aushandeln eines interkulturellen Konsenses war ich noch nicht fähig. Die richtige Mischung aus Flexibilität und Selbstbewusstheit fehlte noch. Interkulturelles Lernen ist keine einfache Sache.

◆ ◆ ◆

Was Ökumene bedeutet, hat der deutsche Theologe Ernst Lange wie kein anderer in Worte gefasst. Er spielte eine besondere Rolle in meinen ökumenischen Lehrjahren.

Zu den vielfältigen Erfahrungen jener Zeit gehört ein Symposium zum Thema »Dialog der Kulturen«.

Die Theologin Mercy Amba Oduyoye – geprägt von den matriarchalen Traditionen Westafrikas – leitete die Sitzung: »In unserer Kultur in Afrika denken wir an jeder Wegkreuzung unseres Lebens an unsere Vorfahren. Wir stehen auf ihren Schultern. Sie haben uns geprägt und sind bei uns. An wichtigen Tagen rufen wir sie beim Namen. Ihr Geist kommt in unsere Mitte und stärkt uns. Zu Beginn einer solchen Zeremonie bringen wir in meiner Kultur als Zeichen unserer Bereitschaft ein kleines Trankopfer.« Sie goss ein wenig Himbeergeist auf den Teppich. »Und nun gehen wir reihum und jede und jeder ruft den Namen eines ökumenischen Menschen, der oder die sie sehr geprägt hat oder die sie sehr liebt. Wir ehren unsere ökumenischen Ahnen.«

Nun folgte eine mir unvergessliche Zeremonie. Der Raum füllte sich mit den Namen der ökumenischen Pioniere und Mitstreiterinnen, die schon »vom Leben zum Leben« gegangen waren: Bischof Bell aus England, Dietrich Bonhoeffer, Willem Visser't Hooft, Nikos Nissiotis, Albrecht Luthuli, Martin Luther King, Doreen Potter, Martin Niemöller, Sarah Chakoo aus Indien, Eduardo Mondlane aus Mosambik.

Als die Reihe an mich kam, habe ich Ernst Lange genannt, erfüllt von Dankbarkeit, Ehrfurcht und Schmerz. »Er hat mich durch seine klarsichtigen Analysen der ökumenischen Bewegung gelehrt, was Ökumene bedeutet. Er hat mir mit seiner Klugheit geholfen, die schwersten Stunden meines Lebens zu bestehen. Sein geniales Buch »Die ökumenische Utopie – oder was bewegt die ökumenische Bewegung« habe ich im Wochenbett nach einer Kaiserschnittoperation gelesen, inmitten großer Ängste um das Leben meines zweiten Kindes. Er, der selbst einen bitteren Tod gestorben ist, hat mich mit der Vision der gelebten Ökumene damals über Wasser gehalten. Die intellektuelle Arbeit rettete mich in meiner größten seelischen Not.«

Wir machten die Erfahrung, dass die Gerufenen bei uns waren. Sie standen bei uns mit ihrer Vision einer geeinten Christenheit und einer gerechten Erde. Sie hatten uns zu denen gemacht, die wir geworden waren. Sie hatten den Geist der Ökumene, oft unter Hingabe ihres Lebens, weiter getragen in der Nachfolge Jesu. *»Das Christentum ist Ermutigung oder es ist nichts«*, hatte Ernst Lange gesagt.

Ernst Lange war ein Anwalt der »gesamten bewohnten Erde«, der »oikoumene« (griech.), ein Globalisierer, der einer gerechten Globalisierung das Wort redete, bevor es dieses Wort gab. Er war bis 1970 Stabsmitglied im Ökumenischen Rat gewesen und sah in der ökumenischen Bewegung die große Chance, die Kirchen, auch die deutschen Landeskirchen, zu erneuern. Ich habe ihn persönlich nie kennen gelernt. Eine zerbrechliche Stärke ging von ihm aus, der als »halbjüdisches« Kind den Krieg überstanden hatte und der 1974 freiwillig aus dem Leben geschieden war und doch bezeugte: *»Der Tod ist kein Argument gegen das Leben ... Kein Argument gegen Gott. Man stirbt nicht weg von Gott. Man stirbt in Gott hinein.«*

Die ökumenische Bewegung hat er die *»antizipierte Zukunft der Christenheit«* genannt und die westdeutschen Kirchen *»die westdeutsche Provinz der Weltchristenheit«. »Das Fremde soll nicht mehr fremd sein für sie. Veränderung soll gesegnet und nicht mehr gescheut oder gar verflucht werden. Gott soll aus der Vergangenheit auswandern und als der erkannt, nein angenommen werden, der immer schon im Kommenden angesiedelt ist. Kirche soll nicht mehr vertraute Vergangenheit, sondern ersehnte Zukunft sein. Das ist ein tieferes Lernen als das Lernen des Verstandes.«*

Er hat sich unablässig damit auseinandergesetzt, wie aus parochial verorteten Christen eine ökumenisch ausgerichtete Kirche werden kann. Die Frömmigkeit der Kirchenmitglieder *»ist durch* und durch parochial, sie legitimiert und stabilisiert das Partikulare, das Einzelgewissen, die Kleingruppe, das örtliche Gemeinwesen, nicht seinen universalen Zusammenhang.«

Gleichwohl seien die ökumenischen Theologen »verliebt ins Besondere, ins Herkömmliche, ins Lokale in all seiner Begrenztheit. Ihr Geschäft ist ja eben, das Besondere mit dem Universalen, das Traditionelle mit dem konkret Künftigen, die Kontinuität mit der Veränderung zu versöhnen.«

Er glaubte daran, dass sich die Kirchen verändern können. »Wir lernten, Konflikte auszuhalten, zu riskieren, zu inszenieren, um diese Veränderungen zu erzeugen ... Wir hielten fest an der ökumenischen Utopie, der Utopie einer geeinten und erneuerten Christenheit als ›Sauerteig‹, als Modell, als Unruhe der werdenden Weltgesellschaft, als Träger eines Impulses der Humanisierung, der ... jeder Gestalt geschichtlich verwirklichter Humanität immer schon voraus ist: der Menschlichkeit Jesu von Nazareth. Wir hielten fest an dieser Utopie, weil sie konkret genug zu sein schien, um Praxis zu stiften, und offen genug, um Hoffnung wach zu halten und die Praxis vor der Resignation zu bewahren.«

Ernst Lange war der abwesende und doch so anwesende Lehrmeister meiner ökumenischen Jahre. Er brachte in deutscher Sprache zum Ausdruck, was von den Kirchen und auch von mir erwartet wurde und was ich erwarten durfte. Ohne ihn hätte ich die Zeit in Genf sicher nicht wirklich verstanden.

◆ ◆ ◆

Mitten in all dem Neuen meldete sich immer wieder das Vergangene: unruhige Nächte und verweinte Tage. Bittere Rückfälle und die Erfahrung »dass wir krepieren müssen an den verküssten Küssen«, wie Wolf Biermann sang. Ich hatte das alles zurückgelassen und hatte es doch mitgenommen. Auf den Friedhöfen

Genfs ging ich spazieren und fand das Grab der kleinen Sophie Dostojewskij. Zwei Monate war sie alt geworden, während ihr berühmter Vater das wenige Geld in einem Casino im Wallis verspielte. Am 4. April 1868 schreibt Dostojewskij aus Saxon-les-Bains an seine Frau: »*Mein lieber Engel Njuta, ich habe alles verspielt, kaum war ich angekommen, so hatte ich in einer halben Stunde alles verspielt ... Schicke mir möglichst viel Geld. Nicht zum Spiel. Ich würde es Dir schwören, wage es aber nicht, weil ich Dich schon tausendmal belogen habe ... Das ist die Chance, die mir vielleicht schon morgen die Rückreise ermöglicht ... Du wirst immerzu weinen! Oh Anja! Was habe ich alles riskiert? Dir kann die Milch (zum Stillen) wegbleiben ...*« Er war ein verzweifelter Spieler in seiner Genfer Zeit.

Über den Tod des Kindes schreibt seine Frau Anna einen Monat später: »*Am 12. Mai ... starb unsere liebe Sonja. Ich bin nicht imstande, die Verzweiflung zu beschreiben, die sich unserer bemächtigte, als wir unsere Tochter tot vor uns sahen. Zutiefst erschüttert und traurig über ihren Tod, hatte ich schreckliche Angst um meinen unglücklichen Mann; seine Verzweiflung war grenzenlos, er schluchzte und weinte wie eine Frau, als er vor dem erkalteten Körper seines Lieblings stand und bedeckte ihr blasses Gesichtchen und die Händchen mit glühenden Küssen. Eine so wilde Verzweiflung habe ich nie mehr gesehen.*«

Ich hatte Dostojewski während einer Dienstreise in die Sowjetunion 1982 sozusagen »getroffen«: In St. Petersburg, wo sein Roman »Schuld und Sühne« spielt, in Gemälden, in Erzählungen, an seinem Grab. Nach meiner Rückkehr habe ich innerhalb eines Jahres alle seine Romane gelesen, in jeder freien Minute.

In den Briefen des Dichters während seiner Genfer Zeit, in der Qual, die die Schreibhemmung, die ihn befallen hatte, ihm bereitete und in seiner Spielsucht, seiner Not und Verzweiflung fand ich bei allen Unterschieden etwas meinen Erfahrungen sehr Ähnliches: ein Ausgeliefertsein an die Erinnerungen und die Konfrontation mit den eigenen unansehnlichen Schwächen. Diese Briefe waren für mich eine starke Medizin gegen das

Selbstmitleid. Manchmal trug ich eine Rose auf das Grab von Sophie auf den Friedhof am Plainpalais. Angesichts all der paradoxen Botschaften, die das Leben mir gab, schrieb ich in mein Tagebuch: »Wer in all diesen Abschieden und Neuanfängen, wer in all diesen Erfahrungen, wer ruft mich? Welche Sprache spricht Gott?« Auf meinem Heimweg fuhr ich in der winterlichen Landschaft durch eine Platanenallee, die gerade beschnitten worden war und schrieb:

Platanen im Winter,
Gichtknoten im Wind,
blatternarbig, nackt,
mit erfrorenen Schnittwunden,

denken sich doch
schon neue Blätter aus,
die sie zu grünen
Schattendächern
flechten werden
für die Liebenden
des nächsten Sommers.

Eine meiner seltsamen Eigenschaften kam mir auch zu Hilfe: Ich bin eine Wiederholerin. Ein Lied, eine Geschichte, ein Erlebnis kreist lange in mir, treibt wieder und wieder an die Oberfläche, ruft zur Auseinandersetzung. Im Immer-wieder-erzählen, -hören, -singen festigt sich eine Lebenserfahrung. An ihr kann ich mich festhalten, sie wird annehmbar, mitteilbar, wird Teil meiner unverlierbaren Schätze. Es sind die Liturgiesätze meines Lebens. Manche, die mich bei dieser Wiederholungsarbeit hören, winken ab: »Kenn' ich schon«. Wie in der Liturgie ist es nicht der Neuheitswert, der zählt, sondern das Gewinnen, Festhalten, Vertiefen der darin enthaltenen Einsicht. In meinen Ulmer Jahren habe ich oft die Schallplatten mit den Liedern Wolf Biermanns gehört, wieder und wieder:

»Sag wann haben diese Leiden,
diese Leiden, diese Leiden
endlich mal ein Ende?
Wenn die neuen Leiden kommen,
haben sie ein Ende.«

In Genf wurde klar, dass diese Leiden kein Ende haben werden, dass sie weiter in mir wohnen, sich in anderer Gestalt wiederholen. Bei jedem ernsten Abschied bleibe ich, wie bei einer alten Schallplatte, an der gleichen Stelle hängen. Es kostet mich Kraft. Mein Leben wird vom Schmerz des »Abschiedlich-lebens« durchzogen bleiben. Aber doch oft wie in einer sich aufwärts drehenden Spirale: der Schmerz kommt in immer größeren Abständen wieder.
Ich setzte ihnen auch etwas entgegen: neue Lieder. Viele Monate lang habe ich jeden Morgen Cat Stevens von der Schallplatte singen lassen und bin dazu in meiner winzigen Wohnung in Meyrin-Village, mit Blick auf den nahen Jura, auf und ab getanzt:

Morning has broken
like the first morning,
blackbird has spoken
like the first bird.
Praise for the singing,
praise for the morning,
praise for them springing
fresh from the Word.[5]

---

5. Morgenlicht leuchtet rein wie am Anfang.
   Frühlied der Amsel, Schöpferlob klingt.
   Dank für die Lieder, Dank für den Morgen
   Dank für das Wort, dem beides entspringt.

Vermutlich habe ich mit meiner Mutter das Morgenlied gesungen. Es gehört einfach zum Tagesanfang zu singen, sich Mut zuzusingen und Dank zu sagen, dass das Leben, dass Gott mir einen neuen Tag mit so viel aufregendem Neuem schenkt.

◆ ◆ ◆

Der Generalsekretär Philip Potter hatte mir zu Beginn meiner Genfer Zeit ein paar Ratschläge erteilt: »Fang mit dem an, was Du am besten kannst. Das andere musst Du auch machen, aber nicht gleich am Anfang.« Noch heute wundere ich mich über die Weisheit seines Rates, die Freiheit, die er mir gab und das Vertrauen, das er mir entgegenbrachte. »Bevor Du ein Memorandum mit Kopie an den Generalsekretär schreibst, um Dich über etwas zu beschweren, nimm den Telefonhörer und sprich mit Deinem Kollegen oder Deiner Kollegin.«
Dann war er in eine halbjährige Sabbatzeit abgereist. Nach dem Tod seiner Frau, Doreen Potter, der Musikerin, die das ökumenische Liederbuch »Cantate Domino« erarbeitet hatte, war er müde, wollte Abstand gewinnen und in Hinterzarten im Schwarzwald bei seinem Ökumene-Freund, Werner Simpfendörfer, Ski fahren und ... Deutsch lernen.

Sechstes Kapitel

Brot und Wein

Abendmahl zu feiern ...

Die ökumenische Bewegung ist eine Schule der Freiheit. Das erweist sich besonders auf Reisen. Ein großes Privileg bei ökumenischen Reisen ist es, »Abendmahl live« zu erleben. Da begegnete mir die unwiderstehliche Kraft gelebten Glaubens. Ein großer Vorschuss an Vertrauen öffnet einem die Türen fremder Menschen. Sie laden einen an ihre Tische, erzählen ihre Lebensgeschichten, lassen einen an ihren Abendmählern teilnehmen. Mir war oft, als ob ich dem einladenden Christus persönlich begegnete.

Es ist Sonntagmorgen in Costa Rica. Mit meinem Gastgeber mache ich mich auf den Weg zum Gottesdienst einer Basisgemeinde. Am Rande der Großstadt San José kommen wir in ein ärmeres Stadtviertel. Wir treten in das bescheidene Haus einer Familie, in eine ordentlich aufgeräumte Küche, den Wohnraum der Familie. Wir werden herzlich empfangen und bekommen Tee vorgesetzt. Nichts sieht nach Gottesdienst aus. Allmählich kommen noch mehr Leute. Wir werden am Ende zehn sein, die um den Küchentisch sitzen. Die Hausfrau legt ein zerknittertes Tischtuch auf den Tisch und stellt einen angestaubten Strauß künstlicher Blumen dazu. Sie hat einen Teller mit zwei Scheiben Brot und einen Becher sehr süßen Saftes vorbereitet. Beides stellt sie feierlich auf den Tisch. Dann holt sie hinter einem Vorhang eine stark zerlesene Bibel hervor. Wir können anfangen.

Die Frau sagt auf Spanisch: »Wir haben heute einen Gast vom Weltkirchenrat, sie ist eine Schwester. Dort arbeiten viele Kirchen zusammmen. Sie interessieren sich auch für die Armen. Willkommen bei unserem Gottesdienst.« Dann geht es weiter. »Heute lesen wir die Geschichte von Paulus und Silas im Gefängnis.« (Apg 16,23-32) Sie liest die Geschichte langsam und nicht ohne Mühe aus der zerlesenen Bibel vor. Die anderen haben ihre Bibeln mitgebracht und lesen mit. »Was will uns das Wort Gottes heute sagen?«, fragt sie. Alle denken nach, grübeln und langsam kommt ein immer lebhafter werdendes Gespräch zustande. So hat es Ernesto Cardenal mit den Bauern und Bäuerinnen in Solentiname in Nicaragua gemacht. »Im Gefängnis kann man auch singen und beten«, beginnt eine Frau. »Dort gibt es auch Erdbeben wie bei uns«, sagt eine andere. »Warum musste Paulus ins Gefängnis? Mein Nachbar ist auch gerade im Gefängnis.« »Aber der hat doch eine Tankstelle überfallen.« »Nein, er hat mit Drogen gehandelt. Das ist etwas ganz anderes.« Ein kleiner Disput wird zwischendurch ausgetragen. »Paulus hat den Gefängnis-Polizisten vom Selbstmord abgehalten. Schon damals ging es bei der Polizei streng zu. Bei uns ist es so, wenn Du etwas falsch machst als Polizist, wirst du sofort gefeuert vom Boss.« »Warum sind denn Paulus und Silas nicht weggelaufen nach dem Erdbeben? Ich würde in unserem Gefängnis keine Minute freiwillig bleiben.« »Warst Du schon einmal da?« »Ja, ich habe jemandem Essen und Kleider gebracht. Das stinkt und ist schmutzig zum Erbarmen.« »Sie haben gesungen und gebetet, das hat ihnen Kraft gegeben.« »Ich singe auch manchmal, wenn ich mutlos bin. Dann wird es besser.« »Wieso denn?« »Doch, du musst es einmal ausprobieren. Singen macht fröhlich und tröstet.« »Weil Paulus nicht abgehauen ist, hat sich der Hauptmann bekehrt, das ist doch schön. Man muss zu seinem Glauben stehen.« »Ich denke, Christus ist durch das Singen zu den beiden gekommen und hat sie stark gemacht.«

Es ging fast eine Stunde hin und her, alle redeten mit. Der Text kam irgendwie nach San José, mitten hinein in das Leben der

Leute. Dann fragte die Hausfrau: »Habt ihr verstanden, was Gott uns heute sagen will?« Es wurde etwas vage gemurmelt und genickt. Ohne weitere Vorbereitung sagte sie: »Jetzt essen wir das Brot und trinken den Saft, wie es Jesus gemacht hat, bevor er verraten wurde. Jesus kommt jetzt zu uns, damit wir diese Woche Kraft haben wie der Apostel. Er kommt und vergibt uns unsere Sünde.« Die Basisgemeinden haben gelernt, dass die Sünden immer möglichst konkret beim Namen genannt werden sollen. »Heute bitten wir, dass Jesus die Sünde der Gleichgültigkeit von uns nimmt. Er hat auch selbst unter dieser Sünde gelitten. Jetzt ist er bei uns mit seinem Geist. Der Heilige Geist kommt auch zu uns. Nicht nur zu den Pfingstlern.« Die feierten nicht weit entfernt laut hörbar auch Gottesdienst.

Wir geben uns den Friedensgruß und teilen, was auf dem Tisch steht. Brot der Solidarität, Saft der Erinnerung an Jesus und an die, die ihr Leben für Christus hingeben. Wir beten das Vater Unser, beten für die kranke Frau in der Nachbarschaft, für sie wurde etwas Brot und Saft aufgehoben, für das Kind, das geboren wurde, aber ins Krankenhaus musste – dafür sammeln wir hinterher Geld – und den jungen Mann in unserer Mitte, der diese Woche eine Arbeitsstelle gefunden hatte. Und für die Besucherin, dass sie eine gute Zeit hat und viel versteht. Und »Danke an den Weltkirchenrat, dass er sich auch um die Armen kümmert.« Die Hausfrau spricht einen Segen, wir halten uns dazu an den Händen.

Das war der Gottesdienst und das Abendmahl in einer Basisgemeinde in San José, ohne Geistliche, ohne Kirchengebäude, mit einer einfachen selbstgemachten Liturgie.

◆ ◆ ◆

In den Jahren meiner Mitarbeit im ÖRK kam ein großes Programm der »Kommission für Glaube und Kirchenverfassung«, in der ja auch die römisch-katholische Kirche mitarbeitet, an ein vorläufiges Ziel: die Gespräche über Taufe, Eucharistie und Amt (Baptism, Eucharist and Ministry, kurz BEM genannt).

1982 wurde in Peru die sogenannte »Lima-Erklärung« und die dazugehörige »Lima-Liturgie« angenommen, die dann 1983 bei der Vollversammlung in Vancouver durch den anglikanischen Erzbischof Robert Runcie zusammen mit einer dänischen und einer indonesischen Pfarrerin zu seiner Rechten und Linken gefeiert wurde. Wir, im Women's Desk, wollten mit den beiden Frauen zu Seiten des Erzbischofs ein sichtbares Zeichen setzen. Damals ordinierte die anglikanische Kirche noch keine Frauen.
Die »Lima-Erklärung« gehört zu den wirklich erfolgreichen Dokumenten des ÖRK, denn sie wurde ja auch mit den Katholiken erarbeitet und enthält wichtige Aussagen über das Abendmahl. Zahllose Pfarrkonvente, auch in Deutschland, haben diese Texte studiert. Umso enttäuschender war dann die Tatsache, dass die Kirchen nach der Studienarbeit in ihren getrennten Existenzen weiterlebten, als ob nichts geschehen wäre.
Viel Zeit habe ich darauf verwendet, über das Abendmahl nachzudenken. In mir gibt es eine große Sehnsucht, das Abendmahl authentisch und von Herzen feiern zu können, ohne Gefühle von Beklemmung und Entfremdung. Wie viele Menschen teilen diesen Wunsch! Mein hungriger Engel aus Afrika sollte mit am Tisch sitzen können und satt werden. Moritz, ein Zweijähriger aus meiner Familie, geht gerne mit seiner Großmutter zum Abendmahl. Er isst das Brot so gerne. Er bekam auch ein Stückchen Brot und krähte dann munter in die feierliche Abendmahlsrunde: »Mehr!« Ja, genau so! Frohe Lieder sollen gesungen werden, Frauen sollen die Gaben nicht nur zubereiten, sondern auch austeilen dürfen, Frauen und Männer, Kinder und Alte dabei sein. Teilen und Sich-stärken, Kraft und Gemeinschaft, Liebe und Schönheit gehören an diesen Tisch. Und in allem: Zusammengehörigkeit, weltweite Christenheit und lokale Gemeinde, Vergangenes und Zukünftiges. Christus in unserer Mitte, die »Ursach' zum Leben«.
Gewohnt, ein ernstes und sühnopferschweres Gedächtnismahl zu feiern, las ich mit Interesse in der Lima-Erklärung, das Abendmahl sei »*Danksagung an den Vater, Gedächtnis Christi,*

Anrufung des Heiligen Geistes, Gemeinschaft (communio) der Gläubigen, Mahl des Gottesreiches« ... ja, es sollte sogar *»ein Vorgeschmack ... des vollendeten Gottesreiches sein ... in dem Christus durch die freudige Feier seiner Kirche handelt.«* Freudige Feier der Kirche? Das kannte ich so nicht. Aber ich entdeckte: Es gab viele Arten, das Abendmahl zu feiern.

Am anderen Ende der Welt,»down under« in Australien war ich eingeladen zu einer Lesung aus meinem Buch »Wir werden die Harfen nicht an die Weiden hängen«. Seltsamerweise hatte sich das Buch in englischer Übersetzung bis nach Australien verirrt. Während einer lebhaften Begegnung mit australischen Christen trat ein älterer Herr auf mich zu und bat mich inständig, am nächsten Tag mit ihm einen Ausflug zu einem Reservat der Aborigines zu machen.

Wir brausten also am nächsten Tag in einem flotten Caravan durch das australische »out back«. Es ging stundenlang und ich fragte mich, wann und wo wir wohl ankommen würden. Wir landeten auf einem Grundstück mitten im Busch, das Fred, wie ich ihn inzwischen auf seine Bitte hin nannte, gehörte. Eine große Scheune stand darauf, in der ein Wohnwagen geparkt war – zum Übernachten, wenn nötig. Das Grundstück grenzte an ein Aborigine-Reservat, aber Aborigines waren nicht zu sehen. In der Mitte der Scheune hing ein mehrere Meter großes Tuch, bedruckt mit einem Kruzifix. Der gekreuzigte Christus hatte die Züge und die Gestalt eines australischen Aborigine-Mannes.

Nun erklärte mir Fred: Einmal im Monat kommt er hierher und feiert Abendmahl. Er lässt die Aborigines in der Gegend wissen, dass sie dazu immer eingeladen sind. Seit Jahren. Noch nie ist jemand gekommen. Dann feiert er das Abendmahl allein. Er wird es so lange tun, bis die Aborigine in Australien volle Rechte haben. Er ist nämlich Rechtsanwalt. Er will Buße tun für die australischen Weißen, die den Aborigines so viel angetan haben und dies noch heute tun.

Kann man das Abendmahl allein feiern? Egal. Er tut es. Heute aber möchte er das Abendmahl mit mir feiern, weil ich ihn in seiner Mission ermutigt habe, »*die Harfen nicht an die Weiden zu hängen*«. Er hatte alles vorbereitet, was nötig war. Wir saßen vor dem gekreuzigten Aborigine-Christus und beteten den 137. Psalm. »*An den Wassern von Babylon sitzen wir und weinen.*« Er betete: »Vergib uns Weißen in Australien, was wir den Aborigines angetan haben und noch tun. Ich werde aber die Harfen nicht an die Weiden hängen.« Dann sprachen wir im Wechsel eine anglikanische Abendmahlsliturgie. Wir teilten das Brot und den Wein und schlossen symbolisch die abwesenden Aborigines mit ein. Was für ein eigenwilliger Büßer, dachte ich.

Auf der Heimfahrt erzählte er mir, dass er seinen 60. Geburtstag im Gefängnis verbracht hatte, weil er mit anderen gegen den Bau einer Autobahn an einem für die Aborigines heiligen Ort protestiert hatte. Am Morgen, als er in der Zelle wach wurde, haben die anderen Gefangenen aus den Zellen heraus gesungen: »Happy Birthday, dear Fred.« »Das war das schönste Geburtstaggeschenk, das ich je erhalten habe. Ich bin nämlich mit einem goldenen Löffel im Mund geboren und habe sonst alles, was ich wünsche.«

Wir fahren wieder stundenlang zurück, und ich habe seither weder Fred noch die Aborigines in Australien vergessen. Seine Liturgie habe ich mitgenommen. Sie hat mir geholfen, als ich selbst eine neue Liturgie für das Abendmahl entworfen habe.

Was hat das Abendmahl mit dem sozialen Engagement des ÖRK zu tun? Was die Einheit der Kirchen mit der Gerechtigkeit? Das war eine *der* Fragen, die oft kritisch an den ÖRK gestellt wurde. Eine Frage, auf die auch ich immer wieder eine Antwort suchte. Der Lima-Text beantwortet diese Frage: »*Die Eucharistie umgreift alle Aspekte des Lebens. Sie ist ein repräsentativer Akt der Danksagung und Darbringung für die ganze Welt. Die eucharistische Feier fordert Versöhnung und Gemeinschaft unter all denen, die als Brüder und Schwestern in der einen Familie Gottes betrachtet werden, und sie ist eine ständige Herausforderung bei der Suche nach angemessenen Beziehungen im sozialen, wirtschaftlichen und politischen Leben. (Mt 5,23f; 1 Kor 10,16f; 11,20-22; Gal 3,28)*

Alle Arten von Ungerechtigkeit, Rassismus, Trennung und Mangel an Freiheit werden radikal herausgefordert, wenn wir miteinander am Leib und Blut Christi teilhaben. Durch die Eucharistie durchdringt die alles erneuernde Gnade Gottes die menschliche Person und Würde und stellt sie wieder her.«

Die Wiederherstellung der menschlichen Person und Würde! Die alles erneuernde Gnade Gottes durchdringt mich. Als ich Jahre später Gemeindepfarrerin in Stuttgart war, hatte ich mir zum Ziel gesetzt, meine ökumenischen Erfahrungen in die Ortsgemeinde einzubringen. Eine Gruppe Frauen ließ sich zum Arbeitskreis »Feministische Theologie« einladen. Zusammen arbeiteten wir an einer neuen Abendmahls-Theologie, weil wir das Abendmahl besser verstehen und anders feiern wollten. Es sollte ein wirkliches Fest werden, fröhlich sein, am Leben der Frauen teilhaben, ihren und meinen Wunsch nach Schönheit und Ganzheit erfüllen.

Zuerst dachten wir über die Zutaten der Abendmahlsgaben nach: Ähren, Korn, Mehl, Salz, Wasser, Sauerteig, Weintrauben. Die Schöpfungsgaben. Eine Frau brachte verschiedene Getreidearten mit: Weizen, Roggen, Hafer, Gerste. Wir lernten, dass die verschiedenen Kornarten sehr verschiedene Eigenschaften haben. Der Weizen ist das energiereichste Korn. *»Wenn das Weizenkorn nicht in die Erde fällt und stirbt, bleibt es allein. Wenn es aber stirbt, bringt es viel Frucht.«* (Joh 12,24)

Wir dachten über das Wasser nach. Den Bodensee als Wasserreservoir für die Stuttgarter Bevölkerung. Den sauren Regen. Die Dürre in Afrika. Die Fußwaschung Jesu. Das Taufwasser.

Wir sprachen über das Salz, seine Kostbarkeit in früheren Jahrhunderten, seine Bewahrungskraft. Über die Salzstraßen, über versalzene Suppen und »Salz in die Wunden streuen«. Was es heißt: Salz der Erde zu sein.

Wir lernten Dinge über den Sauerteig und das Brotbacken, was viele Frauen wieder selbst taten.

Wir sprachen über den Wein, den Weinanbau in Württemberg,

über verschiedenen Traubensorten, über Anbaumethoden und Herbstfeste, Besenwirtschaften[6], Weinlese und Trunkenheit, über Alkoholkonsum und Komasaufen.
Über Blut und Blutvergießen in unserer Zeit.
Wir sprachen über das Passahfest und seinen Ursprung und die heutige Feier der jüdischen Gemeinde, über Opfer und Selbstopfer, über Verzeihen und Versöhnung. Über den Sühnopfergedanken. Über die These des französischen Anthropologen René Girard, der sagt: Jesu Tod markiert das Ende jeglichen Opferkultes und damit das Ende jeglicher (Opfer)Gewalt. Es sei ein Missverständnis, ihn als Opferlamm zu sehen. Wir sprachen über den Friedensgruß als Zeichen der Bereitschaft, sich versöhnen zu lassen.
Wir sprachen über Katholiken, Protestanten und Orthodoxe, über Frauenordination und Sexismus in den Kirchen, über »die Brüder« und die »mitgemeinten« aber nicht erwähnten Schwestern bei den Bibellesungen.
Eine katholische Schwester, Brigitte Vielhaus, hat beim Kirchentag in Stuttgart 1999, diese Gedanken zum Thema »Wandlung« artikuliert, die mir das Verstehen des Aspektes der Wandlung im Abendmahl öffneten:

»Brot wandelt sich. Brot wandelt sich in Leib
Brot wandelt sich in Fleisch
Brot wandelt sich in Körper
Dieses Brot ist mehr als Nahrung

Wein wandelt sich
Wein wandelt sich in Blut
Wein wandelt sich in Leib
Wein wandelt sich in Körper
Dieser Wein ist mehr als Genuss

---

6. In Stuttgart kann man im Herbst in jedem Haus, an dem ein Besen hängt einkehren und dort zusammensitzen und Wein trinken.

Brot und Wein wandeln sich,
fordern zur Wandlung, zur Veränderung heraus
Brot und Wein suchen nach Antwort,
von alleine wandeln sie nichts

Ich suche nach Ermutigung und Gemeinschaft,
damit sich wandeln kann:
Hierarchie zur Teilhabe
Zwänge zur Freiheit
Leere Formeln zur Verbindlichkeit
Stillstand zur Veränderung
Enge zur Fülle des Lebens
Langeweile zur Lust
Wandlung – heiliges Zeichen
der Liebe Gottes zu uns Menschen ...

Brot und Wein
Heilige Nahrung – Wegzehrung
Sakramente – Zeichen der Wandlung.«

Unser Tisch wurde immer voller und gedankenreicher. Zwischendurch tanzten wir auch wie Miriam in der Bibel, übten uns im meditativen Gehen und verweilten in der Stille der kleinen, schönen Kapelle der Fachhochschule für Sozialpädagogik in Stuttgart-Botnang.

Schließlich formulierten wir unser Abendmahls-Verständnis in Anlehnung an eine Formulierung Adolf von Harnacks (1851-1930)
»Das Abendmahl ist eine geheimnisvolle, göttliche Gabe der Erkenntnis des wahren Lebens; es ist eine Danksagung; es dient der Vergebung der Schuld; es ist ein Zeichen opfernder Hingabe; es ist eine Vergegenwärtigung des Leidens Jesu; es ist ein Liebesmahl der Geschwisterlichkeit und ein Band der Einheit; es ist eine Unterstützung der Notleidenden und Hungernden; es ist eine Vorausdarstellung des himmlischen Festmahls, auf das wir sehnlich hoffen. Mehr kann eine Handlung schwerlich sein.«

Die Geschichte dieser Abendmahlserkundung gehört in die Erinnerungen der Anfängerin. Es war ein Versuch, ganzheitlich und fröhlich Abendmahl zu feiern und die Fülle des Abendmahls sichtbar zu machen. Es war auch einer dieser Versuche, ganz viel auf einmal zu machen. Vielleicht war das weder originell noch besonders gelungen. Aber es war ein Versuch, mit uns selbst und dem Abendmahl ernst zu machen, es wieder zu gewinnen als Zeichenhandlung, die Gott und das Leben miteinander verbindet. Wir luden die ganze Gemeinde zu dieser Abendmahlsfeier ein.

Es begann vor einem leeren Tisch eingedenk dessen, wie viele Menschen auch in unserer Stadt vor einem leeren und lieblosen Tisch sitzen. Wir saßen in konzentrischen Kreisen um den Tisch herum. Dann begannen die Frauen des Arbeitskreises »Feministische Theologie« den Tisch zu decken. Sie brachten Tücher, Blumen, Kerzen, viele kleine Teelichter. Der Tisch begann zu leuchten. Ein Kreuz aus El Salvador, eine Ikone. Schalen mit Korn, Krüge mit Wasser, Teller voller Weintrauben, Körbe voll Brot. Ein Gefäß mit Salz und Sauerteig. Becher mit Traubensaft und Wein. Wir legten die Bibel auf den Tisch. Es war ein herrlicher Anblick, eine überzeugende Fülle. Zu der Melodie »In dir ist Freude in allem Leide«, ursprünglich ein mittelalterliches Tanzlied, war die Gemeinde eingeladen, kleine Tanzschritte um den Tisch herum zu machen.

Dann feierten wir die Liturgie, deren Grundlage Fred aus Australien geschaffen hatte. Ich dachte an ihn und die Aborigines, an meinen verhungerten Engel und an die Frauen in Kingston.

Und ich sagte: »In der Urgemeinde haben sich die Menschen versammelt, um gemeinsam zu essen und zu trinken. Hausfrauenmäßig wurde der Tisch gedeckt und das Essen vorbereitet. Die Menschen suchten Gemeinschaft. Sie haben alles mit den bedürftigen Gemeindegliedern geteilt. An diesem Tisch konnten sie das Teilen lernen. »Brot für die Welt« und Gerechtigkeit sind wesensmäßig Teil des Abendmahls. Auch wenn es Streit und Uneinigkeit gab, wollten sie doch sichtbar zusammenbleiben. Das

Passahmahl, das Jesus gefeiert hatte, war Teil ihrer jüdischen Tradition und bald begannen sie, Jesu Tod im Lichte des Opfers des Passahlamms zu deuten. Sie wollten bei diesen Mählern ihrer Freude Ausdruck geben, dass Gott ihnen wieder Hoffnung geschenkt hatte. Die Welt bleibt nicht, wie sie ist. Diese Mähler sollten ein Vorgeschmack des himmlischen Festmahls sein, bei dem niemand ausgeschlossen wird. Versöhnung wird möglich. Ihr Leben und Handeln (ver)wandeln sich durch dieses Mahl. Denn an diesem Tisch wird Kraft weitergegeben, die Kraft des Lebens. Auch heute. Es geschieht etwas mit uns. Der Geist Jesu ergreift uns aufs Neue. Es geht nicht nur um das bisschen Brot und Wein, nein, Jesus selbst ist gegenwärtig und macht uns stark. Abendmahl ist »empowerment« – »machtvolle Ermutigung«.«

Im Verlauf der neu formulierten Liturgie hieß es:

Wir tragen an uns
die schmutzigen Wunden der Menschheit.
Und doch schenkst du uns
in Christus einen neuen Anfang.
Du gibst uns Anteil an
deiner göttlichen Würde.

Schenke uns die Kraft des Heiligen Geistes,
die uns das Leben lehrt und uns froh macht;
die allem, was wir tun und erleiden,
einen tieferen Sinn gibt,
die uns zu einer heilenden Gemeinschaft macht:

damit die Armen gespeist
die Traurigen getröstet
die Elenden gestärkt werden
die Schöpfung beschützt
und die Bewohner des Erdkreises
deine Gerechtigkeit in Freuden lernen.

Durch das Brot und den Wein,
die wir teilen,
verwandle uns in Menschen
deiner Gnade.

Noch heute leuchtet diese Abendmahlsfeier in mir.

Später als Bischöfin traf ich auf eine starke Abendmahlstradition in meiner Predigtkirche, dem Lübecker Dom. Jeden Sonntag wird dort Abendmahl gefeiert mit großer Teilnahme der Gemeinde. Von den geduldigen Pastoren im Dom lernte ich die Liturgie richtiger sprechen und singen. Immer war es würdevoll und festlich. Auch die Kinder durften am Abendmahl teilnehmen. Ich verdanke diesen Abendmahlsfeiern viel und freue mich über diese beharrliche Abendmahls-Theologie.

Die Sehnsucht nach fröhlichen Liedern, nach den Zeichen des Häuslichen, nach richtigem Brot, nach den Bettlern vor der Tür, nach meinem verhungerten Engel blieb mir. Vor dem Dom stehen nämlich vor Beginn des Gottesdienstes immer einige Obdachlose. Meist traf ich sie bei den jährlichen Weihnachtsfeiern des CVJM wieder. Jedes Mal lud ich sie ein, besonders wenn es so kalt war, in den Dom zu kommen und am Gottesdienst teilzunehmen. »Wir passen da nicht hin«, sagten sie. Ich ließ aber nicht locker. »Irgendwann kommen wir einmal«, meinten sie ausweichend.

Diese neue Liturgie feierte ich eher in den Nischen der Kirche, bei Kursen in Ratzeburg, dem Pastoralkolleg für die Fortbildung der Pastoren und Pastorinnen und in den Gruppen der Schweige-Retraiten mit den Schwestern aus Grandchamp.

Dann aber gab es eine Überraschung: Bei der Einführung des neuen Bischofs der Mecklenburgischen Landeskirche, Andreas von Maltzahn, im Schweriner Dom hielt ich plötzlich diese »meine« Liturgie in der Hand, die er von einem Kurs mitgenommen und jetzt eingesetzt hatte. Ich dachte erfreut, dass die Menschen in Australien jetzt in Mecklenburg angekommen waren. Der Text hatte sich in meiner nordelbischen Zeit noch einmal gewandelt. Aber der Originalton war zu hören.

Beim Abschied aus dem bischöflichen Amt wollte ich den Gottesdienst so feiern, dass ich selbst voll und ganz identisch sein konnte. Beim Abendmahl wurde endlich diese Liturgie verwendet. Ich teilte das Brot aus. Neben mir stand Father Michael Lapsley, der verwundete Priester aus Südafrika. Um den Altar in der Mitte des Doms versammelte sich die treue Domgemeinde, meine Familie, Freunde und Freundinnen, meine nordelbischen Mitchristen und künftigen Kollegen in der Nordkirche, die ökumenischen Gäste. Es gab ein wenig ein Gedränge. Da winkte mir aus der zweiten Reihe der Wartenden plötzlich einer zu und rief laut in die feierliche Austeilung hinein: »Hier sind wir«. Es waren die Bettler vom Dom. Ich gebe zu, es war einer der glücklichsten Momente dieses Abschiedstages.

Siebtes Kapitel

»Das mit den Männern und den Frauen ...«[7]

Feminismus. Sheffield-Konferenz 1981.
Blick ins andere Deutschland

Vor mir liegt ein Foto: Auf dem Stuttgarter Schlossplatz stehen
fünfzehn Frauen und drei Männer mit Sandwich-Plakaten und
demonstrieren gegen die Apartheid. Ich habe das Megaphon in
der Hand und sage zu den Stuttgartern, ob sie es hören wollen
oder nicht, was Rassismus ist. Ja, was ist Rassismus? Ein System,
in dem das »Weißsein« der höchste Wert ist. Schwarze werden
»Nicht-Weiße« genannt. In der weißen Geschichtsschreibung
bleiben sie ungenannt. Ihre Bildung ist auf ihre dienende Rolle zugeschnitten. In den Minen verdienen sie Bruchteile dessen,
was Weiße verdienen. Ihre Kinder sterben an Unterernährung.
Ihr Wohnrecht, ihre Arbeitsplätze, alles wird von den Weißen
festgelegt. Sie werden wie Kinder entmündigt, oft mit fürsorg-
lich-wohlwollenden Gesten. Die Weißen haben die Macht, die
Deutungshoheit. Sie bestimmen, was richtig, was wichtig, was
wertvoll ist. Rassismus ist ein System der Überlegenheit und
Macht. Rassismus muss abgeschafft werden.
Es war eine hoch engagierte Gruppe von Menschen, die meisten
unter ihnen Frauen, die in Stuttgart gegen die Apartheid antrat,

---

7. Zitat aus einem Lied von Wolf Biermann

darunter immer meine südafrikanische Freundin Angela Mai, voller Energie und mit geradezu biblischer Beständigkeit.

Eines Tages fiel es mir wie Schuppen von den Augen: Hatte die Situation von Frauen bei uns nicht Ähnlichkeit mit der Situation der Schwarzen in Südafrika? War es vermessen, die Situation von Frauen in der Bundesrepublik mit dem Leiden der schwarzen Menschen in Südafrika zu vergleichen? Und doch: Es gab diese strukturellen Ähnlichkeiten.

Während ich mich für Südafrika engagierte, wurde die Frage immer unabweisbarer: Wenn wir für schwarze Menschen Gleichheit und Gerechtigkeit fordern, wieso dann nicht auch für uns Frauen hier? Bei allen Unterschieden gab es doch diese strukturelle Ähnlichkeit: der männliche Mensch als das Maß, an dem alles ausgerichtet ist. Seine Deutungshoheit, besonders fest verankert in den Kirchen. Später habe ich diese männliche Deutungshoheit, also das Recht, zu bestimmen, was richtig ist und gelten soll als Bischöfin am Fall der »Bibel in gerechter Sprache« in aller Schärfe zu spüren bekommen. Ich war eine von zwei kirchenleitenden Personen in dem Beirat, der diese neue Bibel-Übersetzung unterstützt und mit auf den Weg gebracht hat. Weil diese Übersetzung ernst machte mit einer Reihe von neuen Einsichten in der Wissenschaft und die männlich dominierte Geschichtsschreibung kritisierte, wurde ich in der öffentlichen Debatte der Häresie beschuldigt und es wurden in den Medien Rücktrittsforderungen ausgesprochen. Wie sah es in der Geschichtsschreibung aus: Wo war die Geschichte von Frauen aufgeschrieben? Wo waren ihre eigenen Namen? Ja, wir Frauen beeilten uns ja, bei der Eheschließung den Namen des Mannes anzunehmen. Es hieß: »Alle Menschen werden Brüder«, Frauen waren »mitgemeint«. Frauen verdienten im Durchschnitt ein Drittel weniger als ihre männlichen Kollegen. Bis heute gibt es Unterschiede der Bezahlung in vielen Bereichen. Die Bildung von Frauen war auf Ehe und Familie zugeschnitten. Ohne die Zustimmung des Ehemanns durften Frauen bis 1977 ihren Beruf nicht ausüben! Die englische Schriftstellerin Virginia Woolf hatte es auf einen Nenner gebracht: Frauen konnten sich nicht entfalten. Sie hatten »No room of one's own«. »Kein Zimmer für sich allein«.

Die strukturelle Ähnlichkeit zu sehen, war eine befreiende Erkenntnis. Uns Frauen wurde oft vorgeworfen, nur unsere Selbstverwirklichung zu betreiben, und damit konnte man Kirchenfrauen ganz schön einschüchtern.

In Amerika lernte ich später, dass viele Frauen durch ihr Engagement in der Bürgerrechtsbewegung der Schwarzen diesen Zusammenhang sehen gelernt hatten. Dies war ein zündender Funke für die amerikanische Frauenbewegung gewesen.

In jener Zeit machte ich mich zögernd auf den Weg in die Evangelische Akademie Bad Boll zu den großen Tagungen Feministischer Theologie. Die Bad Boller Studienleiterinnen, angeführt von Herta Leistner und Heidemarie Langer organisierten den Aufbruch der Kirchenfrauen.

Was wir dort erlebten, waren Erfahrungen biblischen Zuschnitts: als ob jemand Speichel auf unsere blinden Augen gestrichen hätte. Wir begannen zu sehen. Wir entdeckten den weiblichen Menschen. Wir hörten Elisabeth Moltmann-Wendel »Freiheit, Gleichheit, Schwesterlichkeit« fordern. Wir begannen, uns selbst ernst zu nehmen, redeten nächtelang, stritten, lachten, tanzten, sangen und fingen an, unsere Frauenstimme auszuprobieren. Wir begannen die Bibel mit neuen Augen zu lesen. Und entdeckten – uns selbst darin. Die Frau, die achtzehn Jahre lang verkrümmt gelebt hatte (Lk 13,10-13), war das nicht eine von uns? Jesus hatte zu der Frau gesagt: »*Frau, sei frei von deiner Krankheit*« (Lk 13,12). Und die Frau richtete sich aus ihrer Verkrümmung auf, als er sie berührte und lief frei herum. Sagte er nicht auch zu uns das Wort der Befreiung: »In euch stecken alle Fähigkeiten, die ihr braucht, um zu leben.« Das war doch unsere Geschichte, die Geschichte der Verkrümmung der Frauen in der zweitausendjährigen Geschichte der abendländisch-patriarchalen Kultur und Kirche. Jetzt aber war die Zeit zum Aufstehen. Auferstehen. Zum Aufstand.

»Manchmal stehen wir auf,
stehen wir zur Auferstehung
auf mitten am Tag,
mit unserem lebendigen Haar,
mit unserer atmenden Haut«

Marie Luise Kaschnitz

Wir lernten, nicht mehr einfach hinzunehmen, was andere über uns sagten. Wir übten, auf einem Recht zu eigenen Einsichten zu bestehen. Die abwertenden, lächerlich machenden Fragen, die uns Fallen stellten, lernten wir zu durchschauen. Wir entschuldigten uns nicht mehr für eigene Positionen. Zugegebenermaßen war manches, was wir jetzt proklamierten, etwas grob und holzschnittartig. Differenzierung passte nicht in diesen Aufbruch.

Voller Schwung kam ich aus Bad Boll zurück, die Taschen voller Devotionalien, Kerzen, Tücher, Steine, Düfte. Zuhause las ich weiter: Frauenromane, Biographien, Feministische Theorien, Gedichte, Feministische Theologie. Noch heute besitze ich eine große Bibliothek feministischer Literatur. Die biblische Geschichte vom Auszug des Volkes Israel aus der ägyptischen Sklaverei (2. Mose Buch), diese Schlüsselgeschichte hatte ich von den Befreiungstheologen in Kuba mit nach Bad Boll gebracht und für uns Frauen ausgelegt.

Ja, wir waren auf dem Weg der Befreiung. Entdeckerinnen des neuen Kontinents der Frauen. Forscherinnen im Universum der Weiblichkeit. Ausgräberinnen unserer eigenen Geschichte. Schöpferinnen einer neuen Sprache. Erfinderinnen einer neuen Theologie. Als beim Kirchentag 1981 in Hamburg die drei Frauen Herta, Heidemarie und Elisabeth in einer riesigen Halle voller Frauen und Männer den Auszug aus Ägypten bibliodramatisch darstellten – die Losstürmende, die Zögernde und die, die zurück will an die Fleischtöpfe Ägyptens – war dies ein großartiges, unvergessliches Porträt der Frauenbewegung. Und mir selbst ging es so:

Dass ich eine Frau bin,
wusste ich von Anfang an.

Dass ich eine Frau werden kann,
dafür werde ich von Tag zu Tag empfänglicher.

Wir hatten den alten Aufklärer Immanuel Kant auf unserer Seite, der uns durch die Jahrhunderte hindurch zurief: »*Aufklärung ist der Ausgang des Menschen aus seiner selbstverschuldeten Unmündigkeit. Unmündigkeit ist das Unvermögen, sich seines Verstandes ohne Leitung eines anderen zu bedienen. Selbstverschuldet ist diese Unmündigkeit, wenn die Ursache derselben nicht am Mangel des Verstandes, sondern der Entschließung und des Mutes liegt, sich seiner ohne Leitung eines anderen zu bedienen. Sapere aude! Habe Mut, dich deines eigenen Verstandes zu bedienen!*« Die Unmündigkeit der Frauen ist ja zum allergeringsten Teil selbst verschuldet. Zum »schönen Geschlecht« speziell sagte Kant: »*Daß der bei weitem größte Teil der Menschen, (darunter das ganze schöne Geschlecht) den Schritt zur Mündigkeit außerdem, dass er beschwerlich ist, auch für sehr gefährlich halte: dafür sorgen schon jene Vormünder, die die Oberaufsicht über sie gütigst auf sich genommen haben ... Es ist also für jeden einzelnen Menschen schwer, sich aus der ihm beinahe zur Natur gewordenen Unmündigkeit herauszuarbeiten.*« Wie Recht er doch hatte! Das Unsichtbarmachen der Frauen durch die männliche Sprach- und Deutungshohheit fiel mir einmal an folgender Geschichte auf, wozu ich ein Gedicht schrieb:

Die Fälscher oder:
Lotte und der irre Hölderlin

Einmal hatten wir ihn – wieder – unter uns,
einen jener »Einzigen«, dessen Gesänge
unter der götterlosen Alltäglichkeit
des Lebens verstummten ...
»Seine Phantasie mag sich wohl auf Kosten des Verstandes
bereichert haben«,

sagte der Schreinermeister,
der ihm Herberge gab
für den Rest – es war der längere Teil – seines Lebens.
So steht's in den Büchern.

Doch kein Wort von Lotte, der Tochter,
die dem gefangenen Götterboten
ihr Leben widmete
und ihn in seinen schwarzen Tagnächten
vor sich selbst bewahrte.

Oh, ihr Geschichtsschreiber,
ihr Fälscher, die ihr derart durch die Jahrhunderte
euer Handwerk treibt.

Im Turm, an seinem Lager,
in den irren Tagen und Nächten,
auf seinem Leidensweg
und zuletzt am Grab
stand sie,
Lotte, nur eine Frau,
deren totgeschwiegene Treue
dem Leben
das Leben abtrotzte.

◆ ◆ ◆

Es war eine historische Zeit für uns Frauen und für mich persönlich. Mit Lust, Neugier und Entdeckerinnenfreude, mit einer Wahrnehmung, die am Kampf gegen den Rassismus geschärft und geschult war, begann ich als Frau den aufrechten Gang einzuüben. Ich übte und übe bis heute, freilich durch viele Erfahrungen, durch Schaden klug und durch Einsicht differenzierter geworden, immer noch nach der Methode »Versuch und Irrtum«, immer auch noch gegen viele Widerstände, heute in einer neuen Diskussion mit den Frauen der nächsten und übernächsten Generation.

Mit diesem Schwung kam ich in Genf an. Was für eine Chance! Ich konnte – so war meine Vorstellung – nun etwas anfangen, anstiften, erfinden, was den Frauen in den Kirchen zu mehr Gerechtigkeit verhelfen würde.

Der Ökumenische Rat der Kirchen hatte im Kampf gegen den Rassismus, besonders durch den Sonderfond, ein sehr sichtbares und kontroverses Zeichen gesetzt. Die Konferenz »Sexismus in den 1970er Jahren«, die 1974 in Berlin stattfand, hatte eine weit weniger sichtbare Wirkung. Ein neues Wort war aufgetaucht: Sexismus – und hatte Aufmerksamkeit gestiftet. Meine Vorgängerin Brigalia Bam, eine schwarze Südafrikanerin, die von Rassismus und Sexismus gleichermaßen betroffen war, hatte mit der Berliner Konferenz ein neues Kapitel in der Geschichte des ÖRK und des Women's Desk aufgeschlagen.

Was war Sexismus? Die Definition sagt: »Die Benachteiligung und Diskriminierung von Menschen aufgrund ihres Geschlechtes.« Mit diesem Begriff wurde ein neuer Ton angeschlagen. »Feminismus« wurde oft als das Anliegen weißer westlicher Frauen verstanden. Der Begriff war in kirchlichen Kreisen kaum zu verwenden. Aber auch das Wort Sexismus hatte in den Mitgliedskirchen des ÖRK keine große Wirkung. Es waren freilich nicht nur die Begriffe, es war die Sache.

Nun sollte ich in den Kirchen mehr Mitwirkung und Gerechtigkeit für die Frauen durchsetzen helfen. Meine erste Aufgabe aber war nicht, etwas Neues anzufangen, sondern etwas schon Begonnenes zu Ende zu bringen: die »Studie über die Gemeinschaft von Frauen und Männern in der Kirche«. Das ganze »Frauenthema« hatte in den Gremien des ÖRK inzwischen einen anderen Akzent erhalten, den der »Gemeinschaft von Frauen und Männern«. Das war in der Sache richtig. Mit dem Begriff »Gemeinschaft« rief der ÖRK die Mitgliedskirchen auf, sich diesem schwierigen Fragenkomplex zu stellen.

Bei der Fünften Vollversammlung des ÖRK in Nairobi 1975 hatten die Frauen zum ersten Mal in einem Plenum des Weltkirchenrates über die Benachteiligung von Frauen in den Kirchen gesprochen. Das Thema wurde wie eine *soziale* Frage behandelt. Nun setzten die Frauen durch, dass eine *theologische* Studie über »die Gemeinschaft von Frauen und Männern« in der Abteilung »Glaube und Kirchenverfassung« durchgeführt werden sollte, die soziale Frage wurde dadurch ein *theologisches* Thema. Die Frage nach dem Kirchenverständnis, nach dem »Leib Christi«, nach der Kirche als einer Gemeinschaft der Gleichwertigen wurde gestellt – und die ging eben alle an.

Die »Gemeinschaftsstudie« stand vor ihrem Abschluss, als ich in Genf anfing. 1981 sollten bei der Konferenz in Sheffield die Ergebnisse zusammengetragen werden. Sie war meine erste große ökumenische Konferenz und widmete sich dem Thema, von dem ich selbst existenziell betroffen war.

Die amerikanische lutherische Theologin Constance Parvey hatte diese Gemeinschaftsstudie in der Abteilung »Glaube und Kirchenverfassung« geleitet. Ein Studienheft mit Fragen zum Verhältnis von Frauen und Männern in der Kirche war in 14 Sprachen an die Mitgliedskirchen geschickt worden. Über 200 Antworten kamen aus den Kirchen und von kirchlichen Gruppen zurück. Höchst aufschlussreiche Ergebnisse wurden nach Genf zurückgemeldet. Regionale Konferenzen in Europa, USA, Lateinamerika, in Afrika, dem Mittleren Osten und in Asien waren abgehalten und weitreichende Einsichten gewonnen worden. Eigene Themenkonferenzen über die »Ordination von Frauen«, über »Die Autorität der Schrift« und das Thema »Im Bilde Gottes geschaffen« hatte die Kluft zwischen der Praxis der Kirchen und den theologischen Einsichten überdeutlich gemacht. Zusammen mit unseren Beratungsgruppen bereiteten Constance Parvey und wir in der Frauenabteilung die Konsultation in Sheffield vor. Ich rannte, so kam es mir vor, meistens hinter den längst entschiedenen Planungen hinterher und hatte wenig Erfahrung einzubringen.

Einhundertvierzig Frauen und Männer aus einhundert Mitgliedskirchen des ÖRK waren nach Sheffield, einer Industriestadt in Mittelengland, gekommen. Der Erzbischof von Canterbury, Robert Runcie, suchte nach dem richtigen Ton in seiner Eröffnungsrede. Angesichts des »*ganzen Komplexes brisanter Fragen*« wollte er bei der Konferenz auf keinen Fall mit »*hochherziger Neutralität*« sprechen. Die erste Oberbürgermeisterin der Stadt Sheffield lud alle Teilnehmenden in die Stadthalle zu einem eleganten Dinner, das mit Portwein und Zigarren (!) endete. Der Generalsekretär Philip Potter sagte in seinem Grußwort, was uns aufhorchen ließ: »*Ich habe diese Berichte* (über den Studienprozess) *gelesen, aber ich habe auch zwischen den Zeilen gelesen ... Mir ist aufgefallen, dass ... hier ... das unglaubliche Leiden und die Verzweiflung der Frauen durchbricht – und gleichzeitig die ungeheure Liebe und das geduldige Durchhaltevermögen, die dahinter liegen. ... Ich bin mir ... der Unfähigkeit unserer von Männern beherrschten Kirche bewusst geworden, zu sehen, zu hören, zu fühlen, zu entscheiden, zu handeln. Und erschüttert von dieser Unfähigkeit warte ich auf die Befähigung, die uns durch Gottes Geist geschenkt werden kann. Für mich ist diese Studie ein wirklicher Test unseres Glaubens und der ökumenischen Bewegung ... als ein Zeichen und Sakrament der Einheit aller Völker dieser Erde.*«

In der Konferenz sprachen Elisabeth Moltmann-Wendel und Jürgen Moltmann als Paar über »*Menschlich sein in einer neuen Gemeinschaft*«. Der katholische Priester Tissa Belasurija aus Sri Lanka sagte: »*Den Frauen ist es in vieler Hinsicht ähnlich ergangen wie den Menschen, die aufgrund ihrer Rasse oder Klassenzugehörigkeit unterdrückt werden.*«

Die ganze Ungleichzeitigkeit der Gleichzeitigen ist in den Tagen von Sheffield sichtbar geworden: die ungeduldigen Frauen aus den westlichen Ländern Europas und Nordamerikas, die die Frage nach Identität und Macht stellten, während die Frauen und Männer der Dritten Welt ihr Befremden artikulierten, dass hier nicht über das »Netz der Unterdrückung«, nämlich Rassismus, Sexismus und Klassendiskriminierung gesprochen wurde. Die Vertreterinnen der Orthodoxie hatten nur eine schüchterne Stimme. Neben den Frauen gab es einige solidarische Männer aus der »Dritten Welt«, die im Sexismus die Grundstruktur des Kolonialismus erkannt hatten; und Männer aus den USA, die durch die Auseinandersetzungen mit den Frauen in ihren Kirchen daheim verstanden hatten, was Sexismus ist. Es waren aber nicht viele.

Der Riss zwischen den Welten entlang dieser Fragen war sichtbar geworden. »Das Netz der Unterdrückung« aus Rassismus, Sexismus und Klassendiskriminierung war den Menschen im globalen Süden wichtiger als Identitätsfragen und innerkirchliche Machtfragen. Die Ursachenanalyse stimmte für sie nicht. Der Konferenz-Vorhang ging zu – und viele Fragen blieben offen. Für mich war vieles neu gewesen.

Als frischgebackene Feministin hatte ich es nicht leicht mit dieser »Gemeinschaftsperspektive«. Ich hatte die scharfen Analysen der amerikanischen Radikalfeministin Mary Daly gelesen, »*Jenseits von Gottvater Sohn & Co*«, und das hatte seine Spuren hinterlassen. In Sheffield verstand ich aber, dass die Frauen der Dritten Welt ganz andere Fragen stellten als wir weißen westlichen Frauen. Das war meine erste wichtige Einsicht, die ich in der Frauenfrage durch ökumenische Begegnungen gewonnen habe. Wir westlichen Frauen konnten unsere Entdeckungen anderen Frauen nicht einfach überstülpen. Wir hatten aber *auch* das Recht, ja die Pflicht, sie einzubringen, sie sichtbar und hörbar zu vertreten.

Am Ende der Konferenz wurden viele Empfehlungen zur Weiterarbeit an die Mitgliedskirchen und die Abteilungen des ÖRK beschlossen. Eine davon hieß: » *... dass auf der Sechsten Vollversammlung ... 50 % aller Mitglieder, die in Untereinheiten und Ausschüsse des ÖRK gewählt werden, Frauen sein sollen.*« Um aber den Zentralausschuss des ÖRK zur Annahme solcher Empfehlungen zu bewegen, brauchte es Klugheit, ja List und Diplomatie, die ich noch nicht besaß. Es wurde ein etwas salbungsvoller milder »*Brief aus Sheffield*« formuliert, der dem Zentralausschuss zur Zustimmung vorgelegt werden sollte.

Wir beendeten die Konferenz mit einem Gottesdienst. Vom »*gelobten Land der Gleichheit von Frauen und Männern*« wurde da gesprochen, »*vom Land, in dem Milch und Honig fließen*«, von einer Kirche, in der Männer den Frauen nicht länger untergeordnete Stellungen zuweisen und Frauen mit aufrechtem Gang ihre Gaben einbringen können.

Wir bekamen alle ein Löffelchen Honig und ein Schlückchen Milch gereicht – diese klebrigen Hoffnungszeichen sind mir noch gut in Erinnerung.

Dann feierten wir fröhlich und hofften darauf, dass sich in den Kirchen jetzt etwas bewegen würde. Aber ach – allein in der EKD dauerte es vier lange Jahre, bis der Sheffield Bericht übersetzt und publiziert wurde! Angeblich fand man kein Geld dafür. Welche Konflikte dieses Thema enthielt, sollte sich sehr bald schon im ÖRK selbst zeigen.

An jenem Abend aber waren wir glücklich. Ich spürte etwas von Honigsüße und Erleichterung am Konferenzende. Die Begegnung mit so vielen klugen, in dieser Sache engagierten Frauen und Männern war ein wunderbares, stärkendes Elixier für meine Arbeit. Alles, was ich neu gelernt hatte, und was nun vor mir lag, war eine große Verheißung. Constance Parvey hatte die Früchte ihrer Arbeit eingefahren. Wir tanzten ausgelassen miteinander und Bob Marley gab mit seinem Reggae-Song das Stichwort: »No woman, no cry« »Weine nicht mehr, Frau, weine nicht mehr«.

◆ ◆ ◆

Auf der ökumenischen Bühne spielen sich immer mehrere Dramen gleichzeitig ab. Das liegt an der Tagesordnung der Welt, die ständig neue Fragen hervorbringt. Der ÖRK war und ist ein Postbote, oder eine Art Rohrpost, die die Nachrichten aus den Kirchen und den Krisensituationen in der weltweiten Ökumene, besonders aus der Peripherie, den anderen Mitgliedern weitermeldet. Er war das Sprachrohr der Kirchen. Durch seinen Generalsekretär ging der ÖRK an die Öffentlichkeit und sprach zu drängenden Themen der Zeit: zu Hungerkatastrophen, zu politischen Entwicklungen, zum atomaren Wettrüsten der Großmächte. Die generelle politische Linie wurde alle sieben Jahre in den *Vollversammlungen* festgelegt und im *Zentralausschuss*, der jährlich tagte, im Detail beschlossen. Die gewählten 150 Vertreterinnen und Vertreter der Mitgliedskirchen berieten und beschlossen auch die Arbeit der verschiedenen Abteilungen des ÖRK. Über alles, was wir taten, mussten wir außerdem dem zwischenzeitlich tagenden *Exekutivausschuss* berichten. Noch nie – und nie wieder – habe ich so viele Arbeitsberichte geschrieben wie im ÖRK. Alles war ganz transparent. Das war mühsam, aber in unserem eigenen Interesse. Jede Berichterstattung war eine Gelegenheit, unsere Anliegen voranzubringen.

Vor mir lag mein erster Zentralausschuss, in dem wir den Bericht und den »*Brief aus Sheffield*« einbringen sollten. Die Sitzungen des Zentralausschusses finden in der Regel in der Genfer Zentrale statt, wo in der schönen holzgetäfelten Versammlungshalle das große Bild des auferstandenen Christus von einem grünen Wandteppich auf die Versammelten herabblickt. Wie oft habe ich ihn angeschaut in den endlos langen Sitzungsstunden und gespürt: Von dieser Auferstehungskraft lebt die ökumenische Bewegung. Sie ist es, die die Menschen bewegt, hinauszugehen, um ihre Kirchen aus den »*lähmenden Symbiosen*« (Ernst Lange) mit der Kultur, der Nation, dem Staat, dem Geld herauszurufen und die konfessionell erstarrten Traditionen wieder zu verflüssigen. Diese Auferstehungskraft bewegt viele Menschen zu mutigen Aufbrüchen, zum Zeugnis des Evangeliums in heutiger Zeit.

Auf Einladung der Kirchen fand der Zentralausschuss auch ab und zu in einem Land der Mitgliedskirchen statt. Ich freute mich schon auf Sitzungen etwa in Äthiopien oder Brasilien.

Mein erster Zentralausschuss im August 1981 aber fand in Deutschland statt, im anderen Deutschland, in der DDR, in Dresden. Johannes Hempel, Mitglied des Exekutivausschusses und Bischof der Sächsischen Landeskirche, hatte den ÖRK zu den Kirchen in die DDR eingeladen. Das war eine aufregende Sache. Obwohl ich schon vorher die DDR besucht hatte, war es noch einmal etwas ganz anderes, mit dem Tross der etwa 300 Ökumene-Leute gen Osten zu ziehen.

Diese Erfahrung hat mich tief geprägt für mein weiteres Leben. Die Frage »Wer bin ich« erweiterte sich. Ich lernte mich selbst neu kennen als Deutsche aus einem geteilten Land. Ich erlebte die Menschen im Osten nicht mehr als die armen, unterdrückten Geschwister, von denen wir im Westen meist sprachen. Als Kind hatte ich beim Abendgebet oft unter der Bettdecke geweint und inbrünstig für eine arme Tante gebetet, deren Geschäft in Leipzig enteignet worden, die sogar für einige Zeit ins Gefängnis gewandert war. Jetzt machte ich neue Erfahrungen.

Aus dieser Zeit habe ich einen Brief aufbewahrt, den mir ein älterer Herr aus Radebeul bei Dresden geschrieben hatte, eines jener kostbaren Dokumente deutsch-deutscher Zusammengehörigkeit. Er schrieb:»*Es war nach Jahrzehnten der Isolierung ein erhebendes Gefühl für uns als Gastgeber, im Mittelpunkt des christlichen Geschehens zu stehen. Eine Aufwertung unserer Standhaftigkeit im christlichen Glauben in einem nichtchristlichen Staat.*«

Faksimile Auszug aus dem Brief des Mannes aus Radebeul bei Dresden

Alles war tadellos und im besten Sinne mit deutscher Gründlichkeit vorbereitet. Bischof Hempel hatte, wie er erkennen ließ, manche schlaflose Nacht verbracht, denn jede Kleinigkeit musste mit den staatlichen Stellen genauestens abgesprochen werden, wenn da 300 Fremde »aus aller Herren Länder«, dazu noch aus den Kirchen, in die DDR »einfielen«. Die Elbe war wieder einmal über die Ufer getreten und hatte die schönen Pläne für eine Begegnung am Elbufer gefährdet. Es war ein organisatorisches Meisterstück unter erschwerten sozialistischen Bedingungen! Die neu renovierte Christus-Kirche war als Tagungsort eingerichtet worden. Die DDR-Kirchen begrüßten den Zentralausschuss mit einer großartigen Präsentation, die für alle zukünftigen Sitzungen des ÖRK Maßstäbe setzen sollte. Gemäß der Meinung, die Deutschen würden immer wie die Oberlehrer auftreten, saßen auf der Bühne auf einer alten Schulbank zwei Leute, denen der Lehrer mit Zeigestock und Tafel die Geschichte der Deutschen und ihrer Kirchen erklärte. Diese Selbstironie fand beim Zentralausschuss gleich spontanen Beifall. In dieser Schulstunde deutscher Geschichte wurde in Gesprächen, mit Dias, Tondokumenten und Musik über Luther und die Reformation, über den Zweiten Weltkrieg und die folgende Teilung Deutschlands gesprochen. Ausführlich wurde die Verbindung der DDR-Kirchen zu Dietrich Bonhoeffer und der Bekennenden Kirche dargestellt und sein Bekenntnis »*Kirche ist nur Kirche, wenn sie für andere da ist*« hervorgehoben. Die Delegierten lernten, warum es die EKD *und* den Kirchenbund der DDR gibt und wie sie zusammenarbeiten. Der ganze Zentralausschuss wurde zur Schulklasse und übte ein Lutherlied ein. Verschwiegen wurde auch nicht, dass es die Christen in der DDR in ihrem sozialistischen Staatswesen nicht leicht hatten. Gespräche mit den Atheisten und Marxisten wurden geführt. Johannes Hempel, der Verfasser dieser Selbstdarstellung, der selbst Lehrer gewesen war, wurde zum originellen Deuter der deutschen Kirchengeschichte in Ost und West. Ich war begeistert, stolz und überwältigt von so viel klugem

Witz und subtilem Humor. Die Menschen aus aller Welt hatten etwas sehr Schönes und Informatives über die Deutschen erfahren und gewiss wurde manches Vorurteil und Unwissen dadurch überwunden. Wie viel Schweiß und besonders Mut dies den Bischof damals gekostet hat, haben wohl nicht viele durchschaut!

Am Sonntag schwärmten wir alle aus, um in den örtlichen Kirchen zu predigen. Ich wurde im Morgengrauen in ein entlegenes Dorf ins Erzgebirge gefahren zu Predigt und Gespräch mit der dortigen Gemeinde und Pfarrersfamilie. Da erlebte ich die Situation von Christen in der DDR auf dem Lande live. Es war die Entdeckung, wie abgeschlossen sie lebten und wie sehnsüchtig sie auf diese Kontakte warteten. Zugleich schmerzte mich die große Bescheidenheit und Offenheit uns gegenüber.

Und dann war da der 60. Geburtstag des Generalsekretärs mitten in der Tagung. Irgendwie hatte man die Gemeinden das Geburtstagsdatum wissen lassen und sie zum Gratulieren ermutigt. So erhielt Philip Potter einen riesigen Waschkorb voller Gratulationsbriefe aus allen Himmelsrichtungen der DDR, in denen die Achtung und Wertschätzung vieler Christen dem ÖRK und dem Generalsekretär gegenüber aufs Bewegendste zum Ausdruck kam. Es war ein strahlender Moment, als in der ersten Sitzungspause des Tages mit Witz, Gesang und Blumen der 60jährige gefeiert wurde. Dabei kam es zu einem heiklen Vorfall. Die Vertreter der Theologischen Fakultät der Humboldt-Universität in Ost-Berlin kündigten freudestrahlend an, dass Philip Potter die Ehrendoktorwürde verliehen werden sollte. Üblicherweise wird der zu Ehrende vor einer solchen Bekanntgabe gefragt, ob er sie denn auch annehmen möchte. Diese öffentliche Ankündigung war eine politisch nicht einfache Überraschung. Philip Potter nahm sie später an. Es war sein siebter Ehrendoktor und der erste aus einem Land jenseits des Eisernen Vorhangs. Er wurde ihm später in einer Feier in Ost-Berlin verliehen.

*Generalsekretär Philip Potter ruft während des Zentralausschusses
die Delegierten zur Sitzung*

Um den Gemeinden einen Einblick zu geben und eigene Erfahrungen zu ermöglichen, gab es ein öffentliches Gespräch in der Kreuzkirche. Darauf hatte der ÖRK bestanden. Die Kreuzkirche in Dresden war brechend voll. Es sollte ein Informations- und Begegnungsabend werden, bei dem ich als deutschsprachiges Stabsmitglied mitwirken durfte. So saß ich zwischen dem Generalsekretär und dem Metropoliten Filaret aus Moskau. Davon gibt es noch ein schönes Bild, das erste, auf dem Philip und ich gemeinsam zu sehen sind. Ein Berg von Fragen zum Christsein und der Aufgabe der Kirche wurde auf Zetteln – unzensiert! – zum Podium gebracht. Der alte Herr aus Radebeul schrieb dazu: *»Die Veranstaltung war ja überfüllt und man kann sagen mit ganz großem Erfolg ... Mein ganz großes Kompliment für Ihre sehr geistvolle Sprache und auch spaßigen Antworten. Überall war eine echte Zuneigung und Begeisterung für Sie ... Es war einfach ungezwungen, natürlich und sehr intelligent, wie Sie an die schwierigen Fragen herangingen. Gerade Sie als Direktorin der Untereinheit Frau, Gesundheit und Familie (sic) haben hier ganz großartige Aufgaben und gleichzeitig Schwierigkeiten ... an den Mann zu bringen.«* So einen schönen Fan-Brief habe ich nicht oft erhalten und weil er von einem alten Herrn aus Radebeul geschrieben worden war, hat mich das immer daran erinnert, dass wir Geschwister sind in Ost und West. Als ich Bischöfin an der ehemaligen innerdeutschen Grenze wurde, hat mich das zu neuen Taten motiviert.

Das schönste Erlebnis aber kam erst noch. Es war der Ausflug des gesamten Zentralausschusses elbeaufwärts nach Bad Schandau. Das Schiff ist das Symbol der ökumenischen Bewegung. Die ganze versammelte Ökumene fuhr auf zwei Dampfern die Elbe hinauf, in bester Laune und froher Erwartung. In den Orten, an denen wir vorbeifuhren, läuteten beim Näherkommen der Schiffe die Glocken und Menschen standen am Ufer, winkten mit Betttüchern und sangen Choräle. Näher konnten sie uns und wir ihnen nicht kommen. Auch das war DDR-Wirklichkeit. Es war für mich der anrührendste und schmerzlichste Augenblick dieser Fahrt, ein Moment, in dem sich zwei Bewegungen trafen: die Beständigkeit der DDR-Christen, ihre Hoffnung, ihre Freude, ihr Widerstand und auf der anderen Seite die ökumenische Vision der geeinten Kirchen und – der geeinten Menschheit. Noch heute kommen mir schnell die Tränen, wenn ich an dieses Bild denke.

In Bad Schandau angekommen, mussten die 300 Leute auf ausgelegten Brettern an Land gehen, da der Boden von der Elbüberschwemmung total aufgeweicht war. Wir kamen auf die Pfarrwiese und in den Pfarrgarten mit Blumen- und Gemüsebeeten, mit Bienenstöcken und Apfelbäumen. Dort waren Bänke und Tische aufgestellt, auf denen Streuselkuchen und Kaffee standen. Eine Idylle wie aus einem alten Bilderbuch! Bischof Hempel hatte dazu rare Flaschen besten Elbweines organisiert, die probiert werden konnten. Die Gäste waren eingeladen, nach dem Kaffeetrinken hinauf in die Kirche zu gehen und dort ein kleines Orgelkonzert anzuhören. Ich schlenderte mit meiner kubanischen Freundin Ophelia, die ich bei dieser Gelegenheit freudestrahlend wiedersah, in die Kirche. Wir saßen still in der Kirchenbank und hörten das Orgelspiel in den sonnigen Nachmittag hinein klingen. Ich war voll großer Dankbarkeit und voll Glück, dass Gott mir diese Freude geschenkt hat, Zeugin einer gelebten ökumenischen Gemeinschaft unter ChristInnen in Ost und West, Nord und Süd zu werden. An diesem Ort und in dieser Zeit!

Aus der Kirche heraustretend standen wir auf dem Marktplatz von Bad Schandau. Ophelia, kubanischen Temperamentes, rief: *»Jetzt müssen wir singen, hier auf dem Marktplatz dieses sozialistischen Landes, in Luther-Country.«* Ich war verlegen. Da begann sie mit lauter Stimme zu singen: *»Castillio forte es nuestro dios«* *»Ein feste Burg ist unser Gott.«* Wir lachten und sangen beide weiter vor ungläubig staunenden Passanten und gesellten uns dann wieder zu den anderen, zurück auf das Schiff, das nun mit Musik und Abendessen die Elbe hinab fuhr mit diesen Menschen, die eine unvergessliche Erfahrung ökumenischer Gastfreundschaft in den schmerzlich geteilten deutschen Kirchen gemacht hatten.

◆ ◆ ◆

Aber eigentlich gehörte es zu meinen Aufgaben, die Ergebnisse und den »Brief von Sheffield« durch den Zentralausschuss zu bringen. Eine afrikanische Delegierte trug den Bericht über den Verlauf der Konferenz vor. Die Beschlüsse der Konferenz, darunter der über die 50 % Quote für Frauen, wurden in den Ausschüssen beraten und abgelehnt. Im Plenum wurde heftig und kontrovers drei Stunden lang diskutiert. Schließlich brachte Janice Love aus Amerika in letzter Minute das »Love-Amendement« ein. Es empfahl zu versuchen, bei der künftigen Vollversammlung Frauen und Männer möglichst gleichberechtigt zu beteiligen. Dieser abgeschwächten Formulierung wurde dann zugestimmt, worauf Janice erschöpft in Tränen ausbrach, ganz gegen ihren sonstigen Charakter. Der Zentralausschuss lehnte es auch ab, den »Brief aus Sheffield« an die Mitgliedskirchen zu schicken. Als ich mit dem orthodoxen Metropoliten Filaret aus Rumänien in der Pause argumentierte, es seien doch nicht die Frauen allein, die diesen Brief abgefasst hätten, es gäbe auch Männer, die das Anliegen unterstützten, antwortete er mit breitem Lachen: »Die sind alle gekauft.«

Das Dilemma endete damit, dass der Generalsekretär ankündigte, den »Brief aus Sheffield« mit einem persönlichen Begleitschreiben – nicht mit der Autorität des Zentralausschusses – an die Mitgliedskirchen zu schicken. Und so geschah es dann auch. Und ich wusste nun besser, worauf ich mich eingelassen hatte im Women's Desk des ÖRK.

So fuhr ich froh wenigstens über das »Love-Amendment«, aber mit größerer Nachdenklichkeit über meine künftige Arbeit aus Dresden nach Genf zurück. Wie sollte ich weitermachen? Was sollte ich anfangen? Wohin mit meinem feministischen Überschwang? Alles offene Fragen.

Die Frage »Wer bin ich« war noch einmal neu beantwortet worden: Ich war eine Frau aus einem geteilten Land. Ich hatte die andere deutsche Hälfte kennengelernt. Das Glück dieser Erfahrung erfüllte mich mit neuer Energie. Ich wusste noch einmal besser, wer ich war oder besser: Wer ich werden konnte.

Achtes Kapitel

That's New York

Ökumenisches Lernen in einer globalen Stadt

»Du solltest baldmöglichst nach New York fahren«, riet mir
meine philippinische Kollegin Priscilla Padolina. Für diesen
Rat hatte ich nicht wirklich ein offenes Ohr. Ich hatte doch eine
ziemliche Portion Anti-Amerikanismus abbekommen, als in
den Zeiten des Kalten Krieges aus der Pfalz ein riesiges amerika-
nisches Waffenlager geworden war, mit Atomraketen direkt vor
unserer Haustür. In unserem schönen Wald! Und dann kam der
Vietnamkrieg. Von diesem »Neuland Amerika«, von Fast Food
und Coca Cola, von »Soaps« und dem »American way of life«,
versprach ich mir nicht viel. Lieber wollte ich die »Dritte Welt«
kennenlernen. »Fahr doch einfach mal hin«, sagte Priscilla gelassen.

Sieben Stunden fliegt man von Genf nach New York, in die
»Neue Welt«, die so neu nicht mehr ist. Für mich war es das erste
Stück Amerika, das ich zu sehen bekam. Ich bin später immer
wieder nach New York geflogen. Was habe ich entdeckt? Eine
Stadt, die die Völker der Welt abbildet, voller Sprachen, voller
Herkünfte, voller schwarzer, weißer, gelber, roter Menschen; alle
Rassen; alte, verrückte, arme, reiche New Yorker. Viele jüdische
Menschen. New Yorker von allen Enden der Erde. Ein Univer-
sum von Verschiedenheiten, voller Zufälle und bizarrer Kons-
tellationen, eine Lebendigkeit, die aus den Gegensätzen entsteht,

die sich miteinander vermischen in diesem berühmten »melting pot«. Warum bin ich so begeistert von New York? Weil es eine tolerante Stadt ist, ein Hoffnungszeichen in einer Welt nationaler Chauvinismen; weil die Stadt die Verschiedenheiten der Menschen und ihrer Kulturen bereitwillig erträgt, zulässt, ja willkommen heißt. Weil sie aus den Verschiedenheiten etwas Neues schafft, ohne das Alte zu verwerfen. Etwas »Drittes«, wie Paul Tillich, der in dieser Stadt gelebt hat, gesagt hatte.

In New York begegnete ich dem »anderen Amerika«: Ich entdeckte, was aus der Bürgerrechtsbewegung Martin Luther Kings gewachsen ist, lernte die Frauenbewegung, die Friedensbewegung kennen, die engagierten Christinnen und Christen, die Schwarze Theologie, die Feministische Theologie. Ich betete und sang in der schwarzen Canaan Baptist Church in Harlem und begeisterte mich, ganz gegen meine Erwartung, an dem unvergleichlich gekonnten Showbusiness des Broadway. Ich war mit meinem Lebenshunger wahrhaftig in einen Honigtopf gefallen.

Beim Landeanflug schwebt das Flugzeug über Manhattan, die langgestreckte Landzunge, die sich ins Meer schiebt. Ich reiße die Augen auf: Vor mir liegt eine Landschaft, ein Gebirge aus Wolkenkratzern. Sie leuchten in den Abendhimmel, überragt von den Zwillingstürmen des World Trade Center; die Freiheitsstatue, winzig vom Flugzeug aus, reckt immer noch ihre Fackel hoch; Schiffe kommen und gehen, kreisende Helikopter, der Hudson River, der East River, die Brooklyn Bridge; die Namen werde ich erst später lernen. Die Ameisenstraßen der Autos in den Häuserschluchten. Dann Landung auf dem John F. Kennedy Airport. Drüben, auf der Abflugseite sehe ich die Flugzeuge Schlange stehen. Zehn, fünfzehn, zwanzig Flieger aus aller Welt, riesige, dazwischen winzige, warten schön in einer Reihe auf die Erlaubnis zum Start.

Das höfliche Swiss-Air Personal entlässt uns in eine hektische Ankunftshalle. Schon stehe ich in der Schlange vor der Grenzkontrolle. Da kommst du in das »gelobte Land der Freiheit« und wirst beim Einlass kontrolliert wie an der innerdeutschen Zonengrenze. Obwohl alles schon auf dem Landeformular steht, fragt mich eine gelangweilt drein blickende, korpulente schwarze Beamtin: »Was machen Sie in New York?« »Wo wohnen Sie? Adresse bitte aufschreiben.« »Haben Sie einen Gastgeber?« »Haben Sie Früchte oder Pflanzen dabei?« »Wo kommen Sie her?« »Machen Sie einmal den Koffer auf: Was sind das für Bücher?« »Wie lange bleiben Sie?« Ich staune nicht schlecht.

Der Flughafen spuckt mich aus und ich stehe wieder in einer Schlange für ein »Yellow Cab«, das Taxi nach Down Town Manhattan zur Seemannsmission. Der Taxifahrer kommt aus Haiti, ich lerne gleich, dass das Taxiwesen in New York fest in den Händen der Haitianer und Latinos ist, sagt er wenigstens.

Zum ersten Mal hinein nach Manhattan. Der Himmel ist dunkel. Aber diese Stadt ist niemals dunkel. Sie leuchtet. Mir fallen vor Staunen die Augen aus dem Kopf. Vierspurige Bänder voller Autos führen auf die Skyline Manhattans zu. Was für ein Wunder von Stadt! An der ersten Brücke muss ich gleich meine Dollars für den »Brückenzoll« heraus rücken. Dann über den Franklin Roosevelt Drive zum Battery Park. Wir sind da. Ich zahle einen saftigen Preis, mehr als auf dem Taxameter steht. »That's New York« sagt der Taxifahrer und lacht. *Vorher* muss man den Preis ausmachen! Die Seemannsmission hatte ich mir anders vorgestellt. Sie ist ein großes Hotel mit Seeleuten und Menschen aus aller Welt. Irgendwo unauffällig gibt es eine Kapelle. Mein Zimmer im 18. Stock ist zweckmäßig, sauber und bezahlbar. Ich blicke aus dem Fenster in die helle Nacht, auf ein Gewirr aus Feuerleitern, Hinterhöfen und Müllcontainern. Die Wallstreet ist nur einen Steinwurf weit entfernt. Ich werde später vom Besucherbalkon aus dem hektischen Irrwitz des Finanzhandels zuschauen. Das Einwanderer-Museum auf Ellis Island auf der anderen Seite. Dort sehe ich später die Schicksale all derer dokumentiert, die hier verfolgt, verlaust, verhungert ankamen. Auch eine Schwester meines Vaters, unsere »Tante aus Amerika«, kam hier an. Die Stadt rauscht zu mir herauf, das Rattern der S-Bahnzüge, der Subway, die auf die Endstation South Ferry zufährt. That's New York!

Am nächsten Morgen steige ich mutig in die Subway Nr.1 an der South Ferry. Die Subway hatte damals, 1981, keinen guten Ruf, aber »während des Tages und auf den Hauptrouten kannst du ruhig fahren«, hatte mir eine überzeugte New Yorkerin gesagt. Die Subway ist eine Welt für sich. Es gibt, so scheint mir, eigentlich nur zwei Richtungen: Uptown und Downtown. Alles ist einfach zu handhaben. Ich kaufe zehn Münzen zum Einheitspreis und kann den »Express«-Zug nehmen, der rast durch die dunkle Unterwelt und hält nur an den Hauptstationen. Dort kann man in den »Local« wechseln zu den Zwischenhaltestellen. Am Grand Central Station kann man im Shuttle-Zug von der Westseite auf die Ostseite Manhattans wechseln. Die Züge sind über und über besprüht, schmutzig und sie scheppern. Die Menschen reden nicht miteinander. Viele Schwarze, weniger Weiße, viele Touristen. Sie sitzen da, verschlafen, gelangweilt, studieren New-York-Stadtpläne und klammern sich an ihre Kameras. Drogengesichter starren mich an. Alles geht schnell. In New York werden die Straßen nummeriert, von 1 bis 238 sind sie auf meiner Karte verzeichnet. Ich rase durch die dunkle Unterwelt Uptown und steige auf der Höhe der 116. Straße Ecke Broadway bei der Columbia University aus. Der Broadway ist hier eine breite Allee mit Bäumen und studentischem Publikum. Ich staune und gehe. Dann stehe ich vor dem Interchurch Center, 475 River Side Drive. »God-Box« nennen sie es liebevoll, dieses mächtige Gebäude, in dem der Nationale Kirchenrat der USA und die verschiedenen Denominationen, der »Church World Service«, die Hilfsorganisation und andere wichtige kirchliche und interreligiöse Organisationen ihre Büros haben. Ich befinde mich »im religiösen Dreieck«, in den Morningside Hights. Direkt gegenüber des Interchurch Centers liegt die River Side Church, eine der wichtigsten Kirchen der Stadt, ein neugotisches Gebäude, das mit Geldern der Rockefeller Stiftung gebaut wurde – die Reichen in Amerika sind oft sehr reich und sehr großzügig. Diese Kirche sagt von sich selbst: »*Wir möchten andere dabei unterstützen, ein in jeder Hinsicht menschenwürdiges Leben zu führen, und*

wir glauben, dass eine tiefe Beziehung zu Gott dabei eine wesent-
liche Rolle spielt.« (James Forbes Jr.) Es gibt herausragende Prediger und vielverzweigte soziale Programme. Einmal nehme ich
an einem der sonntäglichen Workshops nach dem Gottesdienst
teil mit dem Titel: »Suppenküchen reichen nicht!« Um die Ecke
liegt das berühmte Union Theological Seminary, das »Union«,
in dem so viele fortschrittliche Theologinnen und Theologen gelehrt haben und lehren: Richard Niebuhr und der Grenzgänger
Paul Tillich früher, James Cone, den ich aus Kuba kenne, und
Dorothee Sölle aus Deutschland heute, und morgen die schöne
junge Hyun Kyung Chung, Koreanerin, Theologieprofessorin,
Schamanin und buddhistische Nonne. Auf meine Frage, wie das
zusammen geht, sagt sie: »Ich bin religiös zweisprachig«. Sie fas-
tet, als ich sie besuche. Sie in ihrem Ambiente voller Schätze alter
koreanischer Kultur zu erleben, ist allein schon die Reise wert.
Im »Union« lerne ich auch ein mir bisher unbekanntes Stück
Geschichte Dietrich Bonhoeffers kennen. Er ging nämlich gerne
und fast unerkannt zu den Gottesdiensten der Schwarzen nach
Harlem.

Larry Rassmussen, der lutherische Professor des »Union«,
nimmt mich einmal mit auf einen »ökologischen Lehrpfad«
durch Upper Manhattan. Der beginnt bei den Urzeitfelsen am
Hudson River, führt zu der Müllverbrennungsanlage, die Teile
Harlems verpestet, zum Gebäude des »Manhattan Project«, in
dem ab 1942 unter der Leitung des Physikers Robert Oppenhei-
mer die amerikanische Atombombe entwickelt wurde, bis zur
Kathedrale St. John the Divine, in der jedes Jahr am St. Patricks
Day ein Gottesdienst für Menschen und Tiere stattfindet, wie ja
überhaupt die irischen Einwanderer eine besonders naturnahe
Spiritualität mitgebracht haben. Der Gottesdienst, erzählt Larry,
ist immer schon ein Jahr im Voraus ausgebucht. Die Kirche ist
dann überfüllt mit Menschen und ihren Vögeln, Kriechtieren,
Mäusen und Hamstern auf der rechten, mit Hunden, Katzen
und anderen Tieren auf der linken Seite: Willkommen ist alles,
was durch die Kirchentür passt. Der Dekan der Kathedrale, ein

Zweimetermann, führt, ein winziges Hündchen an der Leine, die Prozession an. That's New York.

Das Jüdisch-Theologische Seminar liegt gleich neben dem »Union«. Die orthodoxe Jüdin Blue Greenberg wird mir einmal den inneren Sinn der rituellen Waschungen für Frauen erklären und mir die Ernsthaftigkeit einer Körper-bezogenen, ganzheitlichen religiösen Haltung erschließen. Das alles lebt in Reichweite beieinander. Später logiere ich bei Freunden in der River Side Drive im 10. Stock, mit herrlichem Blick auf den Hudson River. Zwei Stockwerke höher hatte Hannah Arendt gewohnt, erzählte man mir. Ein wenig ehrfürchtig macht mich das, habe ich doch von ihr so viel über das Menschsein und Frausein gelernt. Ich staune. Jetzt gehe ich ins Interchurch Center, bekomme am Eingang einen Tagespass für das Gebäude. Eine höchst freundliche ältere Dame holt mich ab. Rasant schnelle Lifte sind auch neu für mich, fast bleibt nicht genügend Zeit, einen Aushang zu lesen mit der Einladung zu einem »Brown Bag Lunch« mit der neuen Direktorin des Weltkirchenrates.

In der »God-Box« werde ich die wichtigsten Lektionen in Sachen Frauen-Politik lernen, das Handwerkszeug für meine Arbeit. Hatte ich in der »Studie über die Gemeinschaft von Frauen und Männern in der Kirche« die theologischen Argumente eingesammelt, die uns Frauen aufwerten, so lerne ich hier, wie man das praktisch umsetzen kann. Wie Frauen Frauen fördern können. Wie frau in der Männerkirche Fortschritte machen kann. Wie frau »plotted«, also kleine Verschwörungen anzettelt. Was ein »Women's Caucus« ist, ein Treffen zur Vorbereitung auf Wahlen und die Interessenvertretung in gemischten Gremien. Wie man kooperationsbereite Männer einbezieht. Wie Frauen in Führungspositionen gelangen und was sie dann tun sollten. Wie die Stiftung eines Lehrstuhls für Feministische Theologie zustande kommt. Den Kampf der lesbischen Frauen um Anerkennung. Wie eine Sprache, die Frauen und Männer in gleicher Weise einbezieht, also eine inklusive Sprache, entwickelt werden kann.

In diesem Haus sitzen viele der Frauen, die meine Arbeit in Genf finanziell und ideell unterstützen. Ich komme aus dem Staunen nicht heraus, ich freue mich, ich wundere mich, ich frage mich. Ich bin verwirrt. Ich bin ganz Ohr. Was es alles gibt! So viel radikales feministisches Denken wird hier schon in Politik umgesetzt. Ich spüre in den Gesprächen mit den Frauen und wenigen Männern viel Solidarität und – eine wunderbare Freiheit. Sie lebt von der Vision einer Gemeinschaft von Frauen und Männern, in der niemand jemanden unterdrückt. Hier haben es die Kirchenfrauen schon weit gebracht.

Zeit ist Geld. Das gilt paradoxerweise anscheinend auch in der »God-Box«. Man muss jede Minute ausnutzen. Beim »Brown Bag Lunch« packen alle ihre Sandwiches aus braunen Papiertüten aus. Sie wollen die neue Direktorin in der Mittagspause kennen lernen. Es geht munter und laut zu, es wird viel gelacht. Eine Frau vom Stipendienbüro nimmt mich beiseite und, als ob sie mir ein Geheimnis anvertraue, sagt sie: »Wir sammeln das meiste Geld von den Kirchenfrauen und wir geben es auch für Frauen aus. Wir haben durchgesetzt, dass 50 % aller Stipendien meiner Kirche für Frauen vergeben werden. Das ist Quotenpolitik. Es gibt so viele begabte Frauen. Frauenförderung ist der Schlüssel zur Gerechtigkeit.« Zwei der wichtigsten lateinamerikanischen Befreiungstheologinnen, die ich später kennenlernen werde, haben durch dieses Stipendienprogramm ihre Dissertationen schreiben können.

Ja, hier gibt es viel zu lernen. Die Frauen applaudieren mir am Ende des Gespräches und umarmen mich. Ich spüre zum ersten Mal so etwas wie »sisterhood«. Ihre guten Wünsche sind ehrlich. Ich bin glücklich.

Mein Programm ist vollgepackt mit Begegnungen: »Church Women United« – der Zusammenschluss aller wichtigen Frauenverbände der christlichen Denominationen, Frauen der United Methodist Church, die besonders aktiv beim Frauenthema ist. Ich treffe die erste Generalsekretärin des Nationalen Kirchenrates der USA, Claire Randall. Dann einige wichtige schwarze Frauen in den Ressourcen-reichen Abteilungen der Kirchen, Theresa Hoover und Rose Catchings. Überhaupt Frauen, die etwas zu sagen haben. Dorothee Wagner, die »Erzmutter« des Weltgebetstages, der die Frauen der Welt miteinander verband, längst bevor es ökumenische Zusammenschlüsse gab. Die »God-Box« ist ein gutes Haus für Frauen.

Wie viel verdanke ich den amerikanischen Frauen, von denen ich in meinem vorurteilsvollen Denken so wenig erwartet hatte! Hier galt es, schnell zu lernen. Voller Hochachtung und Bewunderung denke ich an diese Frauen, mit denen ich zusammengearbeitet habe. Manches war nicht leicht und manches fand ich sehr amerikanisch. Diese Frauen waren keine verrückten »bra-burning feminists«, »Büstenhalter verbrennende Feministinnen«, sondern gestandene Kirchenfrauen, Mütter, scharfsinnig, überzeugt von der Sache, voller Frauen-Power, feministisch, spirituell, unirritiert, kämpferisch für eine Kirche, in der Frauen und Männer gleichberechtigt ihre Gaben einbringen können. Diese Frauen gaben sich Mühe, die »global Sisterhood« zu erlernen. Das fiel den oft dominanten Amerikanerinnen allerdings manchmal auch sehr schwer. Sie wurden in der weltweiten Frauenbewegung zuweilen angegriffen und abgelehnt wegen der amerikanischen Machtpolitik. Aber sie arbeiteten ehrlich an der Erkenntnis: »Sisterhood is global« – oder sie ist nicht viel wert.

Anne Walker

Durch diesen Besuch bin ich eine andere geworden. Die Frauenfrage war keine private Sache, kein Hobby unter anderen mehr. Ich wurde Teil einer großen Bewegung, der weltweiten Frauenbewegung. »Wir wollen Brot und Rosen« hatten die amerikanischen Arbeiterinnen gesungen und dieses Lied würde mich von nun an durch meine Genfer Zeit begleiten.

Paul Tillich kam mir noch einmal in den Sinn: »*Das Dasein auf der Grenze, die Grenzsituation, ist voller Spannung und Bewegung. Sie ist in Wirklichkeit kein Stehen, sondern ein Überschreiten und Zurückkehren, ein Wieder-Zurück-kehren und Wieder-Überschreiten, ein Hin und Her, dessen Ziel es ist, ein Drittes jenseits der begrenzten Gebiete zu schaffen ...*«

Ich ging hin und her zwischen meinen alten Erfahrungen und der Faszination all des Neuen. Ich war über eine wichtige Grenze geschritten und hatte das Neuland der weltweiten Frauenbewegung betreten. Etwas Drittes begann sich abzuzeichnen, »*auf dem ich für eine Zeit stehen konnte, ohne in einem festen Begrenzten eingeschlossen zu sein.*« Für mein persönliches und berufliches Leben hatte ich einen großen Sack voller Einsichten mitgenommen. In mir begannen sich klarere Vorstellungen zu entwickeln, wie ich meine Arbeit im ÖRK anpacken könnte.

»Frauen tragen die Hälfte des Himmels« – dieses chinesische Sprichwort, von Mao bekannt gemacht, wurde zum praktischen Leitsatz meiner Arbeit. Daraus ergibt sich: Frauen sollen auch die Hälfte der Erde tragen. Seit ich dies verstanden hatte, habe ich aufgehört, Erklärungen abzugeben, warum ich mich für die Gleichberechtigung der Frauen in den Kirchen einsetze. Wie oft wird man in solch nutzlose Apologetik verwickelt. Schluss damit!

Ein afrikanisches Sprichwort sagt: »I am because I participate.« – »Ich bin, weil ich teilnehme.« Wie viel Stärke wuchs aus diesem Gedanken. Meine Arbeit sollte dazu beitragen, die Teilnahme von Frauen zu stärken, ihre Unsichtbarkeit, ihre subtile und offene Diskriminierung in den Kirchen bewusst zu machen – und zu überwinden. Sexismus, Rassismus und Klassendenken sind die drei gleich hässlichen Köpfe dieser Hydra der Unterdrückung.

Dagegen hat schon Paulus gesagt: »*In Christus ist nicht Jude noch Grieche, nicht Sklave noch Freier, nicht Mann noch Frau. Ihr seid alle einzig einig in Christus.*« (Gal 3,28)

Daraus ergaben sich ganz viele Unterziele: Frauen in die Entscheidungsgremien bringen, damit Frauen mehr Stipendien, mehr Projektgelder, mehr Mitwirkungsmöglichkeiten erhielten. Es soll mehr Stärkung, Befähigung, »empowerment« von Frauen geben. Frauen sollen ihre besondere Sicht auf das Leben mitteilen, in Reden, in Predigten, in Beschlüssen; sie sollen in Fragen der Budgetverwendung mitbestimmen. Dazu braucht man eine Quote. Davon war und bin ich überzeugt. Die Quote ist eine Krücke, eine nützliche Krücke, solange Kirche und Gesellschaft in dieser Sache so hinterher hinken. Und sie ist ein Machtinstrument. Quotenfrau zu sein ist nichts Ehrenrühriges. Denn jede Frau kämpft nicht nur für sich allein, sondern für eine andere, eine nächste Frau, die ihr nachfolgt. Auf jeden Fall gibt es das Wort von Alice Walker, der schwarzen Schriftstellerin: »You can't keep a good woman down.« – »Du kannst eine gute Frau nicht klein halten.«

»I am because I participate.« Dieser Satz wertet das Dasein von Frauen auf. Denn sie sind nicht nur in der realen Welt an vielen entscheidenden Stellen abwesend, sondern auch in der liturgischen Sprache, in biblischen Texten und kirchlicher Rede. Sprache als Übermittlerin von sozialen Strukturen reproduziert bestehende soziale Ungerechtigkeiten. Die Unsichtbarkeit von Frauen in der Sprache bekräftigt ihre Marginalisierung in der realen Welt, die Sprache macht Muster der Unter- und Überlegenheit deutlich. Frauen wirken selbst fleißig an ihrer eigenen sprachlichen Unsichtbarmachung und Diskriminierung mit und versetzen sich selbst in die Bedeutungslosigkeit. Die Amerikanerinnen hatten auch begonnen, an einem »Inclusive Language Lectionary«, an »Texte(n) für die Sonntagspredigt in inklusiver Sprache« zu arbeiten. Dieses Projekt hatte einige hässliche Drohbriefe und Kürzung von Geldmitteln zur Folge, wurde aber auch der Anstoß für die neue Übersetzung »Bibel in Gerechter Sprache« in Deutschland. Die Amerikanerinnen hatten begonnen, in allen

Gesetzestexten, öffentlichen Äußerungen und Publikationen der Kirchen auf inklusive Sprache zu drängen. Das sollte auch für mich ein wichtiger Anstoß für die Arbeit im ÖRK werden.

Aus eigener Erfahrung wusste ich genau, dass ich in den kirchlichen Strukturen an einem männlich geprägten Leitungsstil mitwirke. Ich wollte aber auch meinen eigenen weiblichen Leitungsstil entwickeln und ihn in die Hauptkultur, den »Mainstream«, einbringen. Wie dieser Leitungsstil aussehen würde, musste erst durch Versuch und Irrtum ausprobiert werden.

Für meine Arbeit im ÖRK ergab sich daraus ein doppeltes Ziel: Frauen sollten die Möglichkeit haben, sich untereinander zu treffen, zu verständigen, Frauenkultur zu leben, gemeinsame Ziele zu entwickeln, politisch zu handeln und einander zu unterstützen. Sie sollten »global sisterhood« erleben und daran stark werden. Aber dann sollten sie auch aus der Frauenecke herausgehen und sich in den »mainstream« des kirchlichen Lebens einfädeln. Sie sollten mitreden.

Die Frauen im Interchurch Center hatten mir empfohlen, unbedingt die schwarze Frauengruppe »Sweet Honey in the Rock« – »Süßer Honig im Felsen« kennen zu lernen. Da verstehe man, was »global sisterhood« sei. Welch ein Name! Ich hörte sie bei einer internationalen Frauenkonferenz und erlebte, wie ein einziges Musikstück den Frauen aus allen Teilen der Erde eine gemeinsame Seele geben kann. Wir Frauen wurden ganz still und erfüllt von der Kraft und Eindringlichkeit der Sängerinnen von »Sweet Honey in the Rock«:

> *By my life, be I spirit*
> *And by my heart, be I woman*
> *And by my eyes, be I open*
> *And by my hands, be I whole*[8]

8. Mit meinem ganzen Leben, sei ich Geist.
   Mit meinem ganzen Herzen, sei ich Frau.
   Mit meinem ganzen Augen, sei ich offen.
   Und mit meinen Händen, sei ich ganz.

Sechs Frauen sangen mit Frauenpower, mit afrikanischem Beat und überwältigender Lebenskraft vom Leid der Einwandererfrauen und der Sklavengeschichte, von Rassendiskriminierung und Frauenausbeutung. Mit spiritueller Tiefe sprachen sie den Frauen Stärke zu. Und sie hatten viel Humor. Als es um die schwierige Frage der Solidarität der Kirchenfrauen mit lesbischen Frauen ging, riefen sie einer Halle mit etwa 2.000 Kirchenfrauen zu: »Jede Frau, die eine Frau liebt, soll die Hand heben.« Verlegene Stille. Hier und da eine zaghafte Hand. Dann riefen sie: »Jede Mutter, die ihre Tochter liebt, Hand hoch. Jede Tochter, die ihre Mutter liebt, Hand hoch. Jede Großmutter die ihre Enkelin liebt, Hand hoch. Jede Schwester, die ihre Schwester liebt, Hand hoch. Jede Frau, die eine andere Frau liebt, Hand hoch.« Und unter Gelächter und mit Erleichterung hatten alle Frauen die Hände in die Höhe gehoben. Die Solidarität mit lesbischen Frauen war an diesem Tag ein großes Stück gewachsen.

Bevor ich aus New York aufbreche, gehe ich am Sonntagmorgen in den Gottesdienst der River Side Church. Der Gottesdienst, erfahre ich am Eingang, ist der Solidarität mit Schwulen und Lesben gewidmet. Ich staune. Ein katholischer Priester, ein bekennender Schwuler, predigt. Er spricht über das schwere Leben eines versteckten Homosexuellen und der schweren, aber schönen Freiheit, die er seit seinem »Coming out« erlebt hat. Er erinnert uns, dass viele homosexuelle Menschen in künstlerischen, pflegerischen und pädagogischen Berufen tätig sind. »Was wäre Euer Leben ohne die Bereicherung, die diese Menschen in Euer Leben bringen? Was alles tragen sie zum Wohl und Gelingen der Gemeinschaft bei?« Ich denke an meine lesbischen Freundinnen in Deutschland und die engagierten Kirchenfrauen, die ich hier kennengelernt habe. Während des Gottesdienstes verabschieden wir mit einem eigenen Segen diejenigen, die am Marsch der Gay and Lesbians in New York City teilnehmen. Zwanzig, dreißig Leute, Männer und Frauen, frohe Paare und Einzelne ziehen aus der Kirche hinaus, einige blass und krank, zwei fahren im Rollstuhl, begleitet von ihren Partnerinnen, ihren Partnern und Freunden, während wir stehend einen Choral singen. Noch heute sehe ich das Bild ganz genau vor mir: Ich singe, während ich um Fassung ringe. Dass sie von ihrer Kirchengemeinde, also mit dem Segen der Gemeinde, verabschiedet werden! An diesem Sonntag 1981 werde ich von einer in dieser Frage zögernden Zuschauerin zu einer echten Sympathisantin. That's New York.

Oft noch werde ich nach New York zurück kommen, werde ins Metropolitan Museum gehen, auf den Treppen der Carnegie Hall sitzen und einen großen Meister erwarten. Das Spiel des New York Philharmonic Orchestra hören, im theologischen Buchladen des »Union« Berge von Büchern einkaufen, werde mit der Fähre um Manhattan herumfahren, ins Kino, ins Theater und in die Kirchen gehen. Einmal laufe ich einer Gruppe schwarz gekleideter Menschen nach und lande in einer jüdischen Trauerfeier. Am Washington Square werde ich mich an den lustigen Verrücktheiten der Leute freuen, zum ersten Mal ein schwarz-weiß-lesbisches Paar beim Küssen beobachten.

Am 12. Juni 1982 demonstrieren im Central Park *eine Million* Menschen gegen die Atompolitik der USA. Ich bin eine unter ihnen. Ich lerne, dass bei einem Atombombenabwurf über New York City nur die Kakerlaken in den Röhren der Abwasserkanäle überleben würden. Die Kirchenleute hatten sich, wenn ich es recht erinnere, in der 42. Straße gesammelt. Die Künstlerinnen und Künstler in der 43. Straße, die Menschen, die in pflegenden Berufen arbeiteten, in der 44., die Rechtsanwälte, die Schiffsleute, die Feuerwehrleute, die Kindergärtnerinnen, die Bankangestellten, in je ihrem Straßenabschnitt, alles grandios organisiert. Es war bunt wie beim Karneval und ernst wie bei einem Gebetstreffen. Überwältigt von dieser Menschenmenge liefen wir durch die Straßen New Yorks zum Central Park. Die »Macht des Volkes« war in der bedrängenden Enge des Marsches sehr gegenwärtig. Aber alles verlief völlig friedlich. Reden wurden gehalten, Friedenssongs gesungen. That's New York. New York lief für das Leben.

Die tiefe Wunde, die New York am 11. September 2001 dann erhalten hat, wird bleiben: sie gehört zu den Widersprüchen dieser Stadt. New York ist eine tolerante Stadt, eine offene, schöne Stadt. Aber ist es auch eine gerechte Stadt? Der 11. September und seine Folgen haben noch einmal eine andere Seite dieser Stadt offenbart. Global wie sie ist, war alles Reden doch sehr auf diese Stadt allein bezogen. Wenig globales Denken und Solidarität war in den Trauerfeiern zu hören. Hatte die Feindesliebe der Bergpredigt noch Platz in dieser Trauer? Es folgte der Angriff der USA auf den Irak.

Einige Jahre später besuche ich ein kleines Theater in einer Seitenstraße des Broadway. Ein einzelner Mann trägt Texte vor, die er, ein Überlebender aus dem Südturm des World Trade Center, nach dem 11. September geschrieben hat. Es ist ein Versuch, dem Terror zu entkommen, geistig-seelisch, so, wie er ihm in letzter Minute körperlich entkommen ist.

Wenige Menschen interessieren sich in der Stadt des 11. September noch für diese Geschichte. Sie sind zur Tagesordnung übergegangen. Ich bin mit wenigen Besuchern allein im Lamb Theater – doch die wenigen hören gebannt die Geschichte eines Entrinnens, die Geschichte einer Rettung aus Entsetzen, Panik, stürzenden Trümmern, aus Kopflosigkeit und Lähmung. Voller Voyeurismus sah die Welt auf den Bildschirmen die zerfetzten Menschen, Blut, Staub, hörte Sirenengeheul, Schreien, Handys. Hier ist ein einzelner Mensch: Wie entkam er all dem?

Er entkam. Zufällig, sagt er, hatte ein herabfallendes Metallstück nicht ihn getroffen, sondern einen anderen zerschmettert. Zufällig lief er in die richtige Richtung, zufällig half ihm jemand beim Aufstehen nach einem Sturz. Er entfernte sich von dem Inferno, ungläubig. Er glaubte selbst nicht, dass er entkommen war. Er weiß nicht, was er mit sich machen soll. Aus seinem Büro sind viele tot. Wieso er nicht?

Erstarrt steht er vor der absoluten Zerstörung all dessen, dem er bisher vertraut hatte. Nur eines weiß er zu tun: Er kauft einen Strauß Rosen, geht blind und ohne zu denken zurück, auf das Inferno zu, auf die brennenden Trümmer. Er legt die Rosen mitten auf die Straße, kniet sich daneben. »Ich war nur leer. Diese Geste hielt mich davon ab, in das Inferno zurück zu laufen. Eine Stimme sagte: »Halt, nicht weiter, es gibt noch Rosen in der Welt.«« Die Schönheit der Blumen war wie eine Gewähr für die Heiligkeit des Lebens. Man musste es wieder aufnehmen. Der Schrecken freilich war nicht aufgehoben. Kein Wort, keine Hand, kein Mensch, nur die Schönheit und Verheißung der unschuldigen Blumen gebot seinem Todeswunsch Einhalt. Gott sprach durch sie. Trostrosen waren es. »Die Ros ist ohn' Warum.«

Neuntes Kapitel

Leben in seiner Fülle

Die Sechste Vollversammlung des Weltkirchenrates (ÖRK) in Vancouver 1983

Die Vollversammlungen des Ökumenischen Rates sind Höhepunkte in seiner Arbeit. Hier wird Geschichte geschrieben. Sie strahlen in die Mitgliedskirchen aus, ihre Beschlüsse werden mit Aufmerksamkeit wahrgenommen, zumindest in ökumenisch aufgeschlossenen Kirchen. Denn hier ist die gesammelte Stimme der weltweiten Christenheit zu hören, nicht nur die Stimme eines Einzelnen wie bei den katholischen Geschwistern. Viele Menschen hören noch einmal neu auf die Botschaft des Evangeliums: prophetisch, engagiert in konkreter Mitmenschlichkeit, auf der Suche nach dem gemeinsamen Zeugnis der Kirchen. Auch ich war durch die Vollversammlung in Uppsala 1968 zum ersten Mal aufmerksam geworden auf den ÖRK. Die Vollversammlung ist das höchste Gremium des Weltkirchenrates. Die Mitgliedskirchen entsenden Delegierte entsprechend der Zahl ihrer Mitglieder. Ich selbst hatte noch nie an einer Vollversammlung teilgenommen.

Die Vorbereitung der Sechsten Vollversammlung in Vancouver 1983 war der *Anfang meiner eigenständigen Arbeit* im ÖRK. Ich ließ manche andere Arbeit liegen, um meine ganze Kraft auf dieses Ereignis zu konzentrieren. Ich wollte ein Zeichen setzen für die Teilnahme von Frauen. Viel Zeit zum Üben hatte ich nicht.

Dies war meine Chance, an etwas Großem mitzuwirken. Beim ersten Versuch musste ich gleich weit springen. Es wurde ein erstes selbstständiges »Werkstück«.

In jener Zeit des Aufbruchs und der Entdeckungsfreude war ich kein bisschen ängstlich, sondern packte diese Aufgabe mit kämpferischer und spielerischer Freude an.

Eine Vollversammlung würde viel interessanter und lebendiger werden, wenn man sich von der Lebenswirklichkeit leiten lässt. Die Kirchenmänner, die nicht an die Teilnahme von Frauen gewöhnt waren, sollten sehen: Man *kann* Macht teilen. Die Frauen wiederum sollten es selbst erleben: Frauen *können* gut reden, gut leiten, Beschlüsse fassen. Die Erneuerung der Kirche ist eine Chance für uns Frauen. Sie bringt Freude und Authentizität. Mehr als Worte überzeugt, was man selbst erlebt. Das Pauluswort: »*In Christus ist nicht Jude noch Grieche, nicht Herr noch Knecht, nicht Mann noch Frau*« sollte in dieser Vollversammlung seine Kraft erweisen.

Am Anfang stand die Schaffung einer Women's Task Force, der »Arbeitsgruppe Frauen«. Dieses Strukturelement gab es im ÖRK bisher nicht. Der Generalsekretär half mit seiner Autorität, die Women's Task Force zu berufen.

Die Gruppe bestand aus Frauen und ein paar Männern aus allen Abteilungen des ÖRK, ich als Direktorin der Frauenabteilung hatte die Leitung. Das Antirassismus-Programm war ebenso vertreten wie das Entwicklungsprogramm, die Dialogabteilung, die Missionsabteilung und die Jugendabteilung, das Generalsekretariat, die Öffentlichkeitsarbeit und noch andere, besonders auch die Finanzabteilung! Ich notierte in mein Tagebuch: »Eine Struktur ist geschaffen, eine Art »Women's Caucus« im ÖRK selbst.«

Hier liefen nun alle Fäden zusammen. Wir nahmen uns die Zeit zum besseren Kennenlernen, malten an den Wochenenden Wandbilder, die wir in der Halle des ÖRK zur Schau stellten, kreierten lila Buttons mit dem Frauenlogo. Die Kollegin aus dem Generalsekretariat, Reinhild Traitler, meldete der Women's Task

Force frühzeitig, welche konkreten Planungen auf höherer Ebene gerade ausgearbeitet wurden. So konnten wir uns rechtzeitig vorbereiten mit unseren Vorschlägen, Ideen und Namenslisten, vor allen anderen. Es war für unsere Arbeit sehr effektiv, ein so gutes Frühwarnsystem zu haben. Reinhild verfasste auch einige Spielszenen für Vanvouver, in denen die Themen der Vollversammlung ins Leben einer Ortsgemeinde übersetzt wurden. »Leben in Gemeinschaft«, »Mehr Partizipation«, »Bedrohung des Friedens«, »Gerechtigkeit und Menschenwürde«, »Lernen in Gemeinschaft«. Es gab viel Heiterkeit bei den Proben in Genf und erst recht bei der Frauenvorkonferenz.

Eine der wichtigsten Maßnahmen der Women's Task Force war die konsequente Umsetzung einer Quote für Frauen, wie es in Dresden mühsam durchgesetzt worden war. Wir arbeiteten mit der Richtlinie, 30 %, ein Drittel aller Delegierten, Redner, Beraterinnen, Stewards, Protokollschreiberinnen, Gruppenleiter, Anbieter von Bibelarbeiten usw. sollten Frauen sein. Frauen sollten *in allen Bereichen* der Vollversammlung sichtbar sein und mitwirken. Heraus aus der Frauenecke! hieß die Policy Nummer eins. Die Policy Nummer zwei hieß: Frauen sollen die Frauenecke gleichzeitig als Begegnungs- und Rückzugsraum behalten.

Oft waren die von den Kirchen nominierten Frauen ganz unerfahren. Auf meinen Reisen hatte ich in den Mitgliedskirchen unglaubliche Situationen kennen gelernt: In manchen Kirchen hatten die Frauen auf keiner Ebene ein Stimmrecht. Sie waren dort, wo die Entscheidungen gefällt wurden, nicht vertreten. Sie hatten kein Geld für ihre Arbeit. Die Ordination von Frauen war in vielen Kirchen noch nicht möglich und Frauen waren zur theologischen Ausbildung nicht zugelassen. In theologischen Ausschüssen waren sie nicht vertreten. Manche Kirchen respektierten den Gewissensvorbehalt der Männer, die mit ordinierten Frauen nicht zusammen arbeiten wollten. In einigen orthodoxen Kirchen durften die Frauen den Altarraum nicht betreten, nicht zum Abendmahl gehen, während sie menstruierten oder nach der Geburt eines Kindes. Das Thema Frauenblut war tabu.

Die Eheliturgie verpflichtete die Frauen zum Gehorsam gegenüber dem Mann. Manche kulturellen Gebräuche erlaubten es Frauen nicht, in Gegenwart von Männern zu sprechen. Oder sie sollten, wenn schon, dann nur zu Frauenthemen sprechen. Mir standen oft die Haare zu Berge. In Vancouver fand die perfekte »Gleichzeitigkeit der Ungleichzeitigen« statt. Denn die vom ÖRK vorgeschriebene Frauen-Quote verlangte von den Kirchen die Nominierung von Frauen. Nur sehr wenige von ihnen waren kämpferische feministische Theologinnen und Frauen mit Leitungserfahrung in den Kirchen.

Zum ersten Mal in der Geschichte des ÖRK fand vor einer Vollversammlung eine *Frauenvorkonferenz* statt. Eine wichtige Struktur innerhalb der Vollversammlung! Drei Tage vor der Vollversammlung versammelten sich etwa 300 Delegiertenfrauen und Beraterinnen in der »Totem Hall« auf dem grünen Campus der Universität von Vancouver. Und 40 Männer, 15 % der männlichen Delegierten. Im ÖRK gab es die Regel: Bestimmte, in den Nominierungen der Kirchen unterrepräsentierte Gruppen, z.B. Laien und Laiinnen, Jugendliche oder Frauen, konnten vom ÖRK nachnominiert werden, maximal 15 % der Gesamtzahl der Delegierten. Dementsprechend hatten wir 15 % Männer zur Frauenvorkonferenz eingeladen.

Nur wenige Theologinnen waren als Delegierte benannt worden. Die Laiinnen waren erpicht, theologische Argumente zu hören, mit deren Hilfe sie selbst zuhause würden argumentieren können. Dem dienten besonders die Bibelarbeiten. Beim Singen und Beten kam inklusive Sprache – für viele zum ersten Mal – zu Gehör. Wir machten den Frauen bewusst, dass sie an einem historischen Prozess teilnahmen. Seit der Ersten Vollversammlung des ÖRK 1948 in Amsterdam hatten Frauen sich, langsam aber immer sicherer, zu Wort gemeldet.

Die Vorkonferenz war nicht auf Beschlüsse ausgerichtet. Die Frauen sollten nachdenken können, was sie in der Vollversammlung zu den Konferenz-Themen aus Frauenperspektive sagen wollten. Wie sie Einfluss nehmen konnten. Auch bei den

Wahlen in der Vollversammlung hoffte ich auf die Solidarität der Frauen. Wir ermutigten sie, in Gegenwart ihrer Kirchenführer zu sprechen.

Für mich war es ein herrlicher Beginn der Vollversammlung! Als zuständige Direktorin des ÖRK war es meine Aufgabe, die Frauen und Männer zu begrüßen: »Der Staub der Reise hängt uns noch in den Kleidern. Vermutlich ist die Seele noch unterwegs ... Jetzt aber schauen wir einander verwundert an und staunen über die Vielfalt und Schönheit, zu der Gott uns geschaffen hat. Wir üben, um in der Vollversammlung für die Menschen daheim sprechen zu können, für uns selbst, für die Frauen.« Da saßen sie, die russischen Nonnen neben den amerikanischen Feministinnen, die indische Bischofsgattin neben der südafrikanischen Aktivistin. Eine uralte Indianerin saß unter uns, deren Enkel am Tag der Eröffnung der Konferenz im Gefängnis ermordet worden war.

Einige katholische Frauen waren auch darunter. Noch waren sie hoffnungsvoll, werden aber später, 1994, durch das apostolische Schreiben »Ordinatio sacerdotalis«, ausgearbeitet vom Präfekten der Glaubenskongregation Joseph Ratzinger, entmutigt. Die Kirche habe »*nicht die Vollmacht, Frauen die Priesterweihe zu spenden*« und dies sei »*die endgültig zu haltende Lehre*« heißt es da.

Es war diese erstaunliche Mischung von Frauen, die nur eine internationale oder ökumenische Konferenz zuwege bringt. Der Satz des Generalsekretärs »God needs all kinds of people«, »Gott hat Verwendung für alle Arten von Menschen« öffnete mir die Augen und ich sah: hier und jetzt wächst ein Stück »global sisterhood«.

Ich hatte eine Diaserie über die Geschichte der verkrümmten Frau aus dem Lukasevangeliums (Lk 13,10-17) zusammengestellt. Auch hier erkannten die Frauen sich selbst in dieser Geschichte. Begeisterung kam auf, als die »aufgerichtete Frau« in der Gestalt der »Frauen für den Frieden« erschien, als »Großmütter vom Plaza de Mayo« in Argentinien, die ihre verschwundenen Angehörigen suchten; als theologische Lehrerinnen, als Heilige Frauen und Predigerinnen. Heidemarie Langer, die Freundin aus den Bad Boller Tagungen, führte mit bibliodramatischer Sensibilität eine bewegende Selbsterfahrung ein. »Ist es das, was Sie bei den feministischen Tagungen in Bad Boll machen?«, fragte erstaunt und wohl erleichtert der württembergische Oberkirchenrat Walter Arnold, den ich auch eingeladen hatte. Später kamen noch die jungen Frauen von der Jugendvorkonferenz dazu. Es war befreiend, diese Verschiedenheit wahrzunehmen, die nicht als bedrohlich erlebt wurde. Dadurch wuchs erstes Vertrauen.

Eigentlich wäre es mir jetzt schon genug an Erfahrung gewesen. Aber nun kam sie ja erst, die Vollversammlung!

Im Nachhinein denke ich: Waren wir zu wenig politisch gewesen? Überwältigt von all diesen Erfahrungen, hatten wir nicht genügend Politik gemacht. In den späteren Jahren im ÖRK ist das Thema »Partizipation von Frauen« wieder auf ein Nebengleis geraten. Wir haben eher gedankenlos unsere Selbstentwertung fortgesetzt. Vielleicht hatten die Amerikanerinnen vergessen, zu sagen: »Tue etwas und rede (öffentlich) darüber.«

◆ ◆ ◆

Die Vollversammlung im Juli 1983 fand in einer prekären Welt-Situation statt: Das atomare Wettrüsten der Supermächte USA und UdSSR hatte die Welt an den Rand des Abgrunds gebracht. Der Kalte Krieg konnte jederzeit in einen heißen umschlagen. Ein atomarer Erstschlag war schon durch einen einfachen politischen oder gar technischen Irrtum möglich geworden. Mit dem angehäuften atomaren Waffenpotenzial konnte die Erde mehrfach vernichtet werden. Die Supermächte verhandelten über die Abrüstung der in Europa stationierten Mittelstreckenraketen. Als die Unterhändler der USA und der Sowjetunion, Paul Nitze und Julji Kwizinsky, bei ihrem berühmten »Waldspaziergang« den proportionalen Abzug *aller* Mittelstreckenraketen aus Zentraleuropa ausgehandelt hatten, lehnten ihre Regierungen diesen Vorschlag ab. So wurde aus Abrüstung Aufrüstung. Denn der NATO-Doppelbeschluss von 1979 sah für den Fall, dass es zu keiner Abrüstungsvereinbarung mit dem Ostblock kommen würde, die Stationierung präziserer Pershing II Raketen und Cruise Missiles als Gegengewicht zu den modernisierten sowjetischen SS 20-Raketen vor. Das »Gleichgewicht des Schreckens« sollte den Frieden garantieren. Das alles fand mitten in Deutschland statt. Es wurde mit nuklearen Sprengkörpern gepflastert, in Ost wie in West.

Die Friedensbewegung in Europa war stark geworden wie nie zuvor. 400.000 Menschen demonstrierten am 12. Juni 1982 in Bonn gegen den Besuch des US-Präsidenten Ronald Reagan. Eine fast 100 Kilometer lange Menschenkette zog sich von Neu-Ulm bis Stuttgart. Als sie geschlossen wurde, stand ich Hand in Hand mit anderen auf dem Stuttgarter Schlossplatz und überbrachte die Solidaritätsgrüße des ÖRK aus Genf.

In dieser Welt-Situation wurde am 24. Juli 1983 in Vancouver, Kanada die Sechste Vollversammlung des Ökumenischen Rates der Kirchen mit dem Thema: »Jesus Christus, das Leben der Welt« eröffnet. Die Delegierten kamen aus Ost und West, Nord und Süd. »Das Leben der Welt« war so gefährdet wie noch nie zuvor in der Menschheitsgeschichte.

Philip Potter und sein Stellvertreter Konrad Raiser waren, theologisch wie politisch, die Architekten dieser Vollversammlung. Sie waren ein eingespieltes, in Freundschaft verbundenes Team. Philip Potters Fähigkeit, die ökumenische Bewegung zu inspirieren und zu prägen, zeigte sich bei dieser Vollversammlung noch einmal in voller Stärke. Inhaltlich und spirituell wurde diese Vollversammlung für den Generalsekretär zu einer Sternstunde. Als Mann der Karibik brachte er die Fähigkeiten der interkulturellen Kommunikation mit. Er war mit der Vielfalt von Rassen und Kulturen aufgewachsen. Seine politische Wachheit und Klarheit in der Sache schufen ihm auch viele Gegner. Seine Haltung ging einher mit jener gewinnenden Freundlichkeit und seinem spontanen Humor, dem sich kaum jemand entziehen konnte. Durch die Auslegung der Bibel und ihre Anwendung auf die Gegenwart hatte er seinen ganz eigenen Leitungsstil begründet und viele Menschen in allen Teilen der Welt befähigt, ihr Engagement aus dem biblischen Zeugnis heraus zu begründen. Es war sein Charisma, das ihm diese prägende Rolle in der ökumenischen Bewegung gab. Auch seine schärfsten Kritiker konnten ihm das nie absprechen.

Er brachte die Aufgabe der Vollversammlung so auf den Punkt: *»Ökonomische und militärische Strategien und Menschenrechtsfragen trennen uns. Das müssen wir ganz klar auf den Tisch legen. Dies (die Arbeit der Vollversammlung) ist keine Konfrontation um der Konfrontation willen. Es ist die mutige Konfrontation, die aus dem Glauben erwächst, dass wir die Dinge sichtbar machen müssen, die uns trennen. Es kann keine Versöhnung geben, ohne dass die Dinge offengelegt werden, die unter uns Feindschaft und Trennung bewirken. Wir müssen uns dem stellen und etwas tun. Als Ökumenischer Rat der Kirchen stehen wir dafür ein, dass es in dieser besonderen Gemeinschaft unter unserem gemeinsamen Herrn möglich ist, diese schwierigen Themen anzuschauen und mit unserem gemeinsamen Einsatz das Gute und die Versöhnung zu suchen.«*

Dreieinhalbtausend Delegierte, Berater und Beraterinnen, jugendliche Helfer (Stewards), Journalisten und viele Gäste von allen Enden der Erde versammelten sich in einem gelb-weiß gestreiften Zelt auf dem Campus der Universität von Britisch Columbia zum Eröffnungsgottesdienst. Da saß es erwartungsfroh, das wandernde Gottesvolk, diese Unterwegs-Menschen der Ökumene. Sie brauchen keine Kathedralen und Schutzmauern. Doch sie tragen die Spannungen der globalen Lage in diese Begegnung hinein. Ich komme spät in das vollbesetzte Zelt, sitze weit hinten, vor mir einer der engagierten württembergischen Dekane, der als Besucher dabei ist.

Warum bin ich in diesem Augenblick so glücklich? Mit jeder Frau, jedem Mann, jedem Kind, die in das Zelt kommen, verkörpert sich eine Hoffnung. Miteinander stehen wir vor Gott als Menschheitsfamilie. Wir singen, beten, bringen unsere Menschheitsfarben, Ängste und Anliegen mit in dieses Zelt, die konkrete Hoffnung der Christenmenschen auf einen »*neuen Himmel und eine neue Erde nach Gottes Verheißung, in denen Gerechtigkeit wohnt*«. (2 Petr 3,13) Wir sind das Abbild der *einen* Menschheitsfamilie, die im Frieden mit Gott und den Mitmenschen auf diesem Planeten leben will, ohne nukleare Vernichtung, ohne Hunger.

Aber wir können uns nichts vormachen: Wir waren und sind es auch, die miteinander Kriege geführt haben und führen – über uns hängt drohend die nukleare Vernichtung. Unsere Vorfahren haben andere zu Sklaven gemacht, haben anderen das Land gestohlen und stehlen es noch in modernen Formen des Neo-Kolonialismus; die Armen leben im Elend. Rassismus und Sexismus wuchern kräftig in uns fort; die Stimme von Minderheiten, auch der Nicht-Minderheit der Frauen wird noch immer zum Schweigen gebracht – durch Kultur und religiösen Dogmatismus. Die Bürde der Geschichte und die Bedrohungen der Gegenwart sind uns allzu bewusst in dieser Stunde.

Ungeachtet all dessen sind wir hier beisammen: die in der Geschichte ungleich Gemachten, von Gott aber gleich Gemachten.

»*Da standen sie nebeneinander, der bedächtige grauhaarige Professor aus der Tschechoslowakei, die anmutige Inderin in ihrem seidenen Sari, der Schwabe im Strickjäckchen, die emanzipierte Chemiestudentin aus Finnland, der bärtige orthodoxe Priester im feierlichen schwarzen Gewand neben dem vergnügt hemdsärmeligen Journalisten aus Australien … Sie brachten demütige Verantwortungsbereitschaft, aufrechtes Gottvertrauen und zuversichtlichen Zorn mit*«,' schreibt Marie, die Freundin, die auch hier ist.

Unbeirrt, enttäuschungsfest und entschlossen sind diese Menschen. Oder vielleicht doch eher zagend, halbherzig, mutlos? Unterwegs-Menschen, Grenzüberschreiterinnen, Bürger der einen Welt. Das Wort Globalisierung gab es noch nicht. Die Worte »Einheit«, »Erneuerung«, »Gerechtigkeit«, »Frieden«, »Gemeinschaft« sind Banner, die wir tragen, innerlich.

Der Anblick war ergreifend. In 30 Sprachen werden wir in den nächsten zwei Wochen beten und singen, die Kinder und Jugendlichen, die »Small Islanders« von den Pazifikinseln, die orthodoxen Nonnen, die engagierten Friedensarbeiterinnen und Friedensarbeiter, die Armen, die Theologen aller Herkünfte sowieso, sie alle dürfen sprechen. Über 900 Menschen werden aktiv in die Gottesdienste einbezogen werden. Verschiedene Konfessionen lassen einander zu Wort kommen. Es gibt den Wunsch, wenigstens hier einander *nicht zu beherrschen* durch theologische und politische Positionen oder auch Größe und Geld. Nicht nur »brüderlich«, sondern auch »schwesterlich«, besser noch »geschwisterlich« wollen wir miteinander umgehen.

Die Weltöffentlichkeit blickt mit größter Aufmerksamkeit auf diese Konferenz. Wo stehen die Christen in der Weltsituation? Was tun sie für die unaufgebbaren Ziele der Menschheit, für Gerechtigkeit, Frieden und Versöhnung? Die Schöpfungsbewahrung, die »integrity of creation«[9] wird hörbar artikuliert werden auf dieser Vollversammlung. Es bedrückt mich, dass es einen Konflikt gibt zwischen den westlichen Friedensaktivistinnen und -aktivisten, die darauf brennen, der nuklearen Hochrüstung höchste Priorität zu geben – ich gehöre auch dazu – und den Leuten des Südens, die erst einmal vom Hunger und der Ungerechtigkeit in der Welt reden wollen. Wird es zu unfruchtbaren oder mutigen Konfrontationen kommen? Für alle diese Themen gilt: der Dialog ist die Alternative zum Schießen, die einzige.

Wir brauchen Gottes Hilfe angesichts der brennenden Fragen der Zeit. Das wissen wir in diesem Zelt. Nach menschlichem Ermessen wird uns das nicht gelingen. Aber wir sind bereit, uns Herz und Verstand öffnen zu lassen, um der »Einheit der Kirchen« und der »Erneuerung der Menschheit« dienen zu können.

---

9. Ganzheit der Schöpfung. Es war schon 1975 bei der Fünften Vollversammlung in Nairobi von der »Just, participatory and sustainable society« die Rede. Besonders eine Rede von Propst Heino Falcke aus Erfurt hat das in Erinnerung gebracht.

Der Gottesdienst beginnt. Die Gemeinde erhebt sich, der Chor aus kanadischen Jugendlichen und Konferenzteilnehmenden, angeleitet von Musik-Menschen aus vier Kontinenten, beginnt, während die Trommeln aus Zimbabwe uns in Schwung bringen:

Nun jauchzt dem Herren alle Welt,
kommt her zu seinem Dienst Euch stellt.
Kommt mit Frohlocken, säumet nicht,
kommt vor sein heilig' Angesicht.

Jede Mitgliedskirche hängt eine kleine Namensfahne in Regenbogenfarbe an die Zeltwand. Der Generalsekretär sagt: *»Wir sind zusammengekommen ... mehr als dreihundert Kirchen aus über hundert Ländern. Allein unsere Anwesenheit ist ein Zeichen der Einheit, die Gott für alle Menschen will ... Sind wir auch viele, so sind wir doch Glieder des einen Leibes, miteinander verbunden durch Christus, durch den wir Leben – das Leben in seiner ganze Fülle – haben.«*

Das Logo der ökumenischen Bewegung ist das Schiff, hier über dem noch leeren Altar zu sehen. Es hat die Form eines indianischen Kanus. Von den Orthodoxen und von der katholischen Kirche haben wir gelernt, den Altar als Teil des Gottesdienstes zu bereiten. In einer Prozession bringen Leute Symbole des Lebens nach vorne und legen sie mit einem Satz in ihrer Muttersprache auf den Altar: das Altartuch, die Blumen, das Brot, Früchte, das Licht – die »First Nations People«, Vertreter der indianischen Urvölker Kanadas, hatten im Morgengrauen auf dem Campus ein traditionelles Feuer angezündet und von dort das Licht für den Altar gebracht. Die Bibel.

Da kommt eine afrikanische Mutter mit ihrem Baby, das sie auf dem Rücken trägt, in der Prozession nach vorne. Sie gibt das Kind, über den Altar hinweg, dem Generalsekretär. Der nimmt es auf den Arm, schaukelt es ein wenig, hebt es hoch, sodass wir es alle sehen können – und gibt es dann seiner Mutter zurück.

Ergriffenes Schweigen. Dann ein Murmeln, Kamerablitzen und Naseputzen. Es wird allen deutlich: Es geht um die Zukunft der Menschheit, verkörpert durch ein kleines schwarzes Mädchen aus Zimbabwe. Dort sind schwarze Menschen noch immer ohne Rechte. In einigen orthodoxen Mitgliedskirchen werden die Knaben bei der Taufe über den Altar gehalten, nicht aber die Mädchen – wegen der künftigen menstruellen Unreinheit der Frau, sagten mir orthodoxe Frauen hinter vorgehaltener Hand. Diese Symbolik bewegt mich besonders. Hier sehen es alle mit eigenen Augen. Es ist möglich!

Das schwierige theologische Thema, das Blut als Sitz des Lebens, hat dann Pauline Webb, eine methodistische Laienpredigerin, Journalistin der BBC, mutig und klar gleich danach in der Predigt angesprochen, als sie sagte: »*Jesus Christus – das Leben der Welt. Das Thema ist mit Blut geschrieben ... ›Die Stimme des Blutes deines Bruders schreit zu mir vom Acker‹ sagt Gott zu Kain (der seinen Bruder Abel erschlagen hat). Und das gleiche kann in unserer Welt heute gesagt werden ... Wir haben gesehen, ... wie dieses Blut in den Straßen von Soweto und in den Lagern von Beirut, in den Bergen Nordwestasiens und in den Wassern des Südpazifik, in den Bombenexplosionen in Nordirland und in dem noch andauernden Gemetzel in Mittelamerika vergossen wird. In aller Welt scheinen die Menschen sich den Blut vergießenden Fanatismen unserer Zeit hinzugeben, als ob Menschenleben wie Spielgeld in den Spielen der Machtpolitik verschleudert werden könnte. Und der himmelschreiende Wahnsinn ist der Militarismus, der es heute sogar denkmöglich gemacht hat, dass die Drohung des sinnlosen Mordens von Millionen Kindern Gottes und die Zerstörung weiter Teile seiner Schöpfung durch die nukleare Hochrüstung möglich wird. ... Der Lackmustest unserer Liebe zu Gott ist unsere Liebe zu unseren Mitmenschen. ... Gott hat uns gezeigt, was sein göttlicher Wille für diese Welt ist; in Jesus ist uns die menschliche Initiative gegeben worden; durch den Geist empfangen wir die Fähigkeit, Gottes Werk zu erkennen und zu tun.*«

Sie spricht von den Märtyrern, die erst kürzlich ihr Leben verloren haben: Bischof Romero aus El Salvador, Bischof Samuel aus Ägypten und Bischof Luwum aus Uganda. Zum Tabu-Thema, der Unreinheit der Frauen durch Menstruation und Geburt, sagt sie klare Worte: »*Das Vergießen von Blut bedeutet nicht nur Zerstörung und Tod, es kann auch ein Symbol für Schöpfung und Leben sein. Für eine Frau ist es ein Zeichen dafür, dass ihr Körper in der Lage ist zu gebären, wenn neues Leben in ihr entsteht ... Wir nehmen an den Geburtswehen und dem Schweiß teil, durch den das neue Zeitalter des Gottessohnes zur Welt gebracht wird.*«
Am liebsten hätte ich Pauline umarmt für ihren Mut. Und das Baby dazu. Das afrikanische Sprichwort hat sich als wahr erwiesen: »I am, because I participate« – »Ich bin, weil ich teilnehme«. Frauen und Kinder waren im Eröffnungsgottesdienst *sichtbar* geworden, Pauline als Predigerin, weil wir dies mit der Quote, »ein Drittel aller Redenden sollen Frauen sein«, erkämpft hatten. Das Baby war da, weil die Women's Task Force in Genf durchgesetzt hatte, Kinder bei dem Thema »Leben« einzubeziehen.

Dass Kinder überhaupt da sind, hatten wir der Hilfe der kanadischen Frauen zu verdanken, die eine Kinderbetreuung eingerichtet hatten. Ohne dies wäre es jungen Frauen kaum möglich gewesen, an der Vollversammlung teilzunehmen. Eine davon war die Jugenddelegierte Margot Käßmann, die später in der Kategorie »*junge, ordinierte Frau*« mit den Stimmen der Jugend und vieler Frauen in den Zentralausschuss gewählt wurde. Sie hatte ihr Baby und ihren Mann mitgebracht. Die Kleinkinder haben der Vollversammlung ein bewegendes menschliches Gesicht gegeben. Sie wurden von den orthodoxen Bartträgern gerne gestreichelt und mit Spielzeug beschenkt. Einer der Redner sagte im Plenum: »Kein Mensch kann für einen anderen trinken«. Sithembiso, die gerade ihr Kind stillte, murmelte: »Ich weiß nicht, wovon der redet.« Frauenblick – Männerblick.
Am Ende des Gottesdienstes verpflichtete der Generalsekretär die Teilnehmenden:

»*Im Namen Christi ... wollen wir uns der Arbeit verpflichten, zu der uns Gott auf dieser Vollversammlung gerufen hat.*« Alle antworteten: »*Auferstandener Herr, in der Kraft deines Geistes verpflichten wir uns, einander zu vertrauen in dieser Gemeinschaft, in der wir dir dienen;*
– mit der Zeit und mit den Talenten, die du uns gegeben hast, gut hauszuhalten;
– dich innerhalb und außerhalb unseres Bekenntnisses und unserer Kulturen zu suchen;
– dir zu folgen, wohin du uns führst;
– für die anderen zu leben, damit wir uns dir erneut übereignen und dir mit unserem ganzen Leben dienen können.«
Dann gaben wir einander ein Zeichen des Friedens und die Gemeinde sang das Lied, das unseren Zusammenhalt besiegelte:

> *In Christus ist nicht Ost noch West,*
> *nicht Süden oder Nord,*
> *nur Volk, das Gottes Liebe eint,*
> *ihn preist an jedem Ort.*

Der württembergische Bruder, der vor mir saß, weinte herzzerreißend. Er hatte zuhause schon viele herbe Schläge für seinen Einsatz für den Ökumenischen Rat der Kirchen eingesteckt.

◆ ◆ ◆

Zwei Ziele wollte ich in Vancouver erreichen: Die engagierte Teilnahme von Frauen in der Vollversammlung sollte dazu beitragen, die Frauen in den Mitgliedskirchen und in den Strukturen des ÖRK selbst zur Mitarbeit zu ermutigen und zu befähigen. Und ich wollte helfen, in der Friedensfrage eine klare Absage an die Ideologie der Abschreckung durchzusetzen. Dabei hoffte ich, den Gedanken unilateraler, also einseitiger Abrüstungsschritte als vertrauensbildende Maßnahme plausibel machen zu helfen. Das war ein sehr kontroverser Punkt, auch unter den Stabsmitgliedern des ÖRK.

Meinen Kollegen war ich während der Vorbereitung in Genf vermutlich oft auf die Nerven gegangen. Wenn auf ihren Namenslisten keine Frauen standen, kam mir die Quote zu Hilfe. Dann legte die Women's Task Force eigene Namen vor. So kamen viele interessante, von uns vorgeschlagene Frauen zur Vollversammlung. Darunter auch Domitila de Chungara, eine einfache Minenarbeiterfrau aus Bolivien. Ich hatte ihre Biographie »Wenn man mir erlaubt zu sprechen« gelesen. Sie war eine Führungsperson in der bolivianischen Arbeiterbewegung und hatte mit anderen Frauen an einem Weihnachtsfest einen Hungerstreik organisiert. Durch diesen Hungerstreik war eine große Solidaritätsbewegung ausgelöst worden und hatte zur Durchsetzung von mehr Rechten in den bolivianischen Minen geführt. Es war nicht leicht, sie in Bolivien zu finden. Als es schließlich gelungen war, hielt sie auf der Vollversammlung zum Unterthema »Leben und Tod: Konfrontation und Überwindung« eine bewegende Rede über ihren Hungerstreik und die Situation der Bergarbeiter in Bolivien. Sie lief in Vancouver in jenen armseligen Gummischlappen herum, die man bei armen Leuten oft sieht. Wenn wir uns trafen, strahlte sie mich an, obwohl ich wegen meiner fehlenden Spanischkenntnisse kaum mit ihr sprechen konnte. Auf einem Bild umarmen sich die kleine Domitila und der große Generalsekretär, eines meiner Lieblingsfotos.

Als die Vollversammlung sich entfaltete, spielten die Frauen eine immer größere Rolle. Die Presse schrieb: »*Die Kraft und Gegenwart der Frauen und ihre Aussagen zum Frieden werden in der Vollversammlung spürbar. Frag' irgendeine Teilnehmende, wer die beliebtesten Redner sind und Namen wie Helen Caldicott, Dorothee Sölle und Pauline Webb werden wieder und wieder genannt. ... Die Gestaltungskraft, die Frauen in der Vollversammlung zeigten, war eine Pioniererfahrung für viele Männer. Wir hoffen, dass fortschrittliche Männer sich an diese Erfahrung erinnern, wenn sie zurückgehen in ihre eigenen Kirchen.*«

Die rumänisch-orthodoxe Äbtissin, Mutter Euphrasia, sprach über »Das monastische Leben in seiner Fülle«. Die australische

*Postkarte von der Vollversammlung 1983 in Vancouver, von links: Pauline Webb,
die indianische Großmutter aus Kanada, Dorothee Sölle, Mutter Euphrasia aus
Rumänien, indische Tänzerin, unten: die Fahne der Frauenvorkonferenz*

Friedensaktivistin Helen Caldicott fand – allerdings nicht im offiziellen Programm – die schärfsten Worte gegen die nukleare Aufrüstung. Darlene Keju sprach von den Atombombentests auf den Marshall Islands und den drei Tumoren, die sie als junge Frau in sich trug.

Der Streit über die Rangfolge des Friedens- bzw. Gerechtigkeitsthemas, der uns im ÖRK so viele Sorgen gemacht hatte, wurde im Lauf der Vollversammlung entschieden. Der Pfarrer der Reformierten Kirche Südafrikas, Allan Boesak, sagt dazu:

»Friede ist nicht einfach die Abwesenheit von Krieg, es ist der Wunsch nach dem umfassenden Wohlergehen beider, des Individuums und der Gemeinschaft. In diesem Sinne ist Friede nicht so sehr das Gegenteil zum Krieg, er besteht aus dem Wohlergehen in der Gemeinschaft und umfasst alle Gebiete des Lebens ... Wenn es also Not und Hunger gibt, dann ist da kein Friede. Und wo sich menschliche Bedürfnisse nicht erfüllen können, ist kein Friede. Und wo menschliche Befreiung nicht Teil des Lebens wird, gibt es

keinen Frieden. Wenn die Beziehungen zwischen Menschen dar-niederliegen, dann gibt es keinen Frieden. Gerechtigkeit und Frie-den sind zwei Realitäten, die untrennbar sind.« Eines Morgens erzählte mir die amerikanische Freundin Janice Love, die noch junge, kompetenteste und politisch erfahrenste Frau in der Vollversammlung, beim Zähneputzen, man habe endlich eine Formel gefunden, um den Konflikt zu lösen. Die Formel hieß: »Frieden, Gerechtigkeit und Bewahrung der Schöpfung«. Die Morgen- und Abendwäsche wurde zum wichtigen »Women's Caucus« für die Kommunikation darüber, was in den Ausschüssen – in denen fast überall ein Drittel Frauen saßen – gearbeitet wurde. Dazu hatte ich einige wichtige Frauen in einem gemeinsamen Wohnquartier um mich versammelt.

◆ ◆ ◆

Der für mich aufregendste Moment dieser Vollversammlung aber kam erst noch: Der Auftritt von Dorothee Sölle mit ihrer Rede über das »Leben in seiner Fülle«. Die Vorgeschichte ihrer Einladung war schon ein Abenteuer gewesen.

Während eines Teambesuchs 1982 im Vorfeld der Vollversammlung fuhr ich als Stabsmitglied mit dem Team aus zwanzig Leuten aus verschiedenen Kirchen in einem eiskalten Bus vom russisch-orthodoxen Kloster Sagorsk nach Moskau. Wir besuchten die Kirchen der Sowjetunion. Wir kauerten uns frierend zusammen, ich mit der Moderatorin – das ist die höchste Leitungsposition in der United Church of Canada, Dr. Lois Wilson. Sie war die Vorsitzende des kanadischen Planungsausschusses. Wir sprachen über die Vollversammlung und ich fragte sie, was sie von Dorothee Sölle als einer Rednerin der Vollversammlung hielte. Lois Wilson kannte Dorothee aus ihren Büchern und war gleich begeistert. Sie wollte es in ihrem Ausschuss besprechen. Bald danach kam ein Brief nach Genf, in dem sie Dorothee als Rednerin vorschlug. Auf allen Ebenen der Planung bis hin zu dem Augenblick ihres Vortrags in Vancouver gab es Streit über diese Berufung. Die

EKD empfand dies als Affront. Dorothee wurde als eine »Gott-ist-tot«-Theologin beschrieben. Andere wiederum sprachen mit bewegenden Worten darüber, was Dorothee Sölle als moderne Theologin, als Poetin und ehrliche Wahrheitssucherin für sie bedeutet habe. Selbst der Generalsekretär bekannte, dass seine Frau Doreen auf ihrem Sterbebett Gedichte von Dorothee gelesen habe.

Die Spannung vor ihrem Auftritt war groß. Ich kannte den Text ihrer Rede schon. Ich saß auf dem erhöhten Rang der Plenumshalle ganz oben, ganz hinten und machte mich klein. Ich hatte Angst vor der eigenen Courage bekommen. Selbst die Bitte des Generalsekretärs an Dorothee, den Text ein wenig zu entschärfen, hatte sie entrüstet zurückgewiesen. So nahm die Sache ihren Lauf, als sie sprach:

»Ich spreche zu Ihnen als eine Frau, die aus einem der reichsten Länder der Erde kommt; einem Land mit einer blutigen, nach Gas stinkenden Geschichte, die einige von uns Deutschen noch nicht vergessen konnten ... einem Land, das heute die größte Dichte von Atomwaffen bereit hält ... Ich spreche zu Ihnen aus Zorn, in Kritik und Trauer.«

Über die Entstehung der Friedensbewegung sagte sie: *»Ich muss ehrlich sagen, ich hätte nicht gedacht, dass aus traditionellen Kirchen, die ich oft als ein Grab Christi empfunden habe, so viel Befreiung und Leben hervorgehen kann.«* Sie sprach über den Reichen Jüngling und über Armut und Reichtum. *»Christus ist gekommen, damit sie »Leben in Fülle haben«, aber die absolute Verarmung, die innerhalb einer technologisch entwickelten Welt ein Verbrechen ist, zerstört Menschen ...*

Viele Menschen in der Mittelklasse sind heute auf der Suche nach einer neuen Spiritualität. Sie wollen zu dem, was sie schon haben ... noch etwas mehr haben. Die religiöse Erfüllung, der Sinn des Lebens, die Speise der Seele ... eine Art religiöser Mehrwert. Sie suchen die geistliche Fülle des Lebens zusätzlich zur materiellen, den Segen von oben zusätzlich zum Reichtum ... Liebe Schwestern und Brüder in der 2. und 3. Welt, ich bitte euch, folgt uns nicht. Lasst

euch nicht auf unsere westliche Vorstellung von »Fülle des Lebens«
ein. Sie ist eine Lüge. Sie trennt uns von Gott.«
Die Kontroverse, die um diese Rede in Deutschland entstand, war gewaltig. Bei den meisten nichtdeutschen Konferenzteilnehmenden fand ihre Rede großen Beifall. Es wurde lange geklatscht. Die deutschen Delegierten waren äußerst betreten und wütend. Es war ja eine Deutsche, die so geredet hatte. Sie war kritisch mit der deutschen Geschichte umgegangen, theologisch hatte sie die Frage des Reichtums und der spirituellen Suche herausfordernd beschrieben. Ihre Sätze zur atomaren Bedrohung waren unmissverständlich und klar. Obwohl sie so schmal und zerbrechlich vor die Vollversammlung getreten war, hatte sie mit einer ungewöhnlichen Kraft gesprochen. In der deutschen Delegation und in der deutschen Presse schäumte es ...

Nach ihrer Rede war ich begeistert und erbittert zugleich, denn ein wenig leichter hätte sie es uns im ÖRK schon machen können, es hätte ihrer Rede keinen Abbruch getan. Der Preis, den der ÖRK für diese Einladung zu bezahlen hatte, war hoch. Heute liest sich Dorothees Rede mit anderen Augen, nämlich als eine prophetische Rede im globalen Kontext. Wir feierten ihren Auftritt. Ich aber hatte verstanden, dass die Wahrheit ein schneidendes Schwert sein kann.

Später habe ich Dorothee und Helen Caldicott zu einem Friedens-Frauen-Mittagessen während der Vollversammlung geladen. Es fand riesigen Zulauf. Dorothee las Gedichte und plädierte für einseitige Abrüstungsschritte des Westens. Die geistliche Autorität dieser Prophetin war unbestreitbar.

Die Vollversammlung beschloss später, einen »Konziliaren Prozess gegenseitiger Verpflichtung (Bund) für Frieden, Gerechtigkeit und Bewahrung der ganzen Schöpfung« einzuleiten – das war der große Durchbruch. Die Idee war von Delegierten der DDR, von Propst Heino Falcke, und von Ulrich Duchrow als Berater in Erinnerung an Bonhoeffers Vorschlag eines »Konzils des Friedens« vorgebracht worden. Die Gerechtigkeit wurde später – sachlogisch und biblisch richtig – *vor* den Frieden gestellt.

In den Abschlussdokumenten zur atomaren Rüstung hieß es dann:

»... *ein Atomkrieg ist unter keinen Umständen, in keiner Region und durch kein Gesellschaftssystem zu rechtfertigen oder als gerecht zu erklären ...*

... die Herstellung und Stationierung von Kernwaffen ebenso wie deren Einsatz sind ein Verbrechen gegen die Menschheit ...

... alle Schritte, die zur sowohl nuklearen als auch konventionellen Abrüstung führen, sollten sich gegenseitig ergänzend und verstärkend befürwortet werden, multilaterale Konferenzen, auf denen es zu wirksamen Beschlüssen kommt, bilaterale Verhandlungen, die mit Mut und Entschlossenheit geführt werden, sowie unilaterale Schritte, die zur Entspannung zwischen Staaten und Völkern beitragen und gegenseitiges Vertrauen schaffen.«

Der Unilateralismus hatte seinen Weg in diesen Beschluss gefunden, aber ökumenisch »verpackt«.

◆ ◆ ◆

Es gab noch ein drittes Projekt der Women's Task Force: Zusammen mit den kanadischen Frauen und hauptsächlich für sie wurde auf dem Campus der Universität für die Zeit der Vollversammlung ein *Frauen-Begegnungszentrum* »The Well« eingerichtet. Dort konnten Kanadierinnen zwei Wochen lang Frauen der weltweiten Ökumene begegnen. »The Well« war das wunderschöne Studentenzentrum der lutherischen Kirche. Dort ging es wie in einem Bienenhaus zu. Gastfreundschaft, lebhafte Diskussionen und Begegnungen mit wichtigen Frauen anderer Kontinente waren dort möglich. Die kanadischen Frauen haben diese Chance voll ausgeschöpft. Ich habe dieses Projekt unter dem Policy Punkt eingeordnet: »Frauen lernen von Frauen« und »Global Sisterhood«. Und ich habe auch selbst dort über »Frauen in Leitungspositionen« gesprochen. Hunderte von Frauen haben täglich »The Well« besucht. Dieser Begegnungsort hatte eine große Ausstrahlung in die kanadischen Kirchen hinein. Vermutlich war es auch diesem

Projekt zu verdanken, dass ich 1990 von der Prebyterianischen Kirche in Kanada den E.H. Johnson Preis »The cutting Edge« verliehen bekam als »*Theologin, Ökumenikerin, Feministin und Sprecherin gegen Ungerechtigkeit. Damit erfüllt sie eine Mission an einer wesentlichen Schnittstelle (Cutting edge) der Gesellschaft.*«

Mitten in all den Anstrengungen und Aufregungen drehte sich immer gleichzeitig auch das Karussell des Nominierungsprozesses für den Zentralausschuss. Das ist ein besonders schwieriger Balanceakt, denn im ÖRK ist die Frage der Repräsentation möglichst vieler Minderheiten und Mehrheiten die politisch wichtigste Frage. Deshalb geht es hier nie ohne Groll und Streit ab.

Mitten in all diesen Ereignissen kehrten wir morgens, mittags und abends in das weiß-gelbe Zelt ein, beteten, sangen, schwiegen und ruhten uns für einige Augenblicke aus. In der Konferenz-Zeitung stand: »Es war eine betende Vollversammlung.« Ja, schon, aber doch nach dem Motto des ökumenischen Liederdichters Fred Kaan: »Worship and work must be one« – »Gottesdienst und Handeln gehören zusammen.«

Am Ende der Vollversammlung gab es ein kleines Abschiedstreffen der Frauen, bei dem mir eine rumänische Nonne mit Augenzwinkern sagte: »Vielleicht komme ich zur nächsten Vollversammlung schon als Bischof.« Die russisch-orthodoxe Jugenddelegierte Olga P., so wurde mir berichtet, sei als erste Frau in Russland zum Theologiestudium zugelassen worden, allerdings »nur« als Chorleiterin.

◆ ◆ ◆

Zwei Bildworte gingen von dieser Vollversammlung wirkmächtig aus in die weltweite Ökumene: Das Bild vom »*Bundesschluss für Gerechtigkeit, Frieden und Bewahrung der Schöpfung*«. Und das Bild vom »*Haus der Lebendigen Steine*«. Der Generalsekretär hatte dieses Bild aus dem 1. Petrusbrief (1 Petr 2,4-5) in seinem Bericht über die Arbeit des ÖRK entfaltet und damit allen Teilnehmenden ein Bild von Kirche nahegebracht, das nicht statisch, nicht hierarchisch, sondern herrschaftskritisch und partizipatorisch war. Nicht allen mag es gefallen haben, wurde aber in vielen Kirchen später aufgegriffen. Er sagte:

»*›Lebendige Steine werden‹ bedeutet aber, dass die Gläubigen und die Gemeinden der Gläubigen nicht voneinander isoliert, allein, versteinert, tot bleiben. Vielmehr werden sie lebendig gemacht und zu einem Haus zusammengebaut (oikos), das vom Geist belebt wird. Christus ist der Eckstein, und der Geist ermöglicht es, dass diejenigen, die zu Christus kommen, in dieses Haus hineingebaut werden (oikodomein) ...*

Es gehört zu den Eigentümlichkeiten unserer Kirchen, dass die ... Überzeugung, wir seien eine heilige geweihte Priesterschaft ... zu einer Art individualistischer pietistischer Religion degeneriert ist .... Statt (heilige Priester zu sein) sind wir der Weise irdischer Herrscher gefolgt und haben in den Kirchen Machtstrukturen geschaffen, die wie geologische Schichten versteinert sind ... Seither haben wir (erg. in der ökumenischen Bewegung) das Ziel der Einheit an jedem Ort, an allen Orten und zu jeder Zeit in der einen eucharistischen Gemeinschaft, die sich im Gottesdienst und im gemeinsamen Leben darstellt, zum Ausdruck gebracht, auf dass die Welt glaube.«

Wie kein anderes Bibelwort hat mich diese Konsequenz »*... auf dass die Welt glaube*« motiviert, für die Erneuerung der Kirchen zu kämpfen. Der Ökumenische Rat war und ist dazu ein privilegiertes, einzigartiges Instrument. Dieses missionarische Motiv hat mich auch ermutigt, später eine kirchenleitende Position in einer deutschen Landeskirche zu übernehmen und dort das »Haus der lebendigen Steine« noch einmal gründlich auszubauen.

Als die Wahlen in der Vollversammlung anstanden, war dies ein Tag der Wahrheit. Drei Frauen (von sieben) wurden zu Präsidentinnen des ÖRK gewählt, Nita Barrow aus Barbados, die ›Grande Dame‹ der Karibik, später höchste Repräsentantin ihres Staates in den Vereinten Nationen und Governor General in Barbados, Lois Wilson, die quirlige Querdenkerin aus Kanada, später Senatorin der Kanadischen Regierung, und Marga Bührig aus der Schweiz, ehemalige Akademiedirektorin der Akademie in Boldern/Schweiz, bekennende Feministische Theologin, die dann eine wichtige Rolle im »Konziliaren Prozess« spielte. Starke Frauen, jede ein ökumenisches Unikat. Sie spielten auch eine aktive Rolle in der Frauenfrage. Ich freute mich riesig, dass wir Frauen von *diesen* Frauen repräsentiert wurden. Außerdem waren sie in den nächsten sieben Jahren im wichtigen Exekutiv- und Zentralausschuss des ÖRK vertreten und konnten bei wichtigen Beschlüssen helfen. Der Anteil von Frauen im neuen Zentralausschuss lag bei 26 %. Viele Frauen waren über diese Zahl enttäuscht. Ich war es nicht. Die Kirchen, die diese Nominierungen beschlossen, waren eben nicht zu mehr bereit gewesen. Dazu hätten sie *auch zuhause* den Frauen mehr Macht geben müssen. Für mich war ein hohes Ziel erreicht.

In den Programmrichtlinien stand der mir wichtige Policy-Satz: *»Die Anliegen und Perspektiven von Frauen sollten zum Bestandteil der Arbeit aller ÖRK-Einheiten und Untereinheiten werden.«* Raus also aus der Frauenecke. Doch unter Beibehaltung der Frauenecke, die es ermöglicht, dass Frauen weiterhin eine Interessengruppe, einen »Caucus« bilden. Und anfangen, ihre eigene Geschichte zu schreiben.

Die Women's Task Force im ÖRK feierte später in Genf mit einer großen Erzählrunde ihre Erfahrungen in der Vollversammlung. Mit meinen Mitarbeiterinnen Gisela Gregoriades und Priscilla Padolina, Eva von Herzberg aus dem Lutherischen Weltbund, meiner koptisch-orthodoxen Vorgesetzten, Marie Assaad aus Ägypten, waren wir ein festes und besseres Team geworden. Die Kollegen Rob van Drimmelen, Uffe Gjerding und Theo Buss und andere hatten uns wesentlich geholfen. Ohne die Women's Task Force wären wir in der Frauenecke sitzen geblieben. So ließen wir, Frauen und Männer im ÖRK, einander hochleben und freuten uns über diese frauenstarke Vollversammlung, von der auch noch viele andere Menschen beglückt heimkehrten. Die Stimme der Frauen, die kreative Gestaltung, der lebendige Gottesdienst, die Beschlüsse zu Gerechtigkeit, Frieden und zur Bewahrung der

Schöpfung haben ihr einen herausragenden Platz in der Reihe der Vollversammlungen des ÖRK gegeben.

Dennoch gab es ganz am Ende, eigentlich schon *nach* dem Ende dieser strahlenden und starken Vollversammlung die Krise, die in jeder Konferenz irgendwann fällig ist. Es geschah bei der ersten Sitzung des neu gewählten Zentralausschusses, die gleich im Anschluss an die Vollversammlung stattfand. Wir Stabsmitglieder mussten bei »geschlossenen Sitzungen« zu Personalentscheidungen draußen bleiben. Was man weiß: Der neue Zentralausschuss sollte seine eigene Leitung wählen. Ein Nominierungsausschuss hatte noch während der Vollversammlung unter großen Mühen einen Vorschlag erarbeitet. Den Wortführern der US-amerikanischen und der russischen Delegierten gelang es, durch verwirrende Verfahrensprozeduren den Namensvorschlag des Nominierungsausschusses für den Vorsitz in Frage zu stellen. Dieser Vorschlag war mit dem Generalsekretär gewissenhaft abgestimmt worden. Unter Nichtbeachtung der Verfahrensregeln, nämlich den Nominierungsausschuss wieder einzuberufen, um einen abgestimmten Vorschlag vorzulegen, wurden sozusagen aus dem Stand neue Nominierungen getätigt. Viele der neuen Mitglieder des Zentralausschusses haben das alles wohl nicht durchschaut. Unter den neu Nominierten war der Vertreter der EKD, Dr. Heinz Joachim Held, der seiner Nominierung auch sogleich zustimmte. In seltener Einmütigkeit zwischen Russen und Amerikanern wurde er – mit den Stimmen vieler neuer Mitglieder – zum Vorsitzenden des Zentralausschusses gewählt. Das einzige anwesende Stabsmitglied, Konrad Raiser, erinnert sich: »*Nicht nur bei mir blieb der Eindruck, dass diese Wahl das Ergebnis von vorherigen Absprachen zwischen Vertretern aus den USA, aus Russland und Westeuropa war, die sich wenigstens implizit gegen den Generalsekretär ... richteten. So interpretierte jedenfalls auch Philip Potter das Verfahren und sein Ergebnis.*« Nach der Wahl kündigte der Generalsekretär an, dass er seine bis 1985 vereinbarte Dienstzeit nicht zu Ende bringen wolle, sondern zum 31. Dezember 1984 seinen Dienst als Generalsekretär beenden werde, »*da er sich in seiner Leitung des ÖRK nicht mehr vom Vertrauen insbesondere der großen und einflussreichen Mitgliedskirchen des Rates getragen sah.*« Aus Selbstachtung zog er diese Konsequenzen. Er sagte dazu ironisch: »Maybe we sang too many Hallelujas during the Assembly« – »Vielleicht haben wir in der Vollversammlung zu viele Hallelujas gesungen.« Das alles warf trübe Schatten zurück auf die Vollversammlung. Waren über ihrem erfolgreichen Verlauf wichtige Entwicklungen übersehen worden? Gab es plötzlich eine unerwartete Kooperation zwischen Russen und Amerikanern? Waren die Kontroversen über Gerechtigkeit und Frieden doch nicht so zufriedenstellend gelöst worden? Ging es den Kirchen zu weit, einen Laien, den vorgeschlagenen Pädagogen aus Schottland, als Moderator des Zentralausschusses zu wählen? Waren die mächtigen Mitgliedskirchen dabei, den Kurs des ÖRK durch Nominierungspolitik zu verändern?

Im Anschluss an diese Sitzung schrieb ich Philip ein kleines Gedicht:

Was an dir Berg war,
konnten sie nicht abtragen

Und dein Tal
vermochten sie nicht zuzuschütten

Über dich führt
kein bequemer Weg.

nach Bert Brecht

❖ ❖ ❖

Nun war das große Fest vorbei. Die kanadischen Freunde Daphne und Terry Anderson von der Vancouver School of Theology, bei denen ich in der Zeit der Planung viele Male zu Gast gewesen war, hatten mich eingeladen, mit ihnen zusammen in den Rocky Mountains am Lake Windermere Ferien zu machen. Was wäre nach diesen erfüllten und hektischen Tagen besser gewesen als dies? Wir packten das Auto und fuhren in die Berge. Sie zeigten mir unterwegs die Fischleitern an den reißenden Flüssen der Rocky Mountains: Über diese Leitern können die Lachsweibchen schwimmen, wenn sie sich *gegen den Strom* in die ruhigen Quellgebiete der Flüsse zum Laichen hocharbeiten. Dazu entwickeln sie einen eigenen »Zahn«, mit dem sie sich an den Felsen festhalten können gegen das Wildwasser. Es geht ja um die Zukunft der Lachse. Was für eine tolle Geschichte! Wir hatten für diese Vollversammlung als Frauen mehr als einen Zahn entwickelt, nämlich eine Women's Task Force. Das »Gegen-den-Strom-schwimmen« gehörte auch zu diesen Erfahrungen und – dass einem ab und zu jemand eine schöne, hilfreiche Leiter baut!

Daphne und Terry verwöhnten mich mit Kanufahrten inklusive jeder Menge Moskitostiche. Wir machten Feuerchen auf kleinen Inseln, grillten Lachse und streiften durch die Wälder. An einem warmen Nachmittag schwamm ich im Lake Windermere, über mir der blaue Sommerhimmel. Was wartete als Nächstes auf mich? Plötzlich wusste ich es ganz klar. Es hatte sich ja schon länger angebahnt und stand im Raum: Ich werde Philip Potter heiraten. Ich werde noch einmal eine Grenze überschreiten, noch einmal *anfangen*.

Marie, die Freundin, schrieb mir aus Ulm, nachdem ich ihr dieses streng zu hütende Geheimnis anvertraut hatte, ein Gedicht Goethes – in frauengerechter Sprache:

Alles geben die Göttinnen,
die unendlichen,
ihren Töchtern
ganz

die Freuden, die unendlichen
die Schmerzen, die unendlichen,
ganz.

Zehntes Kapitel

Brot und Rosen und Strukturen

Frauenpolitik. Dekade der Kirchen in Solidarität mit den Frauen

So viel Leben hatte sich ereignet. Wie sollte es in Genf weiter gehen? Zuerst bat ich meine Kollegen, den Vollversammlungsbeschluss in ihre Planungen einzubeziehen: *die Anliegen und Perspektiven von Frauen sollten zum Bestandteil der Arbeit aller ÖRK-Einheiten und Untereinheiten werden* – die Bedürfnisse von Frauen und Mädchen in den Flüchtlingslagern, ihre besondere Betroffenheit durch den Rassismus, ihre Erfahrungen in der Erziehung. »Ist das wirklich so beschlossen worden?«, fragten einige Kollegen verwundert und konsterniert. Ja, so stand es da. Aber es gehört zu meinen Erfahrungen, dass Papier allein nicht genügt. Es hätte einer ständigen Begleitung, eines kreativen und unbeugsamen »Monitorings« bedurft, um diesen Beschluss der Vollversammlung im ÖRK selbst vollständig umzusetzen. Aber es ging dann an einer anderen Stelle weiter. Und bald auch mit einer anderen Direktorin im Women's desk.

Die 70er und 80er Jahre waren die Zeit der weltweiten Frauenbewegung. Die Vereinten Nationen hatten nach dem »Jahr der Frau« 1975 für die Jahre von 1975 bis 1985 eine »Internationale Dekade der Frau« ausgerufen. Während dieser Dekade wurden Analysen über die Ursachen des Sexismus erarbeitet. Im Sommer 1985 sollten diese Ergebnisse bei der UNO-Abschlusskonferenz in Nairobi, Kenia, zusammengetragen werden. Für die Nicht-

Regierungs-Organisationen (NGOs), also auch für uns im ÖRK, war ein eigenes Forum vor Beginn der Regierungskonferenz geplant. Es war der weitaus interessantere Teil dieser Konferenz. Wir bereiteten uns im ÖRK mit drei Workshops zum konziliaren Dreitakt »Gerechtigkeit, Frieden, Schöpfungsbewahrung« auf Nairobi vor. Dazu hatte ich die Theologin und Bundestagsabgeordnete Antje Vollmer eingeladen, um das »grüne« Thema – die »Bewahrung der Schöpfung« – fachkundig einzubringen. Es wurde eine sehr lebhafte Begegnung und der Anfang einer schönen Frauen-Freundschaft. Antje Vollmer hat mir später eine wichtige Tür geöffnet und mir so geholfen, beruflich weiterzukommen.

Nairobi war wie ein Bienenhaus der Frauenbewegung. Die Stadt summte von Frauen aus aller Welt. So viele Frauen waren es, dass wir am Ende in einem Hotelzimmer mit zehn Frauen auf einem

Mit Antje Vollmer bei einer gemeinsamen Bibelarbeit beim Kirchentag 1995 in Hamburg

Matratzenlager übernachten mussten. Man konnte berühmte Frauen sehen, hören und anfassen: Angela Davis, die schwarze Bürgerrechtskämpferin aus den USA, Betty Friedan, die mit ihrem Buch »Der Weiblichkeitswahn« schon 1963 dem feministischen Denken zum Durchbruch verholfen hatte. Die Kenianerin Wangari Maathai hatte in Nairobi ein Modellfeld aufgebaut, an dem wir sehen konnten, wie afrikanische Frauen mit einfachsten Mitteln tausende Baumsetzlinge für die Wiederaufforstung der Wüste großzogen. »Sweet Honey in the Rock« gab mehrere Konzerte. Praktisch alle Themen der Frauen-Bewegung konnten dort diskutiert werden, von der Polygamie in Afrika bis zur Situation muslimischer Frauen, vom Mikrokredit für Bäuerinnen, von feministischen Strategien bis zur Sonnenenergie für eine Kochstelle im afrikanischen Busch.

Das für uns im ÖRK wichtigste, jedoch beschämende Ergebnis von Nairobi war die Feststellung: es sind besonders *religiöse und kulturelle Gründe*, die die Fortschritte in der Frauenfrage verhindern. Das war kein gutes Ergebnis für uns als Kirchen und für alle Religionen.

Die in Nairobi beschlossenen »Vorwärtsstrategien« musste ich in Windeseile aufarbeiten und Vorlagen für den unmittelbar anschließend tagenden Zentralausschuss des ÖRK in Buenos Aires daraus machen.

Dieser Zentralausschuss tagte, nun unter dem neuen Generalsekretär Emilio Castro, im August 1985 in Buenos Aires. Der Bericht der Frauenabteilung wurde mit großer Anteilnahme und auch Betroffenheit entgegen genommen. Ich hatte ihn unter dem Titel »Brot und Rosen« konzipiert und hielt während meines Berichtes ein Brot in den Händen, das mir eine junge Schweizer Delegierte gebacken hatte. Aus Brotteig hatte sie Rosen und Blätter modelliert.

Wir spielten dazu das Lied der amerikanischen Arbeiterinnenbewegung von 1912 »Bread and Roses«, gesungen von Judith Collins, in den Konferenzsaal ein. Eine Strophe lautet:

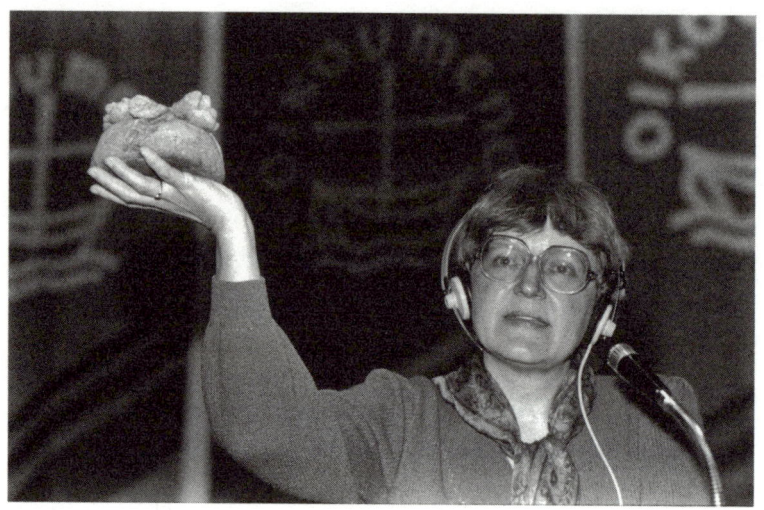

Beim Abschlussbericht »Brot und Rosen« vor dem Zentralausschuss in Bueno Aires im Juli 1985

Wir ziehen durch die Straßen,
die stumme Schar zieht mit
von zahllos toten Frauen,
ihr Wunsch war Brot und Glück.
Von Liebe, Kunst und Schönheit
war ihr hartes Los umschlossen,
's ist Brot, nach dem wir rufen,
doch wir rufen auch nach Rosen.

frei übersetzt nach einem Text
von J. Oppenheim

Das wurde dann gleichzeitig meine »Abschiedsvorstellung« im ÖRK.

Während der Diskussion des Berichtes im Plenum sagte ein afrikanischer Bischof sinngemäß: »Wenn die Religionen mitverantwortlich sind für die Unterdrückung und Behinderung der Frauen, dann müssen wir der Welt zeigen, dass wir das so nicht länger tolerieren wollen. Dann müssten wir jetzt selbst eine eigene Dekade in den Kirchen durchführen.« Ahnte er, dass er eine Lawine lostrat? Es dauerte noch zwei weitere Jahre, bis die »Ökumenische Dekade – Solidarität der Kirchen mit den Frauen« (von Ostern 1988-1998) konzipiert, vorbereitet und finanziert auf den Weg gebracht werden konnte. Da war ich schon längst in der Karibik. Aber hier im winterlichen, Regen verhangenen Buenos Aires wurde der Anstoß für diese »Dekade« gegeben – sie war das Ergebnis der Arbeit vieler Frauen und Männer seit der Gründung des ÖRK 1948. Das jüngste Glied in der Kette der Impulse war die »Studie über die Gemeinschaft von Frauen und Männern in der Kirche«, die Sheffield Konferenz und die frauenstarke Vollversammlung in Vancouver gewesen. Ein Programm sollte sicherstellen, dass die Kirchen das Thema nicht so schnell wieder beiseite schieben konnten. Die »Dekade« hat mit ihren Teambesuchen, den »Lebendigen Briefen«, und Initiativen in den lokalen Kirchen außerordentlich viel in Bewegung gebracht, gerade auch in Deutschland. Auch das Nachdenken über die Rolle der Männer.

Claudius Ceccon

In Nordelbien wurden regelmäßige Dekade-Gottesdienste eingeführt, die frauenpolitisch große Wirkung entfalteten. In diese Zeit fiel auch das für uns wichtigste Ereignis der Dekade: eine lutherische Pastorin, Maria Jepsen, wurde als erste Frau ins bischöfliche Amt gewählt. Am 4. April 1992 zog sie in den traditionellen »Michel« in Hamburg ein. Vielleicht waren noch nie so viele Frauen in der Kirche anwesend wie damals.

Zu ihrer Wahl hatte ich ihr, die ich noch nicht persönlich kannte, in einem Artikel geschrieben: »*Was könnte uns Besseres passieren, als dass eine Maria die Frauen-Sukzession wieder aufgreift, die mit Miriam, der Prophetin, begann, die ihr Volk aus der Knechtschaft Ägyptens befreien half; die Maria, das schwangere Mädchen, einschließt ... bis zu jener Maria, mit der die Geschichte der Kirche begann, jener Frau am Grab Jesu ... Für diese Stunde haben viele Frauen gearbeitet, gebetet, gekämpft und gelitten, haben rebelliert und sind gedemütigt worden, haben sich aufgerichtet, um erhobenen Hauptes und aufrechten Ganges vorzutreten, so wie Sie, als Sie an jenem denkwürdigen Tag vor die Fernsehkameras der Nation traten.*« Vielleicht hatte Maria Jepsen diese Zusammenhänge irgendwie im Blick. Sie bat mich jedenfalls, eines der Segensworte bei ihrer Einführung zu sprechen. Ich war mir der historischen Stunde sehr bewusst, als ich ein wenig zitternd meine Hand auf die kniende Bischöfin Maria legte. Das war unser erster Kontakt überhaupt. So war ich zum ersten Mal nach Nordelbien gekommen, um die Freude dieses historischen Tages mit zu feiern.

Zu den Abenteuern nach Vancouver gehörte auch ein Workshop in Mahabalipuram in Indien im Dezember 1984, einem kleinen Ort nahe Madras in der Bucht von Bengalen. Die Idee dazu war in Vancouver geboren worden, als eine karibische Frau sagte: »Wir reden über die Teilnahme von Frauen und dass sie in der Bibel begründet sei. Aber dann sagt uns der Bischof: »Du darfst dies nicht und jenes nicht. In der Bibel steht es so.« Dann wissen wir nichts zu antworten.«

Sechszehn Frauen aus verschiedenen Regionen der Welt sprachen miteinander in den stürmischen Tagen in Mahabalipuram über

Bibelstudium am Meer, von links: Jan Cormack, Neuseeland, Elsa Tamez, Costa Rica und Harry Haas, Niederlande, Bärbel Wartenberg-Potter

»Die Partizipation von Frauen aus biblischer Sicht«. Meine spätere Nachfolgerin im ÖRK, Aruna Gnanadason, hatte mir geholfen, den Workshop zu organisieren. Der Wind schlug heftig gegen die Umzäunung der Bambushütten. Das elektrische Licht ging aus, Kerzen wurden angezündet. Wir saßen auf indischen Kissen auf dem Boden. Ein Glas mit frischem Jasmin und eine Ikone standen in der Mitte. Wir hörte dem Sturm zu und warteten: Ruach, Geist, komm. Ich vertraute darauf, dass wir die befreiende Botschaft der Bibel für Frauen entdecken würden. Eine »Re-Lectura«, ein Neulesen der biblischen Geschichte war unser Ziel. Ihre befreiende Kraft sollte die Frauen stärken. Wir hörten zu. Bewegende Geschichten wurden erzählt, die weit über das eigentliche Thema hinausgingen, eine Vergewaltigungsgeschichte, Vernachlässigungsgeschichten, Apartheidsgeschichten. Wir sprachen darüber beim Lesen biblischer Texte. Es wurde für uns eine heilende Erfahrung, so offen miteinander sprechen zu können.

Am Ende publizierte ich diese Geschichten. Diese Art des Bibellesens sollten auch andere Frauen kennen lernen. Das Büchlein »By our lives«, deutsch: »Aufrecht und frei« war ein Anstoß zu kontextgerechtem, feministischem und befreiungstheologischem Lesen der Bibel.

Vor der Heimreise aus Indien kaufte ich in einem Seidengeschäft in Madras in aller Eile ein schönes blau-grünes Seidengewand mit einer Seidenhose und einem blaugoldenen Schal. Meiner Mitarbeiterin Gisela Gregoriades flüsterte ich aufgeregt zu: »Das soll mein Hochzeitskleid werden.« Sie sagte: »Meinst Du, das wüsste ich nicht längst? Wenn der Generalsekretär so oft beim Women's Desk anruft!«

Spuren legen, etwas anzetteln, das weitergeht und Wirkung entfaltet. Dazu gehörte auch eine weitere Konsultation von 16 engagierten europäischen Frauen, zu der ich zusammen mit dem Europäischen Forum Christlicher Frauen und seiner unermüdlichen Initiatorin Ruth Epting eingeladen hatte. Es ging um die Bildung eines Europäischen Feministischen Netzwerkes.

Mit Flöten, Geigen, Gitarren und Gesang zogen wir über die Wiese in die schweizerische Tagungsstätte in Boldern ein. »Woran habt Ihr das größte Interesse?«, war eine der Suchfragen, die ich an die Teilnehmerinnen richtete. Und es zeigte sich bald, dass es zwei Richtungen gab: Ganz klar wurde mit den Stimmen der Theologieprofessorinnen Luise Schottroff und Katharina Halkes der Wunsch geäußert nach einem Zusammenschluss der Frauen, die in akademischen Zusammenhängen arbeiteten. Sie waren oft sehr isoliert und vereinzelt. Daraus entstand die »European Society for Women's Research in Theology (ESWTR)«, eines der wichtigen Netzwerke Feministischer Forschung, das bis heute lebt und wirkt und eine Struktur des Austausches, der Forschung und akademischer Frauensolidarität geworden ist. Andere Frauen befürchteten, die Akademikerinnen würden die Theologie der Laienfrauen dominieren. Sie wollten an der Entwicklung einer »Barfußtheologie« arbeiten. Auch sie organisierten eine Weiterarbeit. Rainhild Traitler spielte darin eine wichtige Rolle.

Diese Impulse haben der Feministischen Theologie wesentlich voran geholfen.

Von einer Anfängerin hatte ich mich in den Jahren im ÖRK immer mehr zu einer *Anstifterin* entwickelt. Ich glaubte, wie schon in meiner Zeit in der Anti-Apartheid-Bewegung, dass man Strukturen schaffen muss, um eine Sache am Leben zu erhalten: die Anfänge der »Dekade der Kirchen in Solidarität mit den Frauen«, ein Netzwerk für Feministische Theologinnen ESWTR und einige Publikationen, die Frauen zu selbstständiger Arbeit mit der Bibel befähigen sollten. Das gehörte zu den konkretesten Hinterlassenschaften, als ich im Oktober 1985 meine Arbeit beim ÖRK beendete. Um ehrlich zu sein: Ohne Philip, der Ende 1984 den ÖRK als Generalsekretär verlassen hatte, hat mir die Arbeit nicht mehr ganz so viel Freude gemacht.

Erfüllt von all diesen Erfahrungen, habe ich zum Abschluss dieser Zeit ein Buch geschrieben. »Wir werden unsere Harfen nicht an die Weiden hängen«. Das Buch fand seinen Weg in die deutsche kirchliche Frauenbewegung, und zwar in *Ost- und Westdeutschland*. Bei meiner Vorstellung als Kandidatin für das Bischöfinnenamt in Nordelbien im Jahr 2000 kamen einige Frauen mit dem Buch unter dem Arm und sagte fröhlich: »Wir kennen Sie schon.«

Elftes Kapitel

Der Mensch ist die Medizin des Menschen

Karibische Jahre. Arbeit am Theologischen College.
Wesley Women's Drama Group

Am 19. Oktober 1985 flog ich von Frankfurt nach Miami. Dieser
Flug fühlte sich nicht an wie so viele andere Flüge, die mich »in
die weite Welt« geführt hatten. Er fühlte sich wie »Auswandern«
an. Ich war unterwegs nach Jamaika, nach Kingston.
Meine pfälzische Familie hatte mich zum Flughafen gebracht.
Abschiedliche Worte waren gesprochen worden. Wir hatten uns
tränenreich getrennt. Mir waren die Schiffe der Auswanderer im
Hamburger Hafen eingefallen, ich hörte eine imaginäre Kapelle
»Muß i denn zum Städele hinaus« spielen. Gehörte ich nun auch
zu denen, die auswandern?
Seit einem Jahr war ich mit Philip Potter verheiratet. Nach unserer Hochzeit hatte ich noch ein weiteres Jahr im Weltkirchenrat
gearbeitet, denn mein Fünfjahresvertrag war noch nicht zu Ende.
Philip war schon mit riesigem Sack und Pack nach Kingston
umgezogen und wartete dort auf mich in einem Pfarrhaus der
Methodistischen Kirche. Ich folgte ihm in die Karibik, denn er
wollte seiner eigenen Kirche wenigstens am Ende seiner Dienstzeit noch zur Verfügung stehen.
Unsere Hochzeit hatte am 22. Dezember 1984, man könnte sagen bei Nacht und Nebel stattgefunden, denn es war der kürzeste
Tag des Jahres, voll winterlicher Unbill. In meinem Heimatdorf

Mit meinen Eltern Karl und Emilie Reinhard 1984 und Philip Potter vor unserer Hochzeit

in der Pfalz füllten ökumenische Freunde, die Familie und ein Fotograf der Lokalzeitung die kleine Dorfkirche und nach der Trauung standen sie mit Kerzen im winterlichen Dunkel Spalier. Es war ein schönes, fast privates Familienfest und wurde in der elsässischen Nachbarschaft, jenseits der Grenze, gefeiert.

Diese bis zuletzt geheim gehaltene Hochzeit rief sehr verschiedene Reaktionen hervor. Eine Reihe von Leuten fand sie höchst unpassend: Wie sollte das gut gehen bei einem Altersunterschied von 22 Jahren? Bei den kulturellen Unterschieden zwischen Europa und der Karibik, bei dem Rassenunterschied? Der ganze Atlantik und eine höchst kontroverse Kolonialgeschichte lagen zwischen unseren Herkünften. Dann gab es auch noch den konfessionellen Unterschied zwischen der methodistischen Kirche und den reformiert und lutherisch geprägten Kirchen meiner Heimat.

Offizielle Vertreter der römisch-katholischen Kirche und der Orthodoxie fanden es irritierend, dass der ehemalige Generalsekretär des Weltkirchenrates eine geschiedene Frau heiratete. Von dieser Seite gab es nicht eine einzige Gratulation, nicht einmal von Menschen, die uns nahestanden. Eine Reihe von Freundinnen und Freunden war tief gekränkt, dass wir sie nicht früher ins Vertrauen gezogen hatten.

Die andere Hälfte der Leute hat sich schlicht riesig gefreut. Als er es hörte, sagte Dr. Niethammer in Ulm erfreut zu Marie: »Den Mann möchte ich kennen lernen, der diese Frau heiratet«.

Es war eine beherzte, vertrauensvolle, vernünftige Liebe, die uns verband, gegen allen Anschein. Es hat in meinem Leben auch unvernünftige, mutwillige, schmerzliche Liebe ohne Zukunftschancen gegeben. Diese Liebe aber war sozusagen ein »fundiertes ökumenisches Projekt«. Das Wagnis, das wir bei all unseren Verschiedenheiten eingingen, war zugleich ein Hoffnungszeichen. Ich hatte Philip meine Gründe geschrieben:

Wenn du mich anblickst,
werde ich stark.

Wenn du mit mir sprichst,
werde ich klar.

Wenn du mich liebst,
werde ich ein ganzer Mensch.

Während des Fluges nach Kingston entschied ich, dass ich nur »vorläufig« auswanderte. Dies war eine Migration mit unbekanntem Ausgang.

◆ ◆ ◆

Umsteigen in Miami, einem der größten Flughäfen, die ich kenne, voller Exilkubaner, deren »Spanglisch« an den Flugschaltern kaum zu verstehen war. Beim Weiterfliegen sehe ich schon die zierlichen Wolkentupfer am Himmel, die es nur über den tiefen blauen tropischen Gewässern gibt.

Ich fliege über viele Grenzen, innere und äußere. Jetzt werde ich nicht mehr über die »Dritte Welt« reden, sondern dort leben.

Meine Angst ist klein. Ich freue mich. Freu' mich auf das Neue, auf das Anfangen. Auf meinen Mann und die Karibik.

Das Flugzeug überfliegt die Nordküste Jamaikas. Dort werden wir in den kommenden Jahren viele herrliche Ferien am Meer verbringen, in »Saltash«, dem Ferienhaus, das uns Pamela und Emil George, großzügige Freunde Philips, zur Verfügung stellen. Die Kette der Blue Mountains hebt sich vor der sinkenden Abendsonne vom Himmel ab, dunkles Licht fällt auf Kingston, dessen Lichterketten mir entgegen flimmern. Landen am Norman Manley Airport. Jetzt ist es schon dunkel. Aus dem Flugzeug tretend, nimmt mir die feuchtwarme Luft gleich den Atem. Von nun an wird es immer heiß sein.

Großes Gewühl vor dem Zoll, die sogenannten »Higgler«, die geschäftstüchtigen Straßenverkäuferinnen Jamaikas haben in Miami billig eingekauft und versuchen nun, die Beute günstig durch den Zoll zu bringen. Auch mir ist jedes Mal ein wenig mulmig, wenn ich vor den gelassen-strengen Frauen und Männern des Zolls stehe, die mein Gepäck begutachten und dann »Öffnen« sagen oder mich durchwinken. In Kingston gibt es eben vieles nicht zu kaufen, was wichtig ist: Farbbänder für meine Schreibmaschine oder Ersatzteile für meinen Golf. Diese Güter muss ich dann durch den Zoll schleppen.

Dann stehe ich draußen, gehe an der wuseligen Schlange der Wartenden entlang. Da steht er, Philip, im karibischen Hemd, strahlend, nimmt mich in die Arme. »Welcome, mi girl, in the Caribbean.«

In der ersten Nacht in Kingston bin ich so übermüdet, dass ich kein Auge zu tun kann. Sechs Stunden ist die Zeitdifferenz zu Deutschland. Dazu erfüllt das Gejaule von Tausenden von Hunden die Nacht. Da es in unserem Haus keine geschlossenen Fenster gibt, nur bewegliche Holzlamellen, denke ich: Wie in der Welt soll ich denn hier jemals eine Nacht durchschlafen können? Nach zwei Wochen höre ich die Hunde schon nicht mehr, aber sie bleiben die verlässliche Hintergrundmusik der nächsten fünf Jahre, Nacht für Nacht.

Tropische Mondnacht

Gibt es irgendetwas,
das dem Bellen der Hunde
in Kingston vergleichbar wäre
am Beginn einer tropischen Mondnacht?

Ihr zottiges Knurren steigt auf
aus Müllgräben und Hinterhöfen,
um tausendfältig
die Bedrängnis
pochender Hundeherzen
in den besternten Himmel
hinaus zu bellen, zu jaulen, zu singen.

Eine Polyphonie glücklicher Trauer weht wie ein warmer
Odem über die Stadt,
schmiegt sich in die Täler,
zieht mit einem schluchzenden Schweif
die Hügel hinauf
zum Mond ... zur Mondin ...

Dann aber verstummt plötzlich alles.

Ergriffen von der Schönheit der eigenen Inbrunst
rollen sich die süchtigen Sänger in eine Ecke,
um neben einigen abgenagten Knöchelchen
leise knurrend
einzuschlafen.

◆ ◆ ◆

Nie werde ich mich ganz daran gewöhnen: an die Moskitos, die
Kakerlaken, die Spinnen, die Eidechsen, die Mäuse, die Ratten.
Unser Haus liegt dicht an einem unbebauten Feld, auf dem all

diese Tiere prächtig gedeihen. Große Freude haben wir an sieben jungen Hunden, die eine streunende Hündin eines Nachts vor unserer Tür geboren hat. Mit der Hitze und Feuchtigkeit zu leben, muss man mühsam lernen. Die Hitze bringt jedes Jahr im Spätsommer die Hurrikane. Hurrikane »Gilbert« geht am 12. September 1988 in Jamaika an Land – wir sind in der Zeit in Europa. »Gilbert« fällt über Kingston her, zerstört viele tausende Häuser, reißt alle Blätter von allen Bäumen, entwurzelt, vernichtet. Dadurch steigt die Tagestemperatur um 2 Grad an. Die Tiere verlieren ihr gewohntes Umfeld und kommen ungeniert in unser Wohnzimmer. Unser Haus verliert Teile des Daches und wir wohnen nach unserer Rückkehr sieben Wochen lang mit ramponiertem Dach in der tropischen Regenzeit. Täglich regnet es zwei Stunden lang heftig in mein Arbeitszimmer, das jetzt unter freiem Himmel liegt. Wir bekommen Care Pakete mit Mehl, Corned Beef und Batterien von Philips Heimatinsel Dominica und Plastikfolien aus Miami.

Nach Hurrikane Gilbert erhalten wir ein Care-Paket aus Dominika, mit Joan Heath

Ohne Elektrizität, ohne Kühlschrank, Waschmaschine, Telefon und Licht geht man frühzeitig zu Bett, erschöpft vom täglichen Kampf um das Nötigste und im Unfrieden mit all den Tierchen, die uns nachts über die Füße rennen und neuen Unterschlupf suchen.

In Kingston lebend laufe ich immer mit einem Schlüsselbund durch den Tag, denn alles muss ständig verschlossen werden: Verzierte Gitter umgeben unser Haus. Doppelschlösser an den Autos, an den Reifen. Innengitter im Treppenhaus. In einer Nacht montierten Diebe alle vier Reifen vom Auto unseres Nachbarn, während wir, nur drei Meter entfernt schlafend, nichts hören. Einbrüche und Diebstähle gehören in Kingston zum Alltag. Um uns herum wurde, während unserer Zeit, in alle Nachbarhäuser eingebrochen. Wirklich ängstigen tun mich die oft damit einhergehenden Morde und Vergewaltigungen.

Die armen Jamaikaner in Downtown blicken von den Armenvierteln Tag für Tag hinauf, wo die Wohlhabenden und ganz Reichen wohnen. Die sozialen Spannungen, der Drogenhandel – Jamaika ist ein Transitland für Drogen von Südamerika in die USA – die Möglichkeit, sich im nahen Miami einfach Waffen zu beschaffen, die in Kingston unablässig gezeigten Rambo Filme, die protzige Tradition großer Gangsterbosse, die Aufteilung der Stadt in »Kriegs-Zonen« der politischen Parteien, das alles ist *auch* Jamaika. »L'enfer, c'est les autres« – »Die Hölle, das sind die anderen«, heißt es bei Sartre. Das gilt für die Armen und die Reichen, und ich habe es nie wieder so konkret erlebt wie hier. Diese Angst ist auch bei mir untergründig immer da. Zur Paradoxie unseres Lebens gehört es, dass später bei uns in Stuttgart und in Frankfurt eingebrochen wurde, nicht aber in Kingston.

Außerdem müssen wir uns an das Wummern der Reggaemusik an den Wochenenden gewöhnen, das aus allen Ecken Kingstons zu uns herauf schallt und wovon manchmal die Tür im Schlafzimmer scheppert.

Dann aber ist die Karibik einfach herrlich: die Wärme, die Farben, die Blumen, die Früchte, die Wolken, die Bäume, die Vögel, die Fische, die Sonnenauf- und -untergänge. Und dazu die humorvollen, witzigen, extrovertierten Jamaikaner, ihre praktische Menschlichkeit, ihre authentische Frömmigkeit und spontane Herzensgüte. Frag einen Jamaikaner nach dem Weg und er wird ihn dir auf jeden Fall zeigen, auch wenn er ihn selbst gar nicht weiß. Er steht dir sozusagen beim Suchen bei. Das Feiern, die Musik, die fröhlichen, kinderreichen Gottesdienste, die Damen mit ihren Riesen-Hüten, das Singen, die Lebensfreude und die völlige Abwesenheit von Wehleidigkeit. »Der Mensch ist die Medizin des Menschen.«[10] So lebensfroh wie in der Karibik habe ich diese Wahrheit nie wieder erfahren.

Und dann ist da die karibische See – die türkisblaue oder graue, warme, milde, sanfte und wilde See.

◆ ◆ ◆

»Miss B., Sie sehen heute nicht gut aus. Kann ich etwas für Sie tun?«, fragte mich einer der älteren Studenten nach meiner Vorlesung im United Theological College. Fürsorglichkeit für die Lehrerin? Alle Frauen in Jamaika sind »Miss« und das B. ist die zärtliche Version der Anrede. Es war eine Freude, so genannt zu werden. Am nächsten Tag brachte er mir zehn frische Hühnereier aus seiner kleinen Farm mit, die er mit seiner Frau, die auch in meinem Kurs ist, betrieb. Damit besserten die beiden ihr dürftiges Lehrergehalt auf, zwei Theologiestudierende, die nach ihrer Lehrerausbildung weiter auf der Suche waren. Ob so etwas je in Deutschland an einer Fakultät passieren würde, fragte ich mich. Ja, es war ganz anders in Kingston am Theologischen College der Universität der Westindischen Inseln Theologie zu unterrichten. Die Studierenden kommen aus der ganzen Karibik, aus Guyana und Haiti, aus den kleinen Antillen und Panama. Sie gehören zu den »Mainline Churches«, das sind Unierte, Methodisten,

10. Das Deutsche Institut für Ärztliche Mission hatte dieses Motto einmal gewählt.

Baptisten, Lutheraner, Moraven (Herrnhuter), Anglikaner und ein paar äthiopisch-orthodoxe Studenten, die christliche Version der Rastafaris. Die Katholiken studieren im eigenen College nebenan. Alle müssen in der Universität einen Kurs im »Gebrauch des Englischen« absolvieren. Mir bleibt es wohl eher aus Versehen erspart und manchmal stehe ich hilflos an der Tafel und alle diktieren mir lachend die Rechtschreibung in die Kreide.

Von einem Kollegen im College habe ich das Fach »Contemporary Trends in Theology« – »Entwicklungen in der Gegenwartstheologie« übernommen. Er hatte über Kierkegaard, Niebuhr, Tillich, Barth, Bultmann, Brunner, Altizer, Pannenberg, Fosdick und Moltmann unterrichtet.

Die Studierenden dachten wohl, ich sei eine besonders gute Kennerin der europäischen und amerikanischen Theologie und diese Theologie war in ihren Köpfen noch immer *die* Theologie schlechthin. Erstaunlicherweise verstand ich die deutschen Theologen viel besser, wenn ich ihre Werke auf Englisch las. Theologie in Englisch ist präziser und klarer.

Ich selbst hatte aber ein viel größeres Interesse, die Theologien der »Dritten Welt« besser kennen zu lernen und zu unterrichten. Ich dachte auch, dass dies für die Karibik von größerer Relevanz sei. Da das Curriculum nicht festgelegt war, fing ich an, den Kurs ganz neu zu strukturieren.

»Was ist die Aufgabe eines Theologen/einer Theologin?« Mit dieser Frage begannen wir den Kurs und wir entdeckten schnell, dass man eine »Mittelsperson« braucht, die den »Graben der Geschichte« zwischen der heutigen Zeit und der biblischen Zeit überspringen hilft, den »hermeneus« (griechisch), den Hermeneutiker, den Deuter, die Deuterin.

Diese Mittelsperson tut drei Schritte: Sie muss die Welt, in der wir heute leben, den Kontext, mit Hilfe der Geschichtswissenschaft, Sozialwissenschaft, Ökonomie, Politik, Psychologie usw. so gut wie möglich verstehen. Sodann muss sie die historische Situation und das, was in der Bibel gesagt wird, durch Sprachkenntnisse, Kirchengeschichte, exegetische Wissenschaft, Literarkritik usw.

so genau wie möglich begreifen. Erst dann kann sie, als Theologe und Theologin der Gemeinschaft der Glaubenden helfen, den Graben der Geschichte zu überschreiten. Die Lateinamerikaner sagen, die ganze Person solle in diesen Prozess eingebracht werden, sie sagen »doing theology«, »Theologie tun«, also nicht nur davon *sprechen*. Luther hatte gesagt, Theologe wird man, indem man sein Leben hingibt und sich verdammen lässt. Nicht indem man sich intellektuell betätigt, Bücher liest und spekuliert.[11] Der lateinamerikanische Befreiungstheologe Gustavo Guitérrez stellt fest: Es gibt die Möglichkeit, an Jesus *zu glauben*. Und die Möglichkeit, Jesus *nachzufolgen*. Je nachdem werden sehr verschiedene Arten des Christseins dabei herauskommen.

Auf jeden Fall muss die Theologie die Dienerin der Glaubensgemeinschaft sein, die hilft, mit den Herausforderungen der modernen Lebenswelt und der Wissenschaft zurecht zu kommen. Die Theologen müssen Antworten auf die brennenden Fragen der Zeit suchen.

Mit einem solchen Zugang zur Theologie war ich vermutlich weit entfernt vom Selbstverständnis eines deutschen Professors. Es ging also um »*doing* theology«, »Theologie zu tun«, wie es der brasilianische Bischof Dom Helder Camara formulierte:

Leg dein Ohr an den Boden
und merk auf die Geräusche ringsum:
Unruhige, erregte Schritte,
Bitterkeit, Rebellion.

Die Hoffnung hat sich noch nicht gezeigt ...

Presse dein Ohr noch fester an den Boden.
Halte den Atem an.
Gott ist da.

---

11. Vivendo, immo moriendo et damnando, fit theologus, non intelligendo, legando aut speculando. Operationes in Psalmos, 1519-21 (WA 5,163)

Gott wird uns weit weniger vergessen
in den schweren Zeiten,
als in den Zeiten, in denen es leicht ist.

eigene Übersetzung nach einer
englischen Vorlage

Am Anfang meines Kurses stand eine Unterrichtseinheit über
»Schwarze Theologie« in Südafrika. Da kannte ich mich am besten aus. Danach »Schwarze Theologie aus Amerika«. Die hatte
mir James Cone in Kuba gründlich erklärt. Die Studierenden
waren erstaunt über diesen Anfang. Dann ging es weiter mit der
lateinamerikanischen Befreiungstheologie. Mit Feuereifer studierte ich selbst die Schriften von Leonardo und Clodovis Boff,
Gustavo Guitérrez, Jon Sobrino, Juan Luis Segundo, Rubem
Alves u.a und versuchte, sie meinem Kurs zu erklären.
Spätestens jetzt hatten alle verstanden, wie wichtig es ist, den
Kontext der Theologietreibenden selbst ernst zu nehmen. Jeder
theologische Satz, auch die Sätze der großen deutschen Theologen, waren Antworten auf Fragen, die aus dem *Kontext* entstanden waren.
Da immer auch Studierende aus Surinam und Guyana in den
Kursen teilnahmen, die infolge von Einwanderung indische und
asiatische Wurzeln hatten, wuchs das Interesse an der Asiatischen
Befreiungstheologie, der Minjung-Theologie aus Korea und C.S.
Songs »Third Eye Theology«, »Theologie des Dritten Auges«
aus Taiwan. C.S. Song hatte auch ein sehr kreatives und mir als
Feministin sehr einleuchtendes Buch mit dem Titel »Theology
from the womb of Asia« – »Theologie aus dem Schoß Asiens«
geschrieben. Er stellt am deutlichsten die theologische Frage, ob
biblische Symbole und Metaphern durch die Symbole anderer
Kulturen erklärt und übersetzt werden können und sollen. Kann
zum Beispiel der Lotus als Asiens Symbol für hingebungsbereites
Leiden zum Träger biblischer Inhalte werden, etwa des Kreuzes?
Das fanden die Studierenden absurd.

Schließlich kamen wir auch zur Feministischen Theologie. Bis zu diesem Zeitpunkt hatten alle verstanden, dass auch sie eine kontextuelle Theologie ist. Mit heimlicher Freude sah ich in meinem ersten Jahr eine ausschließlich männliche Klasse die Bücher der amerikanischen Theologinnen Rosemary Ruether, Letty Russel und Elisabeth Schüssler-Fiorenza studieren. Auch Bonhoeffer und Dorothee Sölle kamen in meinen Kursen zu Wort.

Am Ende des Kurses überlegten wir, welches die Bausteine für eine Theologie der Karibik sein könnten. Wir entdeckten Marcus Garvey (1887-1940), einen der frühesten und radikalsten Denker schwarzen Bewusstseins. Das reichte aber nicht aus, da in der Karibik Menschen aus den verschiedensten Kulturen und Ethnien zusammengewürfelt waren, Menschen indischen Ursprungs, Europäer, Menschen aus dem Mittleren Osten, Juden, Chinesen. Man konnte also nicht nur über afrikanische Wurzeln nachdenken. *Das Universale der Karibik*, die Mischung der Völker, war auch theologisch das Interessante. War nicht die Versöhnung der Völker Teil der biblischen Verheißung? Was hat es der Welt zu sagen, dass es dieses fruchtbare Saatbeet der Kulturen aus all diesen Herkünften in der Karibik gibt? Ich habe die Karibik in dieser Hinsicht immer als »Modellfall« Gottes angesehen.

Es war ein Musiker, der ein Schlüsselwort karibischer Theologie hervorgebracht hat: Bob Marley, der Reggae Sänger. Er hat eine existenzielle Metapher gefunden: »*Babylon*«. Das Leben in der Entfremdung, weltpolitisch einflusslos, überschüttet von den Verlockungen des westlichen Lebens und Konsums, den sich zudem nur wenige Menschen leisten können. »*Babylon by bus*« ist eine der bekanntesten Schallplatten Bob Marleys. Menschen leben »im Exil« und in »kultureller Sklaverei«, weit entfernt von einer Heimat, einer eigenen Identität, zum Beispiel einem mythologischen Afrika.

Das zweite, das befreiende Wort war »*Exodus*« – das Auswandern aus Babylon. Man muss Babylon »*niedersingen*«. Es war die Suche nach freiem kulturellem Ausdruck und einem eigenen Lebensstil, der einher geht mit dem Wert der Gemeinschaft und des einfachen authentischen Lebens.

Exodus ist die tiefste Sehnsucht nach Selbstbestimmung.

>*»Emancipate yourself from mental slavery,*
>*nobody but ourselves can free our minds.*
>*How long will they kill our prophets,*
>*while we stand by and look.«*[12]

Ja, dachte ich, das gilt auch für uns Frauen in der patriarchalischen Kirche.

Wie kann man Pfarrerin und Pfarrer sein in einer Gemeinschaft, die so sehr in »Babylon« lebt? Was ist das befreiende Wort des Evangeliums, was die heilende Botschaft Jesu für diese Menschen? Daran arbeitete ich mit meinen Studierenden. Mit der Zeit haben sie an diesen Themen wirklich »angebissen«.

Einmal bat mich ein baptistischer Student, ihn an einem Wochenende zu begleiten. Viele der Studenten haben am Wochenende Dienst in einer Gemeinde. Es ist eine Art Duales System, das Studium und pastorale Arbeit miteinander verbindet. Er wollte zwei Frauen zu »Elders«, zu Kirchenvorständen »ordinieren«. Das war damals eine revolutionäre Pioniertat in der baptistischen Kirche und er wollte mich dabei an seiner Seite haben. Wir verabredeten uns für Sonntag 11.00 Uhr an einer Straßenecke in Kingston. Er kam um zwölf. Wir fuhren zweieinhalb Stunden, zuerst auf den Hauptstraßen, dann in immer unwegsamerem Gelände. Das letzte Stück mussten wir sogar zu Fuß gehen, eine halbe Stunde bergauf in der Hitze. Die Leute aus der Gemeinde konnten uns von weitem kommen sehen. Sie begannen die Glocken zu läuten. Die Gemeinde strömte zusammen. Zwei schön geschmückte, schon etwas zahnlose ältere Frauen warteten auf

---

12. Emanzipere dich von der geistigen Sklaverei; Niemand als wir selbst können uns befreien von der mentalen Versklavung. Wie lange werden sie unsere Propheten umbringen und wir stehen dabei und schauen zu.

uns und wollten eingeführt werden. Wir zogen festlich in einer kleinen Prozession unter Singen und Klatschen in die Kirche. Ich hielt die Predigt über Lydia, die Purpurhändlerin, die die erste Gemeinde in Kleinasien in ihr Haus gesammelt hatte und leitete. Ich ermutigte die Frauen, wie die biblischen Frauen ihre Leitungsaufgabe unerschrocken anzupacken. Ich war sehr aufgeregt und bewegt, als ich den beiden Alten die Hand auflegte und sie in ihr Amt berief. Ich tat das zum ersten Mal. Heute gibt es viele Kirchenälteste-Frauen in dieser Kirche.

Hinterher wurde Fruchtpunsch und Gebäck gereicht. Dann mussten wir uns schleunigst auf den Rückweg machen. Es wurde schon dunkel. Ich humpelte den unwegsamen Berg hinab, dann ging es mit dem Auto über Stock und Stein. Wir kamen am Abend gegen 9.00 Uhr völlig erschöpft in Kingston an. Am nächsten Morgen ging es für den Studenten im College weiter. Und so war es für ihn fast an jedem Sonntag.

◆ ◆ ◆

Nach einem Jahr des Unterrichtens im College wurde mir klar: es ist unmöglich zu unterrichten, ohne dass ich selbst die Realität der künftigen Pfarrerinnen und Pfarrer besser kennenlerne. Clodovis Boff hatte einmal gesagt. *»Man soll als Befreiungstheologe nicht nur über die Armen reden, sondern einen gewissen Teil seiner Zeit mit ihnen verbringen, mit ihnen leben.«* Dieser Satz steckte mir im Gewissen und dort steckt er bis heute.

So begann ich, ermutigt von der Diakonisse Sister Julia, der etwas schwerfälligen aber unverdrossenen Fürsprecherin der Armen in der Methodistischen Kirche, in Down Town im Ghetto von East Kingston in einer Kirche zu arbeiten, ehrenamtlich sozusagen.

Sister Julias Gebet

Als alles besprochen war,
wollte sie beten.

Sie machte für Gott
ein schönes Resümee
unserer bescheidenen Pläne,
mit den Down Town Frauen
zu lernen,

und bedachte
die kommenden Schwierigkeiten
und Fehler.

Ein feines Netz aus Gebetsfäden
begann sich
zwischen uns
auszuspannen,

fest genug,
die uns beflügelnde
Hoffnung
darin zu halten.

Von nun an traf ich mich einmal in der Woche mit diesen Frauen, die alle in prekären Situationen lebten und höchst argwöhnisch mein Kommen beobachteten.
Eine von ihnen, die 38jährige Mutter von elf Kindern, Miss Barbara, eine starke, unerschrockene Ghettomutter, gab mir gleich zu Beginn eine gründliche Lektion darin, was »doing theology with the poor« – »Theologie mit den Armen zu betreiben«, heißen kann. Ich fragte die Frauen, was wir miteinander tun könnten. Barbara sagte: »*You teach us, fe we don't know noting.*«[13]

---

13. Du bringst uns etwas bei, weil wir nämlich gar nichts wissen.

Miss Barbara, eine Ghetto-Mutter von Down Town Kingston

Es war ein Statement höflicher Selbstentwertung. Diese Frauen waren voller Lebenserfahrung, hatten aber kaum formale Bildung. »*You don't know us. The rich people think all poor people are bad. They are afraid of us. But you have to see for yourself, how it is. We cannot come up to you. You must come to us. Don't laugh at us. Communicate with us in the right spirit. When you come with the right spirit, God is with you. Here you cannot always have good times. In those times, when everything is difficult and goes wrong, we find out what stuff you are made of.*«[14]

14. Du kennst uns nicht. Die reichen Leute denken, alle Armen sind schlecht. Sie fürchten sich vor uns. Aber du musst das für dich selbst herausfinden, wie es wirklich ist. Wir können nicht zu dir hoch kommen. Du musst zu uns kommen. Lache nicht über uns. Kommuniziere mit uns im rechten Geist. Wenn du den richtigen Geist hast, dann ist Gott mit dir. Hier bei uns kannst du nicht immer eine gute Zeit haben. In den Zeiten, wenn alles schwierig ist und alles schief geht, finden wir heraus, aus welchem Material du gemacht bist.

Was für ein Statement! In der Tat: ich musste das Leben dieser Frauen im Ghetto erst einmal kennen lernen. Ich musste mir eine eigene Meinung bilden und nicht die vorurteilsvollen Meinungen anderer übernehmen. Ja, die Klassenschranken trennten die Up Town-Leute von den Down Town-Leuten. Ich hatte die Möglichkeiten, einmal in der Woche mit meinem Auto nach Down Town zu kommen, vorbei am »Gun-Court«, wo alle schlimmen Fälle der jamaikanischen Kriminalität verhandelt werden; vorbei am hoch mit Stacheldraht bewehrten Gefängnis, vor dem Frauen mit Wäsche und Essenstöpfen für ihre Männer und Söhne Schlange stehen; durch die spielenden, oft aggressiv mit Steinen auf mein Auto werfenden Ghettokinder hindurch – einmal flog ein ziemlich großer Steinbrocken durch das offene Autofenster und hat mich fast am Kopf erwischt – hinein in die verwinkelten, wirren Straßen des schießwütigen East-Kingston. Das Bestehen dieser Mutprobe war ein kleiner Baustein zum Erweis meiner »Würdigkeit«, mit den Frauen zusammen etwas zu machen. »Lach nicht über uns!« Dieser Satz hat mich am meisten getroffen. Mir war oft eher nach Weinen zumute. Die Würde der Leute zu achten und hinter all dem Schmutz, dem Chaos und dem Streit die Sehnsucht nach Würde zu erkennen. Ihnen *im rechten Geist* zu begegnen, das war der springende Punkt. Aber wie? Kann ich einfach als Wohltäterin kommen, ohne mich den Härten dieses Lebens auszusetzen? Ich musste mehrere Härtetests bestehen, bevor mich die Frauen akzeptierten. Einmal sagte Miss Barbara: »50 Mal kommst du und wir sind nicht da. 50 Mal kommst du und wir sind da und machen etwas zusammen. Wenn du es nicht aushältst, dass wir 50 Mal nicht da sind, weil ein Kind krank ist, weil ich auf dem Markt etwas verkaufen muss, weil mich mein Mann geschlagen hat, brauchst du gar nicht weiter zu kommen.«

In Down Town zu arbeiten hat mir bei meiner Arbeit mit den Studierenden im College sehr geholfen. Es war die beste, wichtigste Erfahrung meiner Kingston-Jahre. Ich habe den Kontext

»for doing theology« in der Karibik besser verstanden, besonders aber viel für mein eigenes Leben gelernt.

◆ ◆ ◆

Der Campus der Universität der Westindischen Inseln ist ein weitläufiger Park mit schönen alten Bäumen. Ein Aquädukt aus den Bergen, Ruinen einer alten Zuckerrohrmühle und die Reste einer Plantage sind noch da. Die berühmte ringförmige Straße, die »Ringroad«, führt an den Wohnheimen der Studierenden vorbei und von ihr zweigen die Straßen zu den Fakultäten und Vorlesungshallen ab.

Beim Sinken der Sonne verwandelte sich der Campus in das Gemälde eines karibischen Caspar David Friedrich. Ein riesiger dottergelber Mond geht über den Blue Mountains auf und der Campus mit seinen Blütenbäumen taucht in ein unwirkliches mystisches lavendelfarbenes Licht. Ich konnte mich daran nicht sattsehen. Oft fuhr ich eigens deshalb auf den Campus und saß dann auf einer kleinen Bank nahe der Kapelle, die für uns »Chaplains«, die an der Universität Dienst tun, Ort unseres Tuns war. Und schaute und schaute.

Die Kapelle war aus hellen Steinquadern gebaut, ein großes Gebäude ohne Turm mit vielen Fenstern, das innen in schönster Weise mit Mahagoniholz ausgekleidet war. Am Altar prangten immer rote Anthurien. Dort stand auch die Skulptur des Pelikans, der seine Jungen mit dem eigenen Blut ernährt. Es ist das Emblem der Universität.

Oft saß ich still in der Kapelle und freute mich an ihrer klaren schlichten Schönheit. Ich habe dann ein Lied aus dem methodistischen Gesangbuch meditiert. Wären da nicht die vielen Moskitos gewesen, ich wäre wohl oft in dieser Stille, Wärme und Gottessehnsucht versunken.

GOD be in my head
And in my understanding;

GOD be in my eyes
And in my looking;
GOD be in my mouth
And in my speaking;

GOD be in my heart
And in my thinking;

GOD be at my end
And at my departing.

Anonymus 1558

Faksimile des Lieds »God be in my head«

Es war meine erste ernsthafte Begegnung mit Gottes Gegenwart – in meinem eigenen Inneren. Ich habe viele, viele Male den Bitten dieses Liedes, dieses Gebetes, nachgesonnen:

Gott, sei in meinem Kopf.
Deine Gegenwart ändere mein Verstehen
all dessen, was sich begibt.

Gott, sei in meinem Blick,
mit dem ich auf Menschen und Dinge, Ereignisse und
Zukunftspläne blicke.

Gott, sprich aus mir, aus allem, was ich sage.

Gott, lass mein Denken
aus einem Gott-erfüllten Herzen kommen,
aus der lebendigen Mitte meines Seins.

Dieses Lied wurde mein Gebet, meine Hoffnung und mein Trost in all den Unsicherheiten und Stolpereien meines karibischen Neuanfangs.
Besonders schön und richtig war und ist bis heute, die letzte Bitte:

Gott, sei in meinem Ende,
in meinem Abschiednehmen von diesem Leben,
wie früh oder spät es auch sein mag.

Umhüllt von diesen Versen war ich eins mit mir selbst, mit Gott und mit all dem Schönen, das mich umgab. Dazu gehörten auch die Wesley-Frauen im staubigen lauten Down Town.

◆ ◆ ◆

Die »Chaplaincy«, das Universitätspfarramt, das Philip und ich gemeinsam wahrnahmen, war eine sehr schwierige und wenig erfolgreiche Aufgabe. Es gab nicht viel ökumenische Zusammenarbeit unter den verschiedenen Denominationen, jede machte ihre eigenen Gottesdienste in der Kapelle. Welch eine Enttäuschung für uns so ökumenisch geprägten Menschen!

In den 1980er Jahren wurden die karibischen Universitäten von evangelikalen Gruppen aus Amerika überschwemmt. Der amerikanische Botschafter in Jamaika, ein griechisch-orthodoxer Christ, den wir persönlich kannten und mit dem uns eine Freundschaft zum griechisch-orthodoxen Bischof Jacobus in den USA verband, besuchte jeden Sonntag die neu gegründeten evangelikalen und charismatischen Kirchen und Gebetsfrühstücke. Die Einladung zu einem unserer Gottesdienste hat er nie angenommen. Dies alles war Teil der Strategie, die 1980 im »Santa Fee-Dokument« niedergelegt worden war, einem geheimen Strategiepapier des rechten »Think Tanks«, der Vordenker des amerikanischen Präsidenten Ronald Reagan. Ich habe es mit eigenen Augen gelesen! Dort war unter anderem geplant, der Befreiungstheologie und ihren sozialen Implikationen in Lateinamerika und der Karibik, also dem »Kommunismus« in Reagans Verständnis, den Boden zu entziehen. Also auch unserer Arbeit. Politisch und ökonomisch wurde die Karibik durch die damalige amerikanische Politik tief gespalten. Die Karibik war der »Vorhof« Amerikas. Man wollte nicht noch weitere Kubas vor der Haustüre haben! Die politische Situation in Jamaika während der meisten Zeit unseres Aufenthaltes unter der Regierung von Edward Seaga war tief polarisiert und von politischer Einschüchterung gekennzeichnet.

Wir haben als Chaplains unsere Arbeit getan und mit Vorlesungsreihen, Musikangeboten, Gesprächsgruppen, Passionsandachten und den turnusmäßigen Gottesdiensten versucht, unseren Beitrag zu einem nicht-fundamentalistischen Verstehen der biblischen Botschaft zu leisten. Am nützlichsten war unser Einsatz für ein »Büro zur Unterstützung notleidender Studierender«. Derer gab es viele. Das war ein sichtbarer Beitrag unserer »Chaplaincy«, und wir haben dafür auch einiges Geld aufgetrie-

Die »Chaplains« in Kingston, Jamaika 1987

ben. Alles in allem aber war es »not much to write home about«, – »Nicht viel, um darüber nach Hause zu schreiben«, wie Philip in solchen Situationen zu sagen pflegt. Er hat neben seinen Vorlesungen am Theologischen College im Master Programm intensiv an den Diskussionen über Karibische Literatur und Identität teilgenommen. Die Universitätsgemeinschaft war von mehreren Morden, einige davon mit klarem politischem Hintergrund, erschüttert worden. In dieser angespannten Lage waren seine Gespräche mit dem Lehrpersonal der Universität ein wichtiger seelsorgerlicher Beitrag.

Als gemischtrassisches Ehepaar hatten wir es nicht schwer in der Karibik. Alles erscheint natürlich und leicht. Mischungen der Kulturen und Rassen jeglicher Art gehören zur karibischen

Identität. Dennoch fragte mich ein Journalist einmal im Interview: »Warum hat Philip Potter eine weiße Frau geheiratet?« Das hat sehr wehgetan.

Ich habe in der Methodistischen Kirche ständig weiter dazu gelernt, wie das Frommsein aus Glauben, Singen und *Handeln* besteht. Dass *Rechtfertigung und Heiligung* zusammen gehören. Das verkündete der Begründer des Methodismus, Charles Wesley (1707-1788), in jedem seiner Lieder. Die tausend Lieder im methodistischen Gesangbuch haben mich ganzheitliche Theologie gelehrt. Ich war glücklich, dass die Gläubigen in jedem Gottesdienst sangen, *mit Herz und Hand* Christinnen und Christen zu sein.

Aber die Karibik hatte auch eine schmerzliche Lehre für mich. So sehr ich mir Mühe gab, die Menschen zu verstehen und mich anzupassen, ich blieb eine »von außen«, eine »*expatriot*«, und wenn es ans Wesentliche ging, hatte ich nicht wirklich das Recht, mitzureden. Das musste ich schlucken. Es war ein schmerzlicher, schwer zu akzeptierender Tatbestand.

◆ ◆ ◆

Bettler in Kingston

Gestern klopfte ein Bettler am Zaun,
einer der vielen, die schon geklopft hatten
an diesem Wochenende.
Ich schrieb gerade an einer Predigt
und versuchte, ihn nicht zu hören.
Eigentlich klopfte er ja bei den Nachbarn.

Nach einer Weile ging er davon – unbeachtet.
Da sah ich ihn erst, er hinkte den Berg hinauf,
er hatte nur ein Bein und zwei Krücken.

Da brach ich in Tränen aus.

Jetzt steht er vor mir und sagt,
dass Gott meine tägliche Schuld,
im Überfluss zu leben und nicht zu wissen, wie man teilt,
nicht verzeiht;

und dass ich gestern
die Saat der Gewalt nicht aufgehalten habe.

◆ ◆ ◆

Im Nationalmuseum in Kingston steht eine mächtige Skulptur der Künstlerin Edna Manley, der Mutter des einstigen Premierministers Michael Manley, die eine große Förderin jamaikanischer Kunst gewesen ist. Es ist eines ihrer besten Werke: »Die Ghettomutter«. Da steht eine stämmige Frau. Viele Kinder hängen mehr oder weniger an ihr, sie blickt aufrecht und wachsam die Betrachterin an. Oft habe ich mir diese Skulptur angeschaut, um besser zu verstehen, was die Frauen im Ghetto bewegt und aufrecht hält bei der schier unmöglichen Aufgabe, viele Kinder im Ghetto großzuziehen, oft ohne Unterstützung durch den oder die »Baby-Fathers«, die Väter der Kinder. Die Skulptur zeigt ihre kämpferische Stärke und ihren widerständigen Lebensmut.

Mit solchen Frauen hatte ich es in Down Town zu tun und meine Theologie musste ihnen gerecht werden. Die »Wesley Women's Drama Group«, so nannten wir uns bald, traf sich wöchentlich. Inspiriert von den Leitsätzen, der »Dekade der Kirchen in Solidarität mit den Frauen« des ÖRK, die inzwischen auch in Jamaika angekommen war, orientierte ich mich an den ersten beiden Zielen, die für die Dekade festgelegt worden waren. Sie lauteten: *1. Frauen zu befähigen, unterdrückende Strukturen in der Gesellschaft weltweit, in ihrem Land und in ihrer Kirche in Frage zu stellen. 2. Den maßgebenden Beitrag von Frauen in Kirche und Gemeinde anzuerkennen, sowohl durch gleiche Mitverantwortung und Entscheidungsgewalt als auch durch Mitgestaltung der Theologie und des geistlichen Lebens.*

Szene nahe der Wesley Methodist Church in Kingston

Wie konnte das stattfinden? In Down Town? Die Frauen lebten rund um die langsam zerfallende Wesley Methodist Church in armseligen Häusern mit dicht besiedelten Hinterhöfen. Alle hatten Kinder, ihre Zahl ging von eins bis zwölf. Alle waren unverheiratet. Wenige hatten eine feste Arbeit. Bei unserem ersten Kennenlernen war ihre Frage: »Hast Du Kinder?« Ja, ich hatte Kinder geboren. Nein, die Kinder lebten nicht mehr. Das machte die Frauen nachdenklich. »Sorry for you.« Zweite Frage. »Tut es den weißen Frauen genauso weh, ein Kind auf die Welt zu bringen wie schwarzen?« Es gab den rassistischen Mythos, die Geburtsschmerzen seien eine besondere Strafe für die schwarzen Frauen.

Ich wollte sie ermutigen, ihre Kinder nicht zu schlagen. Sie erklärten mir, dass die Gewaltlosigkeit in der Kindererziehung nichts sei für Down Town. »Ja, du hast ein Haus mit Gittern und dein Mann schlägt dich vielleicht nicht. Bei uns muss man frühzeitig lernen, sich zu wehren.« Tischmanieren wollten sie lernen, um sich nicht zu blamieren, wenn sie einmal irgendwo eingeladen wurden, wo verschiedene Löffel, Gabeln und Gläser auf dem Tisch lagen und in der richtigen Reihenfolge benutzt werden wollten. Praktische Lebenshilfe also.

Bald fanden wir heraus, dass alle gern biblische Geschichten spielen würden. Die Leute in Jamaika lieben das Drama. Mein Wunsch war es, biblische Texte zum Sprechen zu bringen und gleichzeitig ihre eigene Lebenssituation in den Blick zu nehmen. Kontextualisieren also. Die Frauen wollten Schwangerschaft, Kinderkriegen und Beziehungen thematisieren. Heraus kam die Geschichte von »Hagar und Sara ... und Abraham«, in dieser Reihenfolge (1 Mose 16,1-16). Wir lasen also in der Bibel die Geschichte des kinderlosen Ehepaares, das mithilfe einer Sklavin das so wichtige Kind bekommen will. Es beeindruckte sie überhaupt nicht, dass Abraham eigentlich die zentrale Figur in der Geschichte ist. Ist sie es?

Die Frauen fanden die beschriebene Situation sehr einleuchtend. Alle in Down Town wollen Kinder haben. Kinder, das ist Stolz, ist Zukunft, ist Ansehen, besonders für die Männer. Man sagt: »She has a child *for* him« – »Sie hat ein Kind *für* ihn«. Die Frauen fanden es verständlich, dass der Mann fremdgeht, wenn die eigene Frau unfruchtbar ist. »Nur sollte die Frau das auch dürfen.« Sara, die bald »Mrs. Abraham« genannt wurde, war offensichtlich eine bessergestellte Frau, die in Up Town lebt und sich ein Dienstmädchen, Hagar, von Down Town halten kann. Sie versucht ihr Glück zu erzwingen. Sie verreist unter zweideutigen Anspielungen – »Du kannst ja meinen Mann ein wenig trösten« – für einige Wochen zu ihrer Schwester nach Toronto und lässt den Ehemann mit dem Dienstmädchen allein. Hagar, ohne ökonomische Sicherheit, lässt sich mit dem Hausherrn ein. Sie möchte ihren sozialen Status verbessern, zumal die Ehefrau offensichtlich die Augen zudrückt. Alles spielt sich längst in einem begüterten Haus in Up Town-Kingston ab. Als Mrs. Abraham zurückkommt, findet sie eine nachlässige und aufsässige Hagar vor, denn sie ist ja schwanger vom Hausherrn. Mrs. Abraham beschwert sich bei ihrem Mann. Der sagt nur: »Sie ist ja dein Dienstmädchen. Du kannst mit ihr machen, was du willst.« (wörtliches Bibelzitat) Sara behandelt Hagar so schlecht, dass diese davonläuft und sich in der »Steinwüste« von Down Town versteckt, wo schon allerlei Gerüchte über sie umgehen. Eine der Frauen in ihrem Hinterhof wird nun zu ihrem Engel und gibt ihr den Rat zurück zu gehen. Die Frauen sind sehr aufgeregt als wir über diese Szene sprechen und diskutieren lange, ob Hagar sich »unterwerfen« soll. Es geht um die Zukunft des Kindes. Es braucht eine Zukunftsperspektive. Das ist schließlich das Wichtigste für die Frauen. Wir diskutieren die Geschichte in der Vorweihnachtszeit. Die Frauen erfinden einen für sie plausiblen Schluss. Irgendjemand muss ja den Anfang machen in der verfahrenen Situation. Alle haben die Schwäche der jeweils anderen ausgenutzt. Hagar, das schwächste Glied in der Kette, geht zurück und murmelt vor Mrs. Abraham etwas von Verzeihung. »Ich würde das niemals tun, nur dass ihr das wisst«, stellt eine der Frauen sicher. Daraufhin murmelt auch Mrs. Abraham Worte der Entschuldigung. Beide Frauen aber stehen nun gemeinsam vor dem höchst verlegenen Mr. Abraham und fragen: »Und was hast Du nun zu sagen?« Er verspricht, das Kind rechtlich anzuerkennen und zu versorgen. Ein wichtiger ökonomischer Aspekt für Down Town-Frauen. Außer Nachkommenschaft ist dann auch die Beziehung wichtig. Hagar darf wählen, ob sie weiter im Haus arbeiten will. Sie will nicht. Eine andere Arbeitsstelle wird für sie gefunden. Alles endet mit einem großen Weihnachtsessen, zu dem der ganze Hinterhof eingeladen wird. Mrs. Abraham redet vom Frieden und von dem Kind, das Frieden bringt. Das Jesus-Kind, wohl gemerkt.

Dies war nun wirklich eine wilde Exegese, aber sehr lebensnah und abgesehen vom Weihnachtsschluss gar nicht so erfunden. Wir lernten, wie Konflikte in einer Dreiecksbeziehung und über eine Schwangerschaft gelöst werden und im heutigen Kingston Schritte über die Klassengegensätze hinweg gemacht werden könnten.

Nun wurde das Ganze geprobt. Eine professionelle Frauen-Drama-Gruppe, SISTREN, kam uns zu Hilfe. Ich bekam einen

Crashkurs in Theaterwissenschaft: off-stage, front-stage, mid-stage, backstage. Besonders das »Ice-breaking« war wichtig, also bei Probenbeginn die ersten Minuten mit meinen »Schauspielerinnen« durch Spiel, Singen und kleine Körperübungen aufzulockern. Die Proben stellten meine Geduld auf eine harte Probe. Miss Barbara bekam während der Proben ihr zwölftes Kind, es wurde gleich ins Spiel einbezogen. Manchmal fehlten die Hauptdarstellerinnen beim Proben. Ich war Regisseurin, Prop (Zubehör) – und Stage-Managerin. Und als der Tag der Aufführung kam, fehlte Mr.(!) Abraham, der natürlich auch von einer der Frauen gespielt wurde. Ihr Baby-Father hatte sie am Vorabend verprügelt und sie wollte keinesfalls mit blauem Auge auftreten. So musste ich bei der Premiere selbst in letzter Minute die Rolle des Mr. Abraham übernehmen.

Die Aufführung fand am zweiten Advent statt auf dem offenen, staubigen, heißen Platz vor der Kirche. Die Leute aus der umliegenden Community waren in Scharen gekommen. Noch ehe wir das mühsam beschaffte wacklige Podium betreten konnten, war es besetzt von einigen unverjagbaren Ghetto-Kindern, die kleine Einzelvorstellungen von Reggae Songs gaben. So gingen tatsächlich *zwei* Vorstellungen gleichzeitig über die Bühne. Wegen der großen Menschenmenge konnten wir nur mit Mühe auf die Bühne gelangen. »Jetzt lass mich doch mal durch, ich muss doch meine Rolle spielen.« In letzter Minute hatten wir uns entschlossen, ein Schnur-Mikrofon einzusetzen, weil man sonst kein Wort verstanden hätte. Das hat die ganze Regie durcheinandergebracht.

Für mich war diese Aufführung das reine Chaos. Den Tränen nahe musste ich aber trotzdem den Mr. Abraham spielen. Die Down Town-Leute aber waren begeistert. Ihre eigenen Frauen spielten eine gute Geschichte, wie aus dem Leben gegriffen, dabei war es eine Geschichte aus der Bibel. Alle redeten Patois, den lokalen Dialekt, nur Mrs. und Mr. Abraham redeten Englisch. Ich armer Ersatz-Abraham gab mit meinen übereifrigen Improvisationen genügend Anlass zur Volksbelustigung. Bis heute kriecht mir die Scham ins Gesicht, wenn ich daran denke. Aber am Ende hatte Mr. Abraham seine Würde wieder hergestellt. Im Spiel jedenfalls. Die Leute tobten vor Begeisterung und alles endete mit Johlen und Klatschen.

Drei Tage später spielten wir die Geschichte noch einmal in der vornehmen, mit echten Gemälden ausgestatteten Halle einer Rechtsanwaltsfirma vor deren Angestellten. Da waren nun vornehmlich Up Town-Leute versammelt. Der Gegensatz hätte nicht größer sein können. Das brachte den Schauspielerinnen aus dem Ghetto ein gutes Mittagessen ein und mir weniger Chaosgefühle. Die Geschichte wäre nicht vollständig, ohne zu erzählen, dass es während der Proben und Aufführungen zu einem ernsten Konflikt zwischen den beiden Frauen Hagar und Sara kam. Es war nicht ganz der Konflikt, den wir im Drama darstellten, aber nicht weit davon entfernt. So hatten wir Drama im Drama und in der Wirklichkeit.

Wir spielten dann später auch zum Thema Kriminalität und Hilfsbereitschaft »Die gute Samariterin in Kingston«, was wir uns auf einem Markt in Down Town vorstellten. In der »Speisung der 5.000« ging es um Nahrungsmangel und Teilen. »Die verlorene Tochter« war mehr oder weniger die eigene Geschichte der meisten Frauen in der Drama-Gruppe.

Meine Hauptdarstellerin, die intelligente zierliche Ghettomutter Bibsie, die fünf Kinder von vier Männern hatte, blieb mir nach meinem Wegzug aus Kingston treu. Immer wieder stellte sich eine Not ein, wie es bei den Armen eben ist. Sie ist genau die Ghetto-Mutter, die ich im National-Museum gesehen hatte.

Es kamen Telegramme nach Deutschland: Mal war sie krank und brauchte Geld für die Medizin. Dann bekam sie ein Visum und wollte ihren ausgewanderten Sohn in den USA besuchen. Später wurden ihr ein paar Ziegelsteine zugeteilt, um ihr Häuschen anzubauen. Sie konnte die Wasserrechnung nicht bezahlen. Einmal brauchte sie einen Rechtsanwalt für ihren »Babyvater«, der als »Gun Man« angeklagt worden war – also als professioneller Killer. »Er ist – ich schwöre es – ganz unschuldig.« Da habe ich aber nicht geholfen. Dann wurde einer ihrer Söhne erschossen. Das hat ihr das Herz gebrochen. Sie konnte die Beerdigung nicht bezahlen. Ich hatte und habe eine Schwäche für diese Frau und ihre Kinder, besonders den zartbesaiteten Madidonna (sic!). Zwei Jahrzehnte lang habe ich mich mit ihr auseinandergesetzt, ihr meist etwas Geld geschickt für ihre dramatisch beschriebenen Krisensituationen. Es ist überhaupt nicht leicht, selbst ein gesichertes Einkommen zu haben und sich richtig zu verhalten, nicht im Blick auf »die Armen«, sondern auf eine einzige Arme, die an mir hängt. Irgendwann habe ich sie bei einer Unwahrheit ertappt. Danach erlosch die Verbindung – für zwei Jahre. Vor wenigen Wochen rief sie aus New York an, ohne Bitte um Geld, einfach so und meldete: Nun habe sie eine Dauer-Aufenthaltsgenehmigung für die USA. »Hier ist es so viel besser als in Kingston. Danke, Bärbel, dass du mir so oft geholfen hast!« Diese Ghettomutter!

◆ ◆ ◆

Nach fünf Jahren in Jamaika war die finanzierte Freistellung durch meine Landeskirche beendet. Ich stand vor der Frage: In Kingston bleiben? Aber die dortige Kirche konnte mich nicht bezahlen. Zurück nach Württemberg? Philip war bereit, mit mir zurück zu gehen. Ich hatte noch einige Jahre Berufsleben vor mir. Er war schon im Ruhestand.

Mit weinenden und manchmal lachenden Augen packten wir unsere Habe wieder in einen Container und verabschiedeten uns aus Jamaika mit einer herrlichen Party auf dem Campus der Universität. Eine altmodische »Mentho Band«, mit viel Rum gestärkt, spielte alte jamaikanische Volkslieder. Die Wesley-Frauen hatten sich getraut, nach Up Town zu kommen. Jemand bat sie, etwas zu singen. Da fiel ihnen in der Aufregung nichts anderes als ein kleines anzügliches Lied ein: »Every time me cook rice and pees, the cock is coming on top«. Sie giggelten verlegen herum. Indigniertes Kopfschütteln bei den übrigen Gästen. Miss

Barbara, die eine großartige Gospel-Sängerin ist, sang einen peinlichen Lobgesang auf mich. Sie schenkten mir ein großes gehäkeltes Herz mit roter Schleife. Es war eine veritable Begegnung der verschiedenen jamaikanischen Kulturen unter meinen Gästen.

Ich brachte vor der Abreise alle meine Kleider in einem großen Paket nach Down Town. Sorgenvoll hatte ich mir überlegt, wie ich sie gerecht verteilen könnte. »Lass das mal uns machen«, war die Antwort. Und so geschah es.

Dann kam der Tag des Abschieds. Das Haus war leer, der Container, bis zur letzten Minute beladen, unterwegs. Die methodistische Familie und die Nachbarschaft kamen in unser Haus, um Abschied zu nehmen. Dazu Joan, die Sozialarbeiterin, die uns immer wieder »Jamaica from below« – »Jamaika von der sozialen Unterseite« erklärt und die unser Haus während des Hurricans gehütet hatte und eine gute Freundin geworden war. Philips alte Freundin Carmen, seine beste »Medizin« in den jämmerlichen Momenten der zurückliegenden Jahre, Mary, die immer professionelle Hilfe parat hatte. Unsere Hunde liefen verloren herum. Der Abschied von ihnen fiel mir besonders schwer. Es war heiß und schwül und ich hatte nah ans Wasser gebaut.

Der Taxiunternehmer, dem wir unser Auto verkauft hatten, fuhr uns gratis zum Flughafen. Als wir aus dem Auto stiegen, standen sie da: die Wesley Women's Drama Group. Als einzige von all unseren Bekannten waren sie zum Flughafen gekommen. Jede Frau trug eines meiner Kleidungsstücke! Miss Barbara hatte ihren mächtigen Busen in eines meiner Batikshirts gezwängt. Sie schrien, sangen, winkten und lachten und standen noch unverdrossen auf der Zuschauertribüne, als das Flugzeug drei Stunden später in völliger Dunkelheit abhob. Das ist das Letzte, was mir von dieser Abreise im Gedächtnis blieb.

Wir schwebten über die Blue Mountains und durch die Karibische See. Was habe ich zurückgelassen? Ein Stück Befreiungstheologie und Feministische Theologie, meine leichten Sommerkleider bei den Wesley-Frauen, meine beiden Hunde »Blacky«

und »Browny« bei den Nachbarn. Mitgenommen habe ich lebhafte gemeinsame Erinnerungen und einige anhaltende Freundschaften. Irgendwie gingen wir gestärkt zurück. Philip verließ die Karibik als Migrant, der er sein Leben lang bleiben wird. Jamaika war ja auch nicht seine ursprüngliche Heimat. »Es ist der Humor Gottes, der mich in meinem Alter nach Deutschland, nach Württemberg bringt.«

Die Zeit in Kingston, diese unvergleichlichen Lehrjahre haben mich zu einer *Mitbewohnerin der »Einen Welt« gemacht.* Mein Wissen und meine noch so kostbaren Einsichten hatten nur eine begrenzte Gültigkeit. Was ich tue oder lasse, berührt nicht nur *mein* Lebenshaus oder das *anderer* Menschen. Es berührt *das gemeinsame* Lebenshaus. Die Leute in der Karibik denken sich ihren Lebensmut nicht aus, wie ich es oft tue. Sie haben wirkliches Zutrauen ins Leben und sie singen aus vollem Herzen »*He's got the whole world in his hand*« – »Gott hat die ganze Welt in seiner Hand«. Gegen Babylon. Sie leben durch ihr Glück und ihr Unglück, ohne am Sinn *des Ganzen* zu verzweifeln. So schien es mir. Nun ging ich über die Grenze zurück, ins Frühere, nach Württemberg. Ein *neues* Land war in mir gewachsen, das Land, das die Jamaika-Leute und all die Menschen meiner ökumenischen Lehr- und Wanderjahre bewohnen. Es war noch Platz für mehr. Bewahrheitet hatte sich einmal mehr Paul Tillichs Gedanke von der Grenze als dem fruchtbaren Ort der Erkenntnis.

Was sind schon die menschengemachten Grenzen anderes als vorläufige, revidierbare Zwischenhalte? Meine Grenzen hatten sich, seit ich Stuttgart verlassen hatte, gründlich verschoben. Mitgenommen aus Kingston habe ich ein gehäkeltes Herz mit einer roten Schleife. Mein Herz war in der Karibik noch einmal neu »gehäkelt« worden und dabei hat sich bewahrheitet: »Der Mensch ist die Medizin des Menschen.« Hier hatten sie mir das Herz mit einer große Portion Lebensmut »aufgefüllt«.

Diesen Mut würde ich auf dem nächsten Stück Lebensweg, im »begrenzten Gebiet« meiner württembergischen Wahlheimat, auch dringend brauchen.

Zwölftes Kapitel

Fremd zieh ich wieder ein ...

Pfarrerin in einer Ortsgemeinde in Deutschland

»Du bist eben ein unregelmäßiges Verb«, sagte Freundin Marie angesichts der Anfänge und Abbrüche in meinem Leben. In das Pfarrerdienstrecht hat das alles nicht hineingepasst. Die Württembergische Landeskirche hatte mir am Anfang meiner Berufstätigkeit großzügig den Weg geebnet, mich mit zusätzlichen Kursen und Prüfungen in den Pfarrdienst übernommen und meine Ordination in den Dienst der weltweiten Kirche ermöglicht. Mit meiner Rückkehr aus Jamaika aber sei das Ende der dienstrechtlichen Flexibilität erreicht, ließ man mich wissen. Es gab erst einmal keine passende Stelle für mich.

Es brauchte viel Phantasie, sich vorzustellen, wie mein Mann, der ehemalige Generalsekretär des Weltkirchenrates mit seiner Theologie und als Verantwortlicher für das Antirassismus-Programm, das so viele württembergische Synodale zu feindseligen Stellungnahmen gereizt hatte, nach Württemberg passen würde. Wie sollte das gehen? Erst einmal half ein Sabbatsemester, Zeit zu gewinnen. Philip und ich studierten 1991/92 ein Wintersemester lang in Heidelberg. Ein bunter Papagei begrüßte uns im Pfarrhaus unserer Gastfamilie und rief schmerzliche Erinnerungen an die Karibik wach. Leider riss er sich auch schon mal ein paar Federn aus. Vermutlich weil er das tropische Leben genauso vermisste wie wir.

An meiner alten Universität hatte ich, zwar beunruhigt durch die offene Frage nach unserer Zukunft, gleichwohl Zeit zum Lesen und Nachdenken. Wir mussten herausfinden, was die Menschen des Jahres 1991 in dem neu vereinten Deutschland bewegte. So vieles war anders geworden. Die Ost-West-Situation hatte sich vollkommen verändert. Die Berliner Mauer war gefallen. Es blieb die Mauer in den Köpfen.

In dieser historischen Zeit versuchten wir, in Deutschland Fuß zu fassen. Wir hatten aus der Ferne die deutsche Vereinigung verfolgt, und oft habe ich zu Philip gesagt: »Jetzt werden so viele Entscheidungen für die Zukunft getroffen und wir sind so weit weg und können nichts dazu beitragen.« Vieles lief, unserer Meinung nach, nicht gut. Der Weltkirchenrat hätte gleich zu Beginn ein ökumenisches Team aus verschiedenen Kirchen schicken können zur Begleitung und Beratung dieser die Welt verändernden Situation. Solche Teams hatte er in Krisenmomenten der Mitgliedskirchen oft geschickt. Im deutsch-deutschen Vereinigungsprozess war nicht genug Gegenseitigkeit, Augenhöhe und Geschwisterlichkeit zu finden, nicht in der Politik, schon gar nicht bei der »Treuhand«, die die ökonomische Seite der Wiedervereinigung »abwickelte«, und auch nicht in den Kirchen.

Ich studierte Martin Bubers Schrift »Ich und Du«. Das hat mir für meine theologische Entwicklung auf dem nächsten Wegstück sehr geholfen: Das Verstehen des Lebens als Beziehung, als Begegnung in Gegenseitigkeit. Jedes ICH entfaltet sich an einem DU. Gott ist nicht objektivierend, sondern als Gegenüber, als »ewiges Du« erfahrbar. Durch das Leben mit der Natur, auch mit den Tieren, das Leben mit den Menschen und das Leben »mit den geistigen Wesenheiten ... blicken wir an den Saum des ewigen Du hin, aus jedem vernehmen wir ein Wehen von ihm, in jedem Du reden wir das Ewige an.« Buber ist der Denker auf der Schwelle. Er überwindet das dualistische Denken, die strikte Trennung von Gott und Welt, Geist und Natur und findet Gott gegenwärtig in der gelingenden Beziehung, ohne darin aufzugehen. »Gott umfasst das All, und ist es nicht; so aber auch umfasst

Gott mein Selbst, und ist es nicht.« Buber vollbringt das denkerische Kunststück, Gott nicht als personales Gegenüber zu verstehen und doch der *Beziehung* zu diesem DU allergrößtes Gewicht zu geben. Ich hatte das früher schon gelesen, jetzt aber habe ich es existenziell verstanden.

Eine Art Glaubensbekenntnis

Ein Tag
ist nur ein Tag.

Doch borgt er sich
vom ewigen Leben,
vom ewigen Tod.

Ich füge ihn ein
in das Ganze,
das ich längst
dem ewigen DU
anvertraut
habe.

Außerdem studierte ich mit Begeisterung »Bert Brecht und die Bibel«.

Philip belegte einen Sprachkurs »Deutsch für Ausländer« und freute sich an dem fröhlichen Rudel junger Auslands-Studierender, die mit ihm Hausaufgaben machten und ihn mitschleppten zu ihren studentischen Unternehmungen. Als er bei der Bundesbahn einen Senioren-Pass beantragte, fragte der Beamte nach seinem Ausweis. Da sagte er: »Ich habe nur meinen Studentenausweis dabei.«

Am Ende des Semesters »traute« er als väterlicher Freund in ökumenischer Weite eine junge japanische Mitstudentin und ihren Freund stilgerecht in einer Heidelberger Hochzeitskirche.

Nach den Details dieser Trauung habe ich lieber nicht gefragt. Später im Semester stieg er als hochwillkommener Referent bei Ulrich Duchrow, dem ökumenischen Freund, in ein Universitäts-Seminar über »5oo Jahre Kolonialisierung Lateinamerikas und der Karibik« ein. Das war natürlich das Richtige. Seinen Deutschkenntnissen hat es leider nicht sehr weitergeholfen, denn man sprach Englisch.

Jeden Morgen bin ich vom evangelischen Pfarrhaus in Handschuhsheim zur katholischen St. Vitus Kirche gejoggt. Sie war offen. Gott sei Dank. Da traf ich oft ein paar Betende an, etwa eine Gruppe, die zu Exerzitien aufbrach. Noch heute bin ich den katholischen Geschwistern für diese wortlose ökumenische Gastfreundschaft dankbar. Warum kann man in vielen unserer evangelischen Kirchen nicht ebenso jederzeit still sitzen und beten?

Oft saß ich in der Morgenstille allein und habe ... um Fassung gebetet. Wir waren irgendwie gestrandet und wussten nicht, wie es weitergehen würde. Es gab kein Willkommen. Wie auch sollte die Anti-Apartheid-Aktivistin, die Feministische Theologin, die Ökumenikerin, die geschiedene Frau wieder in die württembergische Landeskirche passen? Ich habe mich vor Philip geschämt. Wollte uns der Oberkirchenrat Gelegenheit geben, in eine andere Landeskirche zu wechseln?

Damals ist ein jäher Frost auf meine ökumenischen Blütenträume gefallen. Der Frost ist nie wieder ganz gewichen, nicht in Stuttgart, nicht in Frankfurt und nicht in Nordelbien. Ich spüre ihn deutlich, jetzt, da ich mich anschicke, darüber zu schreiben. Ich fand in unseren Kirchen so viel Förmlichkeit und Bürokratie, so viel Distanz in den Beziehungen, Rivalität und Taktik und volkskirchliche Ausgewogenheit. Selbst die Schwesterlichkeit ist davon befallen. Ich suchte und suche in den Kirchen immer das WIR, das mir so vertraut war aus der Südafrika-Arbeit, der Dritte-Welt-Arbeit und aus der weltweiten Ökumene. All dies war nicht ohne Konflikte gewesen, aber doch nach dem Motto: »We agree to disagree« – »Wir stimmen überein, dass wir nicht übereinstimmen«. Ich sehnte mich jetzt oft nach diesem Grundeinverständnis: »*Wir arbeiten gemeinsam für das Reich Gottes. Ich vertraue Dir.*«

Ich grüble, was ich zu den kommenden »Vergegnungen« (Buber) beigetragen habe. Es ist ein Schmerz und Teil meines Leidens an der Kirche. Es kam wie eine Lähmung über uns. Ich war auch ständig in einer Habt-Acht-Stellung, ob uns der Rassismus nicht einholen würde, der offene oder subtile. Und das tat er auch, nicht oft, aber sehr real. Marie sagte: »Jetzt werdet Ihr erst mal richtig in die Demut geführt.«

Eine kräftige Gastritis begleitete mich die nächsten zwei Jahre. Fremd bin ich nach meinen ökumenischen Wanderjahren wieder in mein deutsches Heimatland, meine Heimatkirche eingezogen. »Kulturschock rückwärts« nennt man das.

Schließlich war es der Hilfe des Stuttgarter Dekans Martin Klumpp zu verdanken, dass ich am Ende unserer Sabbatzeit in Stuttgart-Botnang ordnungsgemäß die dritte Pfarrstelle angetreten habe.

◆ ◆ ◆

Mit der S-Bahn kommt man heute, dank eines Tunnels, schnell in die Stadtrandgemeinde Botnang, das ehemalige Dorf, in dem lange die Wäsche Stuttgarts gewaschen, gebleicht und gebügelt worden war. Mit der Industrialisierung wurde es ein Arbeiterdorf, in dem die Kommunistische Partei und die SPD stark vertreten waren. Einmal habe ich einen alten Kommunisten auf das inständige Flehen seiner frommen Frau hin beerdigt. Als ich bei der Beerdigung in die knorrigen abweisenden Gesichter der alten Botnanger blickte, dachte ich: »Hoffentlich dreht sich der Mann nicht im Grabe um.«

Heute sind viele Menschen aus der Innenstadt an den waldnahen Stadtrand gezogen und aus dem Dorf ist eine schöne, komfortable Wohngegend in Laufweite zu Schloss Solitude geworden.

Die Schlosskapelle auf der Solitude, in weißem Barock mit einer zierlichen Orgel, lockte die Brautpaare an. Viele Samstage verbrachte ich dort mit Trauungen. Im Frühling und Sommer wanderten naturfrohe Stuttgarter durch den schönen Wald zur Schlosskapelle, um am Neun-Uhr-Morgen-Gottesdienst teilzunehmen. Die Morgensonne leuchtete in die helle Stille und wir sangen: »Wach auf mein Herz und singe«. Predigen tue ich bis heute wirklich gerne. Danach fuhr ich im Eiltempo durch den Wald, um nicht zu spät den Zehn-Uhr-Gottesdienst in der Nikodemuskirche und den Elf-Uhr-Gottesdienst in der Auferstehungskirche zu beginnen. Einmal kam ich wirklich 20 Minuten später zum Elf-Uhr-Gottesdienst – und siehe da – die Gemeinde hatte zu meiner Freude die Zeit mit Liedersingen verbracht. Wie in Jamaika!

Aus der weltgereisten Ökumenikerin wurde langsam, aber immer sicherer, in sechs Jahren eine volkskirchliche Ortspfarrerin mit allem, was dazu gehört: Gottesdienste aller Art, Andachten mit verschiedensten Leuten, Kirchengemeinderatssitzungen. Dienstbesprechungen mit manchmal sehr kontroversen Auseinandersetzungen, Altenheimbesuchen, Pfarrkonventen, Seniorennachmittagen, Geburtstagsbesuchen. Besuchsdienstgruppe und Basarwochenenden mit Laienspiel, in dem ich einmal, als es um den fairen Handel ging, den lateinamerikanischen Großgrundbesitzer spielte und tatsächlich auf der Bühne eine dicke Zigarre (an-)rauchte. Ich schrieb ein Krippenspiel, in dem ein rasender Reporter die »Heilige (Flüchtlings-)Familie« auf den Abstellgleisen des Stuttgarter Hauptbahnhofs sucht, unter dem Leuchten des missverstandenen Daimlersterns. Ich arbeitete mit der Sitzwachengruppe, die Sterbende begleitet. Auch an einer Morgentour der Diakonieschwester nahm ich teil, verfolgte zuständigkeitshalber den Wandel der Diakoniestation in ein Dienstleistungsunternehmen. Es gab den treuen Bibelkreis, dann wieder »Tanzen mit Frauen«. Schulanfängergottesdienste mit Liedern in Zeichensprache – Gott ist in der Zeichensprache leider »oben«. Ich änderte es in eine Kreisbewegung, soll heißen »unter uns«. Konfirmandenunterricht – ach, das fiel mir kinderloser Frau besonders schwer. Keine Ahnung, was in den Köpfen der Jugendlichen vorging. Ich ließ sie die Seligpreisungen auswendig lernen und kleine eigene Aufsätze dazu an der Konfirmation vorlesen. Mit den Altenheim-Bewohnerinnen und -bewohnern ließ ich sie einkaufen und spazieren gehen. Oder mit den bosnischen Flüchtlingskindern den Tierpark Wilhelma und das Schwimmbad besuchen.

Als sie mir zu sehr auf der Nase herum tanzten, trennte ich einmal die vier heftigsten Knaben und machte mit ihnen eine eigene Gruppe. Das hieß Doppelstunden für die Pfarrerin. Und siehe, ich hatte eine wunderbare Zeit mit denen. Sie bekamen, was sie wollten: Aufmerksamkeit. Einmal lud ich die vier zum Kaffeetrinken zu mir nach Hause ein und da stellten sie mir gar nicht verlegen ihre wichtigste Frage: Ob Jesus denn Sex gehabt habe. Darauf hatte ich keine schnelle Antwort. Eine feministische Leib-Theologie war erst im Entstehen.

Oft saß ich an meinem Arbeitsplatz mit weitem Blick zur Auferstehungskirche und dachte: »Pfarramt, das übt ganz schön.« Und trommelte ein wenig auf meiner Jamaika-Trommel. Es gab viel zu lernen für die Anfängerin in der Ortsgemeinde.

Im Blick auf die Amtshandlungen hatte ich mir einen Orientierungssatz über dem Schreibtisch aufgehängt: »Am Altar soll nicht gelogen werden«. Oder möglichst wenig, dachte ich im Stillen dazu. Wie können Eltern ein Taufversprechen ablegen, das Kind im Geist Jesu zu erziehen, wenn sie selbst nicht in der Kirche sind? Wie soll ich auf Bitten der Angehörigen Ausgetretene beerdigen, die vielleicht hatten sicherstellen wollen, dass an ihrem Grab keine kirchlichen Worte gesprochen werden? Wie geht eine kirchliche Trauung, wenn der Ehemann als Nicht-Kirchenmitglied auf einer Hochzeitsmesse Geschmack an der kirchlichen Trauung gefunden hat und nun mit einem Machtwort bei mir die Trauung und gleich auch noch den Ave-Maria-Gesang durchsetzen will? Oder die Konfirmation eines Jugendlichen, der in der ersten Stunde verkündete: »Ich bekomme 3.000 DM von meinem Großvater, wenn ich mich konfirmieren lasse.« Wie unterscheide ich einen ehrlichen Segenswunsch von magischem Segens-Denken? Werde ich als Brauchtumspflegerin missbraucht? Meine ökumenischen Jahre hatten mich den Selbstverständlichkeiten der Volkskirche entfremdet und ich habe meine Kollegen wohl oft zur Verzweiflung gebracht mit meinem Insistieren auf dem Satz »Am Altar soll nicht gelogen werden«. Auch später im bischöflichen Amt galt ich in dieser Hinsicht als streng und ... altmodisch. Ich bin es nicht!

Freilich bin auch ich immer wieder Kompromisse eingegangen. Am ehesten beim Beerdigen. Da kam man den Angehörigen am nächsten. In der Trauer zeigen sie Gesicht. Auch wenn es leere, gefühlsarme, hilflose, suchende, zerrissene – oder befreite Gesichter sind. Bei fast jeder Beerdigung habe ich, langsam und in die Stille hinein, die Seligpreisungen der Bergpredigt gesprochen, in meiner Übersetzung:

Selig sind, die geistlich arm sind, denn ihnen gehört der Himmel.

Selig sind, die Leid tragen, denn sie sollen getröstet werden.

Selig sind die Sanftmütigen, die Gewaltlosen, denn sie werden die Erde besitzen.

Selig sind, die es hungert und dürstet nach der Gerechtigkeit, denn sie sollen satt werden.

Selig sind die Barmherzigen, denn auch sie werden Barmherzigkeit finden.

Selig sind, die ein reines Herz haben, denn sie werden Gott sehen.

Selig sind die Frieden stiften, denn sie werden Kinder Gottes genannt werden.

Selig sind, die um der Gerechtigkeit willen verfolgt werden, denn ihnen gehört der Himmel.

Mt 5,3-10

Es war ein Moment, in dem die Stimme des reinen Evangeliums zu den Menschen sprach, hinein in die Trauer, in die harte Welt des Geldmachens und Erbens, in die Familienzwiste, schäbigen Nachbarschaftsstreite oder auch in ein gutes Miteinander und reinen Abschiedsschmerz. Mit *wie* großer Aufmerksamkeit haben die Menschen auf diesen Text gehört! Er breitete sich aus, erfüllte den Raum und bot allen seinen Trost an. Es gibt wenige so klare, tröstende und zugleich orientierende Worte wie diese. Das habe ich in meiner pfarramtlichen Praxis erlebt.

Manchmal stand ich drei bis vier Mal in der Woche auf dem Friedhof. Dann wieder länger gar nicht. Ich habe die Toten, wenn möglich, immer vor der Beerdigung noch einmal angeschaut in den Kämmerlein vor der Friedhofshalle, wo sie aufgebahrt waren und wo noch dörfliche Nähe möglich war. Ich konnte sehen, dass sie schon ausgewandert waren aus ihrem Leib, dass sie eine Hülle zurückgelassen hatten. Ich sah, wie der Friede des Todes, auch nach Kampf und Schreien, auf ihren Gesichtern lag. Die bleichen Lilien auf ihren Särgen. Die einsame Stimme eines Cellos zum Abschied, der Orgelchoral. Tröstliches gab es vieles, ja. Aber wenig Österliches habe ich auf unseren Friedhöfen gefunden und auch selbst wenig eingebracht. Dazu müsste mehr gesungen werden. Als Pfarrerin muss ich das Ganze zusammenhalten. Manchmal stand ich vor einer großen Trauergemeinde. Manchmal vor ganz Wenigen. Einmal war ich mit dem Friedhofswärter allein. Da sprach ich nur ein Vater Unser und den Segen. Es gab so viele unterschiedliche Trauerfälle: den jungen Selbstmörder, ein an Leukämie gestorbenes Kind, Unfalltote. Das Leben kommt nah an einen heran im Pfarramt. Manchmal auch eigenwillig: Eine sehr alte Balletttänzerin hat mir am Grab ihres Partners die ganze »Inszenierung« einfach aus der Hand genommen und selbst angesagt, wie sie sich alles ausgedacht hatte. Da habe ich leise aber entschieden zu ihr gesagt: »Bitte, hier bin ich jetzt zuständig.«

Bei den Erdbestattungen sagte ich am Grab: »Wir werden diesen Menschen jetzt *in Gottes gute Erde* legen.« Mir selbst wurde es bei diesen Worten leichter, am Grab zu stehen. Ich konnte sehen, welche Kraft dieses kleine Wörtchen »gut« hat. Wie der Gedanke an »Gottes *gute* Erde« Menschen aufrichtete. Dann war da nicht nur ein finsteres schwarzes Erdloch. Etwas anderes wurde auch hörbar. Die Erde als unsere Heimat. Ich war froh, ja glücklich, wenn die Menschen, die so angespannt auf den Friedhof gegangen waren, ruhiger hinausgingen.

◆ ◆ ◆

Von Ernst Lange hatte ich gelernt, dass jede Ortsgemeinde ein Stück der Weltchristenheit ist. Meine eigene Loyalität galt dieser Ortsgemeinde – und später der Nordelbischen Landeskirche – aber eben als einem Teil der weltweiten Christenheit. Ich war an einer längeren Leine, an einem ferneren Baum angebunden. Ich wollte alles und jedes immer in diesen größeren Raum stellen. Jene Portion Lokalpatriotismus, die einen heimisch macht mit den Menschen vor Ort, war mir abhandengekommen. Ich blieb »die von außen«, die Grenzgängerin, die jenseits der Grenze immer auch noch ein Stück Heimat hat. So blieb ich, nach Deutschland zurückgekehrt, doch diejenige, die zwischen den Bereichen hin und her geht und nirgendwo so richtig dazu gehört. Migrantinnen-Schicksal eben, das mich oft recht einsam gemacht hat.

»Think globally, act locally« – »Denke global – handle lokal«. Dieser Leitgedanke ökumenischen Handelns passte damals genau zu meiner neuen Arbeit. Ich wollte an der Basis, in einer Ortsgemeinde in die Tat umsetzen, was ich in der weltweiten Ökumene an Einsichten gewonnen hatte. Zum Glück war Botnang mit seinen 6.000 Gemeindegliedern, zwei Pfarrern und einer Pfarrerin nicht so polarisiert, wie es oft der Fall war in Württemberg zwischen »offenen«, »mittigen« und »lebendigen« Gemeindegruppen. Botnang war eher eine liberale Gemeinde, offen und interessiert an dem, was Philip und ich mitzubringen hatten. Die christliche Gemeinde, das wurde meine Erfahrung, ist ein hervorragender Ort, um ein neues Weltbewusstsein, ja ein »Weltethos« zu lernen, denn sie versteht ohne Mühe, dass sie »weltweiter Leib Christi« ist.

Als 1991 der Golfkrieg ausbrach, hatten auch in Botnang die Friedensgebete großen Zulauf. Die politisch engagierten Köpfe des Friedenskreises kamen auch nach dem Golfkrieg weiter zusammen. Mit dieser Gruppe konnte ich viele Themen der damaligen Zeit reflektieren. Heute kommt es mir wie ein Grundstudium in Friedensethik vor. Wir sprachen über Rüstungsexporte aus Deutschland, vom Daimler bis Heckler und Koch im Schwarzwald, die besonders Kleinwaffen exportieren. Wir sprachen über 50 Jahre Kriegsende und die »Stuttgarter Schulderklärung«. Zusammen mit der Jugendgruppe lasen wir Bonhoeffers Biographie »Dem Rad in die Speichen fallen« und sahen gemeinsam den Film »Schindlers Liste«. Es ging auch um Gewaltfreiheit anhand von Gandhi-Texten. Zum Thema »Fremde in der Bibel« machten wir ein Bibelseminar und dachten darüber nach, wie sehr die Armut im eigenen Land den Frieden zerstört. Wir machten uns kundig über den Islam und den »Heiligen Krieg« und diskutierten mit muslimischen Mitbürgern über Frieden in unserer Stadt und auch darüber, ob »die Religion Trägerin der Friedenskraft« sei.

Ein wichtiges Thema wurde »Die Vergötzung der Wirtschaft in der Gegenwart«. Damals fing ich an, den »Club of Rome« zu zitieren: »*Auf einer endlichen Erde kann es kein unbegrenztes Wachstum geben.*« Wir begannen, die Wachstumsideologie ernsthaft unter ökologischen Gesichtspunkten zu hinterfragen, die Kommerzialisierung und Vermarktung aller Lebensbereiche. Neu war das ja nicht. Bert Brecht hatte in einem seiner Stücke den Zynismus derer beschrieben, die über nichts anderes nachdenken als über den Gewinn:

»Weiß ich, was ein Reis ist?
Weiß ich, wer das weiß!
Ich weiß nicht, was ein Reis ist.
Ich kenn' nur seinen Preis.

Weiß ich, was ein Mensch ist?
Weiß ich, wer das weiß!
Ich weiß nicht, was ein Mensch ist.
Ich kenn nur seinen Preis.«

Dagegen hat der japanische Theologe Masao Takenaka ein wunderbares Büchlein geschrieben mit dem Titel »Gott ist Reis«. Gegen die Kommerzialisierung aller Lebensbereiche lasen wir Texte des Paulus, der in seinen Briefen oft vor der Habgier, der Selbstsucht und dem Geiz als Leben zerstörenden Kräften warnt. Besonders aber *feierten* die Friedensleute im Sommer eine »Friedensfeier« auf Schloss Solitude. Diese Feier verband uns eng miteinander: die Dürrs, die Bayers, die Blumensteins, die Bauspießens, die Schaals, die Sixts, die Kattenstrohs und viele andere. Damit stärkten wir unseren Mut und unsere Lebensfreude.

Nicht nur für die Friedensgruppe, sondern für die ganze Gemeinde und für mich selbst wurde die Passions- und Osterzeit eine wahre Hoch-Zeit im geistlichen Jahr. So erfüllt habe ich sie seither nicht wieder gefeiert! Wie nah berührte sich da die christliche Tradition mit dem wirklichen Leben!

Die Karwoche begann mit dem Nachdenken über christliche Märtyrer. Wir sahen einen Film über Oscar Romero, den Bischof aus El Salvador, der wegen seines Einsatzes für die Armen am Altar erschossen worden war. Ein anderes Mal lernten wir Bonhoeffer und dann Sophie Scholl besser kennen. Wir verbrachten die Karwoche mit Nachdenken über »Zeichen des Lebens auf dem Weg zum Tod«: Nardenöl, Brot und Wein, Dornenkrone und das Kreuz als Lebensbaum. Aus der »Südafrikanischen Passion« von Bischof Manas Buthelezi lernten wir, was er über das »Erlösende Leiden« zu sagen hatte: *»Es ist ein Leiden in der Wei-*

se, wie Christus gelitten hat. Christus wurde Mensch und litt, um Menschen von der Sünde der Knechtschaft zu befreien, (nicht der Knechtschaft der Sünde). *Es ist ein Leiden, welches sein Ziel nicht in sich selbst hat, sondern es wird auf sich genommen im Kampf um die Befreiung anderer. ... Es bedeutet, Macht über sich selbst zu haben, so leiden zu können, dass dadurch andere frei werden... Die erlösende Kraft solchen Leidens ... ist wie ein Fenster, durch das man in einer existentiellen Weise des Leidens anderer gewahr wird.«*

Eine kleine Gruppe fastete die Woche über und wir beendeten jeden Fastentag mit Gesprächen über unsere hungrigen Leiber, redeten begeistert viel über das Essen und beteten am Ende südafrikanische Gebete.

Besonders anrührend war, wie mein Pfarrerskollege Passion und Ostern den Kindern verständlich machte. Sie säten am Karfreitag im Familiengottesdienst Samen in eine Schale mit den Worten: *»Wenn das Weizenkorn nicht in die Erde fällt und erstirbt, bleibt es allein; wenn es aber erstirbt, bringt es viel Frucht.« (Joh 12,24)* Sie stellten die Schale ins Warme und am Ostermorgen konnten alle sehen, dass sich die ersten grünen Spitzen aus der Erde reckten.

In der Tradition der Ostermärsche lud der Friedenskreis am Karsamstag zum Friedensgebet auf den Birkenkopf, den Schuttberg, der aus den Trümmern des zerstörten Stuttgart aufgetürmt worden war. Unter dem Gipfelkreuz, mit Blick auf das wiedererstandene Stuttgart, beteten wir für den Frieden in der ganzen Welt, für den Shalom, den Gott uns ins Herz legen möge. Wir stimmten unter dem weiten Himmel erste Osterlieder an und entzündeten in der einbrechenden Nacht die Kerzen. Ich sehe sie vor mir, die alte Friedensfreundin Anne Egerter, die, nach mehreren Krebsoperationen sehr geschwächt und am Stock gehend, sich in den Kopf gesetzt hatte, zu Fuß auf den Birkenkopf hinauf zu humpeln, explizit nur an Philip Potters Arm, um dort oben im kalten Wind – so wollte sie es – vermutlich ein letztes Mal, das Lied von Schalom Ben-Chorin zu singen:

»Freunde, dass der Mandelzweig
wieder blüht und treibt,
ist das nicht ein Fingerzeig,
dass die Liebe bleibt.

Dass das Leben nicht verging,
soviel Blut auch schreit,
achtet dieses nicht gering
in der trübsten Zeit.

Tausende zerstampft der Krieg,
eine Welt vergeht.
Doch des Lebens Blütensieg
leicht im Winde weht.

Freunde, dass der Mandelzweig
sich in Blüten wiegt,
bleibe uns ein Fingerzeig,
wie das Leben siegt.«

Den »Sieg des Lebens« feierten wir dann in der Schlosskapelle noch im Dunkel derselben Nacht. Ostermorgen! Während der Tauf-Erinnerung zeichnete ich den Menschen ein Wasserkreuz auf die Stirn. Während des Abendmahls wurde es draußen hell. Die österliche Freude breitete sich unter uns aus. »Christus ist auferstanden«, riefen wir. Bewegt gaben wir einander den Friedensgruß, das Zeichen unserer Bereitschaft, Friedensmenschen zu sein und zu werden. Die Fastengruppe machte sich mit ritueller Langsamkeit ans Fastenbrechen und nahm gemeinsam das wohldurchdachte Osterfrühstück ein, während draußen die Ostersonne (manchmal) aufstieg und die Kinder Eier suchen gingen.

◆ ◆ ◆

Es war – wieder einmal – eine Zeit des Anfangens. Ich war von einem großen ökumenischen Grenzgang zurückgekommen. Ich wollte das ökumenisch Gelernte in die Ortsgemeinde einbringen. Das war für mich selbst ein wichtiger Prüfstein. Ökumene muss vor Ort lebbar sein!

Aber andere hatten längst die Fäden zur weltweiten Menschheit gespannt. Eine der unermüdlichen Gerechtigkeitskämpferinnen Botnangs, Margrit Wahl, hatte begonnen, nach den Gottesdiensten fair gehandelte Waren zu verkaufen. Die katholischen Frauen der Nachbargemeinde taten das gleiche. Der faire Handel war damals noch nicht wirklich in den Kirchen angekommen. Ist er es heute? Danach kam der regelmäßige Verkauf in den Gemeindehäusern. Schließlich waren der Wille, die Möglichkeit und auch das Geld vorhanden, einen Verein zu gründen und einen kleinen Laden in der Ortsmitte zu mieten.

Zu meinen Erfahrungen des Anfangens gehört es, dass man am Anfang etwas investieren muss. Sonst geht es nicht los. Das ist immer der größte Haken in der Solidaritätsarbeit. Philip hatte im Jahr 1988 von der Niwano-Peace-Foundation in Japan den »Japanischen Friedenspreis« erhalten, der mit einer Geldsumme ausgestattet ist. Das Geld haben wir in einen privaten Solidaritätsfonds investiert. Halbwegs »gerecht« verzinst – Zins ist natürlich immer fragwürdig – hat das keine riesigen, aber doch immer wieder brauchbare Summen erbracht. Schöne kleine Projekte haben wir jährlich damit gefördert: Ein Forschungssymposium über Marcus Garvey in Jamaica; einen Workshop des Dichterpriesters Ernesto Cardenal, der Bäuerinnen und Bauern in Nicaragua Gedichte schreiben lehrte; Studiengebühren für eine Studentin im Theologischen Seminar in Kuba; die Anschaffung einer guten Geige für ein talentiertes schwarzes Mädchen.

Nun also gab es einen Zuschuss für den Weltladen, mit dem wir schwäbische Sparsamkeitsbedenken zerstreuen und die nötige Investition für den Laden tätigen konnten. An einem trüben Herbsttag wurde der neue Laden mit fröhlicher Musik aus Lateinamerika und einer kleinen Rede von Philip eröffnet. Der Laden bekam den Namen »Pachamama« (gesprochen Patschamama), das heißt bei den Indianern »Mutter Erde«. Früher hatte ich ein kleines Buch geschrieben »Die Reise der Pachamama, eine theologische Erzählung«. Über »Mutter Erde« hatte ich schon viel nachgedacht und würde ich auch in Zukunft noch sehr viel mehr nachdenken. Im Weltladen wuchs eine gute, allerdings nicht immer konfliktfreie Zusammenarbeit von engagierten Frauen und wenigen Männern der evangelischen und katholischen Kirchengemeinde nach dem Motto: Wenn wir schon nicht miteinander das Abendmahl teilen dürfen, dann verkaufen wir eben gemeinsam Cashewnüsse und Bananen, Kunsthandwerk und Textilien. Der Verkauf war verbunden mit politischen und bewusstseinsbildenden Maßnahmen zum Thema »Eine Welt«, für die der Laden Werbung machte. Als Erstes fand ein Gospelkonzert mit Isabel und Martin Ngoubamjum statt, die ich noch aus der Ulmer Zeit kannte. Einmal hatte ich eine Gruppe von zairischen Flüchtlingen mit ihren Instrumenten in den Gottesdienst eingeladen, nur um festzustellen, dass laute Rhythmen mit afrikanischen Instrumenten bei der Gottesdienst-Gemeinde nicht besonders gut ankamen.

Der Laden besteht nun schon fast zwanzig Jahre. Und ist, dank des vielen ökumenischen Engagements zu einem – so sagt man mir – der erfolgreichsten Weltläden in Stuttgart geworden. Er hat sich inzwischen vergrößert, ist noch mehr ins Zentrum Botnangs gerückt. Ich glaube, es ist inzwischen sogar gelungen, dass die Kirchengemeinde offiziell ihren Kaffee und Abendmahlswein dort kauft.

◆ ◆ ◆

Das Jahr 1992 war kein gutes Jahr in der deutschen Vereinigungsgeschichte. Brandanschläge gegen Ausländer mit Toten in Mölln, Solingen und – juristisch ungeklärt – 1996 auch in Lübeck, pogromartige Ausschreitungen in Lichtenhagen und Hoyerswerda. Es wurde eine rigide und menschenunfreundliche Asylpolitik betrieben. Dies war ablesbar am Asylbewerber-Leistungsgesetz, das nur noch Sachleistungen, also kein Bargeld mehr für die Flüchtlinge vorsah. All dies schreckte viele Menschen auf, natürlich auch das gemischt-rassische Ehepaar Wartenberg-Potter: Wo waren wir denn hingekommen? Konnte Philip am Abend noch allein im Zug oder in der S-Bahn nach Hause kommen? Allein im Wald spazieren gehen? Heute, im Jahr 2013, wird eine »sinkende Bereitschaft der Deutschen, Vielfalt im Land zu akzeptieren. Vor allem in wachsenden Vorbehalten gegenüber Einwanderern ...« festgestellt. (Bertelsmann-Stiftung, 16.07.2013) Tilo Sarrazins rassistischen Gedanken in dem Buch »Deutschland schafft sich ab« sind – wer hätte das für möglich gehalten – ungehindert und ungestraft in der Mitte der deutschen Gesellschaft angekommen.

Es war die Zeit des Bosnienkrieges. Es gab in Deutschland etwa 350.000 Kriegsflüchtlinge. 200 von ihnen sollten in Botnang in eigens errichteten Fertighäusern aufgenommen werden. Die Geschichte dieses Flüchtlingsdorfes ist für mich verbunden mit dem Namen der Bezirksvorsteherin Botnangs, Ulrike Zich, einer jungen resoluten Frau, die meist rote Kleider trug und in Botnang großen Respekt genoss. Als es um die Errichtung des Flüchtlingsdorfes ging, brach in Botnang ein Sturm der Entrüstung los, angefeuert von der allgemeinen fremdenfeindlichen Stimmung im Land, die einige führende Politiker schamlos und populistisch ausnutzten. Ich erinnere mich mit Schrecken an die öffentliche Gemeinderatssitzung, die aus Platzgründen im evangelischen Gemeindehaus stattfinden musste. Es war bis zum letzten Stuhl besetzt und von einer aggressiven Stimmung begleitet, wie ich sie noch nie erlebt hatte. Man konnte wegen der Drohungen, Beschimpfungen und Wutausbrüche das eigene Wort nicht verstehen, geschweige denn den Verhandlungen folgen. Frau Zich kämpfte, um die Leitung der Sitzung in der Hand zu behalten. Mit Mühe kam der Beschluss zur Errichtung des Flüchtlingsdorfes zustande. Die Stadt Stuttgart musste ihr Kontingent an Flüchtlingen ja unterbringen.

Mir war jetzt klar: Wir müssen etwas unternehmen. Im Jahre 1992 wurden allein in Baden-Württemberg 83 Brand- und Sprengstoffanschläge mit fremdenfeindlichem Hintergrund registriert. Lichterketten, wie sie in jener Zeit zahlreich stattfanden, waren nicht genug. Im Oktober 1992 beschlossen wir im Friedenskreis,

angesichts der angespannten Lage zu einem »Runden Tisch« einzuladen. Das hatten wir von den ostdeutschen Geschwistern im
Vereinigungsprozess gelernt. Zusammen mit der katholischen Kirchengemeinde und der tapferen Bezirksvorsteherin haben wir diesen »Runden Tisch gegen Ausländerfeindlichkeit« zu einem Ort
gemacht, an dem die Botnanger Vereine, aktiven Bürgergruppen
und interessierten Einzelpersonen über alles sprechen konnten,
was das geplante Flüchtlingsdorf betraf. Wir schlossen ein Bündnis
gegen die Gewalt. Zuerst erarbeiteten wir eine Argumentationshilfe. Erfahrene Berater wurden eingeladen und berichteten aus
anderen Stadtteilen. Dann hörten wir das Zeugnis einiger Asylsu-
chender, die über ihr hartes Schicksal berichteten. Wir begannen
Informationsblätter an die Nachbarstraßen des künftigen Flüchtlingsdorfes zu verteilen. Frau Zich und ich gingen selbst von Haus
zu Haus mit einem Brief, der erklärte, wie das Dorf aussehen sollte,
wie viele Flüchtlinge kommen würden und woher sie kamen. Der
»Runde Tisch« wurde zur Drehscheibe für alle Art von Informationen. Bevor die Flüchtlinge kamen, gab es einen »Tag der offenen
Tür« im Flüchtlingsdorf selbst. Alles sollte so offen und transparent wie möglich sein. Ein jüdisches Sprichwort sagt: »*Wer einen
einzigen Menschen rettet, rettet die ganze Menschheit.*«
In dieser Zeit entstand so etwas wie eine Kampfgemeinschaft
zwischen Frau Zich und mir. Mit einer engagierten Gruppe von
Leuten haben wir uns gegen eine riesige Welle der Ablehnung
gestemmt. Immer wieder fiel uns noch etwas Neues ein.
Inzwischen hatte mein Kollege Fritz Egelhof nach einer Predigt
über den »Kindermord in Bethlehem« (Mt 2,16-18) mit Kirchen-
gemeinderätinnen und -räten eine Initiative ergriffen. Der Erlös
eines Basars und weitere Gelder sollten durch einen Förderver-
ein bereitgestellt werden, um für die vom Krieg traumatisierten
Flüchtlingskinder eine Erzieherin zu finanzieren. Diese Erzieherin, Ute Nakhla, hat zusammen mit Margrit Wahl und anderen
Freiwilligen im Flüchtlingsdorf Großartiges geleistet. Die Friedenserziehung stand unter dem Motto »Miteinander reden statt
schlagen«. Das war konkret genug, um die Gewalt gewohnten

Im Kindergarten des Botnanger Flüchtlingsdorfes. Friedenserziehung beim
Puppenspiel mit Ute Nakhla

bosnischen Kinder einen anderen Umgang miteinander zu lehren.
Da lernten sogar die Jungen, zärtlich mit einer Puppe zu spielen.
Der Asylkreis der Kirchengemeinde – ich staunte immer wieder, was es in unserer Kirchengemeinde alles gab – richtete eine
Kleiderkammer ein. Andere Menschen im Dorf ließen sich auch
etwas einfallen. Ein Botnanger Bürger hatte den bosnischen
Frauen seinen halben Garten zum Anbauen von Kartoffeln und
Zwiebeln bereitgestellt. Er erzählte mir, dass ihm in seinem Alter
nichts Schöneres habe passieren können als die Freundschaft mit
einem zwölfjährigen bosnischen Jungen, der als Dolmetscher
zwischen den Frauen und ihm fungierte. Es gab mehrere solcher
Geschichten. Die Flüchtlinge zogen schließlich in das Fertigbaudorf ein, begleitet von den städtischen Mitarbeiterinnen und
einer privaten Initiative. Nichts Schlimmes ist passiert. Eine Anwohnerin gestand mir später: »Wenn die bosnischen Leute am
Abend draußen vor den Häusern sitzen, die Kinder auf der Stra
ße herumrennen und jemand Ziehharmonika spielt, dann ist es
wie bei uns früher in Botnang. Da wäre man fast gerne dabei.«
Noch mehrere Jahre lang erhielt ich aus dem Flüchtlingsdorf

fröhliche Weihnachtsgrüße. Frau Zich, beruflich längst an anderer Stelle, rief mich Jahre später einmal in Frankfurt an und wir erinnerten uns lachend an all die Mutproben jener Zeit. Damals war uns nicht zum Lachen zu Mute gewesen. Wir waren mit einem allzu bekannten Stück deutschen Ungeistes konfrontiert worden, mit Rassenvorurteilen, Ausländerfeindlichkeit, Wut und Aggression. Ich verstand jetzt besser, was 1933 passiert war. Der Ungeist aber hat nicht dauerhaft in Botnang an Boden gewonnen. Ein Netz engagierter Menschen hatte sich gebildet und sich schützend um das Flüchtlingsdorf gelegt.

◆ ◆ ◆

Die Feministische Theologie wollte ich auch im Pfarramt nicht aufgeben, vielmehr wollte ich neue Initiativen ergreifen, um sie voranzubringen. Nach einem Vortrag der Professorin Luise Schottroff über feministisches Bibellesen – wir waren seit dem Kirchentag in Frankfurt 1987 Freundinnen geworden – bildete sich in Botnang eine Gruppe »Feministische Theologie«.

Bärbel Wartenberg-Potter mit Luise Schottroff und Dorothee Sölle in Hamburg 1987

Wir studierten die Bibel, sangen, beteten, tanzten, meditierten. Es wurde, was ich »Feminismus auf dem Lande« nenne, jene Mischung aus Laiinnentheologie und exegetischer Wissenschaft. Daraus entstand später die Abendmahlsliturgie, von der ich schon berichtet habe.

Eine weitere Möglichkeit öffnete sich, als ich in das Präsidium des Deutschen Evangelischen Kirchentages (DEKT) berufen wurde.

Es sind unvergessliche Jahre, die ich in diesem Gremium erlebt habe mit all den engagierten adligen Protestanten, den Herren und Damen von Bismarck, von Thadden, von Weizsäcker, von Lojewski, von Rothenhan, von Braun, dazu all die engagierten Menschen des öffentlichen Lebens, Bundesrichter Helmut Simon, Erhard Eppler, Reinhard Höppner, Marianne Birthler, Elisabeth und Konrad Raiser, Annemarie Schönherr. Vor Augen habe ich noch die Diskussion über die Frage, ob man den bekennenden Atheisten und Liedermacher Wolf Biermann zu einer Bibelarbeit einlädt oder doch »nur« zu einem thematischen Beitrag. Ich argumentierte für die Bibelarbeit, allerdings vergebens. Es waren Sternstunden theologischer Gespräche zu Gegenwartsfragen, in denen ich als zurückgekehrte Ökumenikerin meine Ideen in diese fruchtbare Gedankenwerkstatt Kirchentag einbringen konnte.

Besonders gefreut habe ich mich darüber, dass ich dort neue Geschwister aus dem Osten kennenlernte. Und bald gab es ja auch den ersten gemeinsamen Kirchentag in Leipzig 1997 mit der Losung meines Herzens: »Auf dem Weg der Gerechtigkeit ist Leben«. Zusammen mit Annemarie Schönherr, der Theologin und Frau von Bischof Albrecht Schönherr, einem Weggefährten Bonhoeffers und führenden Kirchenmann in DDR-Zeiten, schrieb ich einen Brief an die neue Generalsekretärin des Kirchentages, Margot Käßmann, und machte den Vorschlag, im Kirchentag eine »Feministisch-theologische Basisfakultät« einzurichten. Das hatte ich mir bei der Arbeitsgemeinschaft »Christen und Juden« abgeguckt, die während des Kirchentages ein mehrtägiges

Spr 12,28

durchgehendes »Lehrhaus« anbot, in dem die Inhalte des christ-
lich-jüdischen Dialogs und das Kennenlernen des Judentums
vorzüglich vorangebracht wurden.

An den deutschen Fakultäten hatte die Feministische Theologie
einen schweren Stand oder sie existierte praktisch nicht. In der
»Basisfakultät« sollten Frauen und Männer während des Kirchentages Gelegenheit haben, verschiedene feministische Positionen kennen zu lernen und bekannte Theologinnen zu hören.
Zum Beispiel Fragen nach der damals sehr kontroversen Göttinnen-Spiritualität oder exegetische Themen. Es sollte eine »Basisfakultät« sein, ein Versuch, wissenschaftliche Theologie und
»Feminismus auf dem Lande« zusammenzuhalten.

Der Vorschlag wurde angenommen. Eine Vorbereitungsgruppe
wurde berufen, die schön paritätisch aus Ost- und Westfrau-
en bestand. Christiane Begerau aus dem Stab des Kirchentages
war die unverzichtbare Mit-Trägerin des Projektes. Annemarie
Schönherr und ich leiteten zusammen die Sitzungen. Ich erinnere mich an unsere Nervosität, als die Gruppe zum ersten
Mal in Leipzig zusammenkam. Wie würden sich die Frauen aus
Ost und West begegnen? Wie würde das Thema »Feministische
Theologie« bei den Ostfrauen angenommen? Wie würden sie es
anpacken wollen? Eine Frau hatte ihr Baby mitgebracht. Das hat
schon einmal viel zur Entspannung beigetragen. Es wurde dann
eine höchst ertragreiche erste Sitzung, der viele weitere folgten.
Wir näherten uns einander vorsichtig an, vorwärts – rückwärts,
gesamtdeutsch. Und wir stellten ein volles Programm für drei
Tage Kirchentag auf, kämpften um einen zentralen Veranstal-
tungsort, um Musik, Blumen und einen Ort der Stille.

Mein Anliegen war es, die globale Perspektive in den feministischen Diskurs einzubringen. Das Programmheft des Leipziger
Kirchentages weist sieben (!!) Seiten Programm der »Feminis-
tisch-Theologischen Basisfakultät« aus. Annemarie Schönherr,
Aruna Gnanadason, inzwischen meine Nachfolgerin als Direktorin im Weltkirchenrat, und ich eröffneten die Basisfakultät mit
der Frage: »Was ist und warum brauchen wir eine Feministisch-

Theologische Basisfakultät«. Die Themenvielfalt war groß: Wir wollten »den Himmel erden«, andere wollten »die Suche nach der Göttinnen-Spiritualität« erklären. Frauen forderten »eine gerechte Sprache«. Von »Gottesbildern« zum »Sündenbegriff« vom Antisemitismus zum »Feministischen Alltag«, bis zu Begegnungen mit unseren feministischen Müttern – in diesem Fall Marga Bührig – und einem reichen »Sister-carry-on-Singen« mit Flois Knolle-Hicks. Es war ein reich gedeckter feministischer Tisch und viele haben sich dort mit Motivation und Information versorgt.

Die Vorbereitungsgruppe der ersten Basisfakultät war aus Frauen aus Ost und West paritätisch besetzt und Frauen aus Ost und West besuchten fast gleichstark die Veranstaltungen. Mein Beitrag in Leipzig war ein Gespräch mit der Inderin Aruna Gnanadason aus Genf, Mila Hradečna aus Prag, Ophelia Ortega aus Kuba und der schwarzen Theologin Dolores Williams aus New York. Wir sprachen darüber: »Sag mir, wo du lebst – sag mir, was du glaubst – Feministische Theologie im weltweiten Kontext«. Ja, das war so recht nach meinem Herzen.

Fast alles, was mir zu diesem Thema wichtig war, kam in den drei Tagen zur Sprache. Die Basisfakultät entwickelte sich und begann zu leben und hat viele Impulse in den Kirchentag getragen. Heute ist sie leider abgemagert. Ich finde auch heute noch, wie in Vancouver: Die Frauen sollten im Hauptprogramm teilnehmen – aber sie sollten die »Frauenecke«, gerade in der Theologie, noch nicht aufgeben.

Heute muss vor allem die Genderfrage mit den Männern gemeinsam diskutiert und das Generationen-Gespräch unter den Frauen geführt werden.

◆ ◆ ◆

Mein Leben in Botnang war eine Übung in »Multiple Tasking«, viele Aufgaben musste ich gleichzeitig anpacken.
Und die Armen? In der »Wärmestube« in der Stuttgarter Innenstadt gab es ein Obdach für Obdachlose. Dort habe ich versucht,

einen Morgen im Monat mitzuarbeiten: Ich habe Tee und Kaffee ausgeschenkt, beim Bedienen der Waschmaschine geholfen oder neue Wäsche aus der Kleiderkammer ausgesucht. Ich hörte Geschichten über Arbeitslosigkeit, Scheidung, Alkohol und »Platte machen«. Ich hörte die Details dieses harten Lebens. Manchmal ging es haarsträubend obszön zu. Auch das eine oder andere Straßenkind tauchte auf. Straßenkinder in Deutschland? Weggelaufene, rausgeschmissene, verwahrloste Kinder und Jugendliche. Das war wirklich neu für mich. Bald aber ließ mir die Vielfalt der Aufgaben in der Gemeinde keine Zeit mehr dazu.

Hartnäckig habe ich mir die Zeit gestohlen, im Stuttgarter Landgericht den Prozess gegen den SS-Mann, Ghetto- und Zwangsarbeiterlager-Leiter Josef Schwammberger zu verfolgen. Es war einer der letzten großen Prozesse dieser Art. Schwammberger hatte, genau wie Adolf Eichmann, sogar unter eigenem Namen, jahrzehntelang in Argentinien unbehelligt gelebt. Seine Frau hatte sich jahrelang ihre Rente in der deutschen Botschaft in Buenos Aires abgeholt. Erst 1973 war er untergetaucht. 1990 wurde er dann an die Bundesrepublik ausgeliefert. Baden Württemberg hatte dafür 500.000 DM bezahlt.

In dem fast einjährigen Prozess, bei dem ich so oft wie möglich zuhörte, saß er teilnahmslos im Gerichtssaal. Er bestritt alle Vorwürfe. Manchmal war es totenstill im Saal, wenn wir die Zeuginnen und Zeugen hörten: Schwammberger war, wie im Film, mit Peitsche und einem schwarzen Schäferhund »Prinz« herumgelaufen und hatte sich »nach Gutsherrenart« in einer Pferdekutsche herumfahren lassen. Am Abend des höchsten jüdischen Feiertages, Jom Kippur, ließ er alle Lagerinsassen antreten und erschoss den im Gebet verharrenden Rabbiner Fraenkel vor aller Augen. Bezeugt wurde, dass er einmal zehn Männer und Frauen in eine brennende Scheune trieb und dann auf die brennenden Menschen schoss. Manche der hochbetagten Leute, die eigens aus den USA angereist kamen, sagte unter Mühen aus, aber wegen der Ungenauigkeit ihrer Erinnerung konnten ihre Aussagen nicht verwertet werden. Schwammberger sei voller Willkür und Rassenhass gegen die jüdischen Gefangenen gewesen, sie waren »vogelfrei«. Der Richter sagte in der Urteilsbegründung, Schwammberger habe sich »als Richter und Henker« gleichzeitig betätigt. Schwammberger – so geht dann ein solcher Prozess zu Ende – wurde zu lebenslanger Freiheitsstrafe verurteilt »wegen Mordes in sieben Fällen«, die jedenfalls waren einwandfrei nachgewiesen, und wegen Beihilfe zum Mord in mindestens 500 Fällen. Er blieb völlig teilnahmslos bis zum Ende und saß wie abwesend im Gerichtssaal. Meist waren nicht viele da, die zuhörten. Am Tag der Urteilsverkündung fand sich eine Gruppe junger Neonazis ein. Einer schrie: »Freiheit für Schwammberger« und sie reckten die Fäuste in die Luft.

Dies war eine sehr konkrete Erfahrung bei meiner fortwährenden Beschäftigung mit der nationalsozialistischen Vergangenheit.

Dazu gehört auch eine traurig-mysteriöse Geschichte in meiner eigenen Familie. Es existiert ein altes Foto meines Onkels Adolf Hüther, des Bruders meiner Mutter. Er steht als junger Mann, in viel zu großen Stiefeln, neben seinem Vater und blickt unsicher in die Kamera. Adolf war als blutjunger Kerl (geb. 1899) in den Ersten Weltkrieg gezogen und kam als menschliches Wrack zurück. Während des tagelangen Beschusses seiner Stellung konnten die Toten nicht hinausgeschafft werden. So hatte er, von Granateinschlägen und toten Soldaten umgeben, seinen Verstand verloren. Er wurde in die Nervenheilanstalt in Klingenmünster in der Pfalz gebracht. Wie eine neuere Dissertation zeigt, gab es dort bis zum Kriegsende eine überdurchschnittlich hohe Patientensterberate und man spricht in der wissenschaftlichen Literatur von »heimlicher Euthanasie«. Auch gab es 1944 einen Erlass, dass alle Krankenhäuser Platz für die Soldaten von der Front schaffen sollten. Meine Mutter besuchte den Onkel regelmäßig bis zur Evakuierung der Familie ins Allgäu. Im Februar 1945, kurz vor dem Ende des Zweiten Weltkrieges, erhielt die Familie die Nachricht, Adolf sei an einer Lungenentzündung gestorben. Das unaufgeklärte Schicksal dieses Onkels beschäftigt mich sehr.

*Mein Onkel Adolf Hüther
und mein Großvater
Ludwig Hüther 1917*

Im Ersten Krieg verlor er seinen Verstand, im Zweiten deshalb
sein Leben. Was ist in jener Zeit mit den Menschen in Deutschland geschehen?
Immer wieder fange ich da bei Null an. Einmal im Jahr schaue
ich mir den mehrstündigen Film »Shoa« von Claude Lanzmann
an. Ich lese alle mögliche Literatur, auch den Roman »Die Wohlgesinnten« von Jonathan Littell, der sich in einen SS-Mann
hineinversetzt und über tausend Seiten eine Geschichte größter Schrecklichkeiten erzählt. Joachim Fests Hitler-Biographie
hat mir spät die Augen für vieles geöffnet. Zum ersten Mal seit
Kriegsende hat vor drei Jahren ein Vertreter der Roma im Bun-
destag die Gedenkrede für die Opfer der Shoa halten dürfen.
Roma werden im heutigen Europa schon wieder diskriminiert,

herumgestoßen und misshandelt. So weit ist das alles gar nicht entfernt, was damals geschah. Immer verstehe ich wieder etwas Neues, einen Zusammenhang, eine Deutung. Aber so viel ich auch lese, am Ende bleiben nur Sätze wie sie die Hauptfigur in Littells Roman spricht: *»Die wirkliche Gefahr – vor allem in unsicheren Zeiten – sind die gewöhnlichen Menschen, aus denen der Staat besteht. Die wirkliche Gefahr für den Menschen bin ich, seid ihr ... Ihr habt vielleicht mehr Glück gehabt als ich, doch ihr seid nicht besser.«*

◆ ◆ ◆

In der Zeit in Botnang feierte ich meinen 50. Geburtstag mit einem Frauen-Symposium, zu dem ich wichtige Freundinnen meines Lebens eingeladen hatte.

Frauen-Symposium zum meinem 50. Geburtstag in Tübingen 1993, von links hinten: Philip Potter, Marga Bührig, Waltraud Bischoff, Luise Schottroff, Marie Dilger, Marguerite Wieser, Dorothee Sölle, Herta Leistner, Dorle Dilschneider, Elisabeth Raiser, Eva von Herzberg, vorne von links: Maria Jepsen, Uta Maria Köninger, Annette Bohley, Ute Dilger und Bärbel Wartenberg-Potter

Wir wollten die Frauen-Sicht auf Kirche weiter entwickeln. Für das Symposium entwarf Dorothee Sölle einige Thesen über die Kirche, die wir uns wünschen. Kirche solle »*Agentin der Gerechtigkeit und Anwältin der Gnade sein. Sie dürfe der Welt das Brot des Lebens nicht schuldig bleiben.*« Diese Sätze habe ich seitdem in meinen aktiven Sprachschatz aufgenommen.

Immer wieder gab es seltene und glückliche Ausflüge ins Elsass, aber – im Pfarramt gilt ja die Präsenzpflicht.

Wir begannen auch, unsere ökumenischen Freundinnen und Freunde in und um Stuttgart zu einem »Stammtisch« einzuladen, um dort die weltweite Ökumene und ihre Entwicklungen in den Blick zu nehmen. Bei Maultaschen, Zwiebelrostbraten und Trollinger verhandelten wir die Globalisierung, Missionstheologie und eine gerade entstehende Biographie über Ernst Lange.

Philip hat in diesen Jahren intensiv an der Geschichte des Christlichen Studentenweltbundes (WSCF) gearbeitet, die unter dem Titel »Seeking and Serving the truth« – »Die Wahrheit suchen und ihr dienen« zum 100jährigen Bestehen des Weltbundes erschien. Der Studentenweltbund war die Kinderstube der ökume-

Im Elsass mit meinem Freund Viktor

nischen Bewegung gewesen und hatte viele spätere Führungs-
persönlichkeiten hervorgebracht. Philip hat sich auch in dem
Ausschuss engagiert, der Geld für einen globalen Fonds des
WSCF sammelte. Immer wieder fuhr er auch auf Reisen in alle
Welt, denn noch immer stimmt das Wort von Charles Wesley
auch für ihn: »Die Welt ist meine Gemeinde«. Er bekam in dieser
Zeit auch einen weiteren wichtigen Ehrendoktor verliehen, nämlich von der Universität in Südafrika, in Kapstadt. Wer hätte das
jemals gedacht in den Apartheid-Zeiten?

Zweimal in dieser Zeit saßen Menschen in meinem Wohnzimmer mit der Frage, ob ich für das Bischofsamt ihrer Kirche zu
kandidieren bereit wäre. Nein, das war ich nach den Erfahrungen des holprigen Starts in Stuttgart und weiterer gescheiterter
Bewerbungen nicht. Auf noch ein Scheitern hatte ich keine Lust.
Dann kam mein pfälzischer Landsmann Hermann Barth aus
dem Kirchenamt der EKD und fragte mich, ob ich bereit wäre,
die Geschäftsführung der Arbeitsgemeinschaft Christlicher

Verleihung des Ehrendoktors der Universität Kapstadt an Philip Potter, von links:
Bärbel Wartenberg-Potter, Beyers Naudé, Philip Potter, Alex Boyd Knight, 1996

Kirchen in Deutschland, der Bundes-ACK, also des deutschen Ökumenischen Kirchenrates in Frankfurt, zu übernehmen, als Repräsentantin der EKD.

Was tun? Sechs Jahre Gemeindepfarramt hatten aus mir, der ökumenischen Aktivistin, eine Pfarrerin der Volkskirche gemacht, mit kritischen Gedanken über Gestalt und Aufgabe dieser Kirche am Ende des 20. Jahrhunderts. Ich spürte, dass ich noch immer in einer fremden Sprache sprach und auch nicht wieder ganz angekommen war in der deutschen kirchlichen »Monokultur«. Die innere Zugehörigkeit zu einer größeren Gemeinschaft, die ich, um des Lokalen willen, nicht verraten darf, hatte mich geprägt. In Botnang habe ich viel gelernt über die Kirche und über mein eigenes Land. Ich kam nahe zu den Menschen. Als ich von Jamaika den Weg »zurück über die Grenze« ging, fand ich eine Art Innenraum vor. Da gab es die Fäden nach draußen, den Weltladen, das Flüchtlingsdorf, Gottesdienste und Kontakte zu Migranten, zum Kirchentag und zum Evangelischen Missionswerk. Dennoch war der Innenraum für mich nach den Jahren in der weltweiten Kirche ein begrenzter Raum geblieben.

Ich war 53 Jahre alt. Sollte ich die ökumenische Spur meines Lebens wieder aufnehmen? Frankfurt lag in der Mitte der Republik, am Knotenpunkt der Deutschen Bahn und am internationalen Flughafen. Das würde ökumenische Bekannte zu uns bringen und Philip sein Reiseleben erleichtern. Aber sollte ich denn immer eine »Anfängerin« bleiben? Manchmal träumte ich vom vorzeitigen Ruhestand, den man damals noch mit 58 Jahren antreten konnte. Schließlich sagte ich Ja zu dem Wechsel. Aber ich wünschte mir, bei allem Enthusiasmus für das Anfangen, dass es der letzte Anfang in meinem Berufsleben sein möge.

Dreizehntes Kapitel

Im Palmengarten

Frankfurt am Main und die Arbeitsgemeinschaft Christlicher
Kirchen in Deutschland (ACK)

Frankfurt ist viel besser als sein Ruf. Wir wohnen seit dem 23. April 1997 in der Parkstraße im Westend. Auf den Straßen hört man ein buntes Sprachengemisch: Hessisch, Deutsch, Amerikanisch, Italienisch, Französisch, Spanisch, Jiddisch, Chinesisch, Japanisch. Dazu gibt es an fast jeder Ecke die dazugehörige Bank oder das Restaurant. Philip muss nur eine Straße weiter gehen, um am Kiosk alle Zeitungen – die er in Englisch und Französisch liest – druckfrisch zu holen. Die Weltnachrichten halten wieder bei uns Einzug und ermöglichen uns, am Weltgeschehen teilzunehmen. In der Nähe ist der riesige Komplex des ehemaligen IG Farben-Hauses, an dessen Wänden dokumentiert ist: IG Farben hat auch bei der Herstellung und Lieferung von Zyklon B für die Nazi-Konzentrationslager eine große Rolle gespielt. Zu unserer Zeit war das IG Farben-Haus noch das Hauptquartier der amerikanischen Streitkräfte in Europa und – die Deutschlandabteilung der CIA. Heute gehört es zur Johann Wolfgang Goethe-Universität. An Samstagen gehen jüdische Familien und Kippaträger zur nahen Synagoge, auch vier in blauen Samt gekleidete, entzückende Mädchen im Gänsemarsch. Die Synagoge ist hoch gesichert.
In unserer munteren Hausgemeinschaft gab es ein deutsch-afroamerikanisches Ehepaar mit farbigen Kindern. Da passten

wir gut dazu. Überhaupt waren viele Kinder da, Stadtkinder, die im Handtuch großen Garten einen Hasenstall aufstellten und auf dem ebenfalls Handtuch großen Vorplatz Fußball spielten. Wir wohnten im Hochparterre und einmal stieg vermutlich ein Drogensüchtiger in der Nacht bei uns ein. Ich habe ihn schlicht durch Rufen und resolutes Auftreten verjagt. Unser Briefträger verstand sich als Seelsorger des Quartiers. Er erkundigte sich in breitem Hessisch einfühlsam nach unserem Ergehen, versorgte unsere Ferienpost und nahm Philip mit zu seinem Shantychor. Dort sang Philip die eigens für diesen Abend ausgesuchten Harry-Belafonte-Lieder mit. Zum Gottesdienst gingen wir in die »Christus Immanuel-Gemeinde«, unter deren Dach auch die serbisch-orthodoxe Kirche ihre Gottesdienste feierte und die koreanische Gemeinde zuhause war. Manchmal feierten wir alle gemeinsam. Der Pfarrer, Konrad Knolle, und seine Frau, die Musikerin Flois Knolle-Hicks gehören zu den neuen hilfsbereiten Freundinnen und Freunden in Frankfurt. Beim neu gegründeten Stammtisch treffen wir unsere ökumenischen Bekannten von früher wieder, die Stöhrs, die Trautweins, die Michels, die Hoffmans, Karlheinz Dejung und Hildburg Wegener und andere. Es gab wieder freie Abende und freie Wochenenden. Menschen aus der weltweiten Ökumene machten in Frankfurt einen Zwischenhalt, um Philip zu besuchen.
Die alte Oper war nur zehn Minuten entfernt. Dort gab es Klassisches und Cross-over Musik mit Bobby McFarrin oder dem Chronos-Quartett. Wir gingen auch wieder ins Kino, wo Filme in englischer Sprache gezeigt wurden.
Wir wurden auf dem Frankfurter Hauptbahnhof, in der U- und S-Bahn heimisch. Die Wolkenkratzer zwischen den alten Bürgerhäusern störten uns nicht. Wir waren ja in »Mainhattan«. In Frankfurt drehte sich auch niemand nach einem gemischtrassischen Paar um. Die »Multikulti«-Politik der Stadt Frankfurt machte sie zu einem idealen Wohnort für uns. »Von hier ziehen wir nie wieder weg«, sagte ich zu Philip.

◆ ◆ ◆

Am Morgen schulterte ich meinen kleinen Lederrucksack – alles war auf Mobilität ausgerichtet – küsste meinen Zeitung lesenden Mann inmitten seiner Bücher und machte mich auf den zwanzigminütigen Fußweg zur Arbeit. Die Wolfsgangstraße ... schöne Westendhäuser ... der Grüneburgweg, die Siesmayerstraße. Dann kam die Drehtür, die mich – mit einer Jahreskarte versehen – in das schönste Stück Frankfurt einließ: in den Palmengarten. Welch ein Glück, jeden Morgen durch diesen Garten gehen zu können. Noch dazu war es der direkteste Weg zu meiner Arbeitsstelle.

Ich gehe jeden Tag, je nach Jahreszeit, einen anderen Weg Im Frühling wackeln mir an der Brücke am kleinen Teich die Enten mit ihren quietschgelben Jungen entgegen. Dann kommen die roten Tulpenrabatten und Narzissenbeete. Die Vögel zwitschern in vollem Frühlingston.

Im Mai nehme ich den Weg durch den Rhododendron-Garten, in dem feuerrote, purpurrote, weiße, pinkfarbende Blütenberge sich türmen, durch die ein kleiner Wasserfall von einem kleinen Steinmassiv in einen kleinen See plätschert, auf dem Rudernde ein paar Dutzend Ruderschläge mit Blick auf die Wolkenkratzer machen können. Manchmal sitze ich in der Mittagspause auf einer Bank in der Sonne, esse ein Eis mit Mandeln und schaue ihnen zu. Oder ich verspeise mit Philip die berühmte hessische »grüne Soße« im Palmenrestaurant.

Im Juni aber blühen die Rosen. An manchen Morgen nehme ich mir Zeit und schaue sie einzeln an, diese stolzen Blumen, jede hat ihren eigenen Duft, ihre eigene Farbe, ihre eigene Botschaft. »Rose, oh reiner Widerspruch, Lust niemandes Schlaf zu sein unter so viel Lidern.« Ich kann ihn auswendig, diesen Satz, der auf Rilkes Grabstein im schweizerischen Wallis steht. Üppig bereiten sich die Rosen auf das Rosenfest vor, das alljährlich hier stattfindet und die Frankfurter Stadtmenschen glücklich macht. Dann kommt die Sommerwiese mit ihren grünen Liegen, auf die ich mich abends auf dem Heimweg manchmal lege und Zeitung lese. Unter den Bäumen steht eine große Skulptur, ein riesiges steinernes Gesicht blickt mich rätselhaft an. Es ist aber nur eine Imitation der Statuen von den Osterinseln. Dort warte ich manchmal auf Philip, der mir von der anderen Seite entgegen kommt. Und dann gehen wir gemeinsam in einen Biergarten in die Stadt. Über uns sind die Flugzeuge im Landeanflug. Der Lärm der Stadt dringt gedämpft herein. Eine kleine Bahn fährt durch den Park, bringt Erwachsene und Kinder vom Spielplatz zum kleinen Zirkuszelt, in dem »Pinocchio« aufgeführt wird. An Sommerabenden spielt eine kubanische Band einen Abend lang im Theaterpavillon und die Stadtmenschen trinken dazu Prosecco oder liegen im Mondschein auf der Wiese. Romantik in Mainhattan.

Im Herbst blüht das schönste Heidekraut in weiten Beeten und über dem Garten sammeln sich Vogelschwärme wie große Wolken, die lange in der aufkommenden Nacht auf und nieder wogen.

Im Winter gehe ich durch einen schlafenden Garten. Manchmal ist er verschneit. Wintervögel zanken sich um Futter. Irgendwann im Februar beginnen im Seitenflügel des Palmenhauses die Kamelien zu blühen: Frankfurts Gärtner verzaubern uns Wintermenschen mit der Zartheit und Schönheit dieser Blumen. Wie in der Karibik kann man zu jeder Jahreszeit ins Palmenhaus gehen. Tropische Wärme und Feuchtigkeit schlagen einem entgegen. Da krächzen die Papageienvögel, die Zierfische glotzen aus ihren Aquarien, die üppigen Palmen und Pflanzen, seltene tropische Blumen und alle Arten von Orchideen halten in uns die Sehnsucht nach der Karibik wach. Die Kakteenhäuser und fleischfressenden Pflanzen besuche ich weniger.

Der Palmengarten, diese als Kunstwerk komponierte Natur, ist mein Lebenselixier in dieser Stadt. Immer wieder bin ich dem Herrn Siesmayer dankbar dafür, dass er 1868 die Idee hatte, exotische Pflanzen hier auszustellen. Marie, meine nie um einen Kommentar verlegene Freundin, sagt: »Jetzt hast du nicht nur einen Garten, Du hast auch gleich noch die Gärtner, die ihn schön halten.«

Ich durchquere den Garten und komme in der Ökumenischen Zentrale an, wo im sechsten Stock mein römisch-katholischer, mein freikirchlicher und mein griechisch-orthodoxer Kollege und die Damen des Sekretariats mit mir zusammen die ökumenische Arbeit tun.

Hier fängt das nächste Stück meiner Grenzgängerei an.

◆ ◆ ◆

Ökumene – so ist meine persönliche Definition – heißt, sich an dem freuen können, was die anderen an christlicher Tradition *erhalten* haben – und was uns vielleicht fehlt.

Ich war immer auf der Suche, das authentische Zeugnis der anderen zu finden. Alte, vertraute, vielleicht verblasste Worte der christlichen Tradition beginnen noch einmal neu zu sprechen, zeigen sich in einer anderen Klangfarbe, öffnen eine bisher ungesehene Tiefe. Es war so etwas wie ein Glaubenshunger in mir, eine Suche nach echten Fundstücken. Dabei interessierte mich das »Zeige mir, wie Du glaubst« mehr als die theologischen Konfessionsgespräche. Mit Respekt überließ ich sie anderen, die die nimmermüde Ausdauer für die Fragen der Doktrin aufbringen. Ich habe dort zu oft versteckte Rechthaberei und Dominanzgehabe erlebt. Es kam auch vor, dass man in diesen Gesprächen feststellte: Es trennt uns nichts mehr als nur die Tatsache einer jahrhundertelangen Feindschaft. Die Existenz der Arbeitsgemeinschaft Christlicher Kirchen (ACK) ist immer noch ein Wunder, vielleicht ein zu wenig beachtetes Wunder: dass die Christen nicht mehr wie im Dreißigjährigen Krieg aufeinander einschlagen, sondern gemeinsam von der Sache sprechen, die sie bewegt – dem Evangelium.

Präses Manfred Kock, damals der Ratsvorsitzende der EKD und ein wichtiger Unterstützer meiner Arbeit, brachte zum 50. Jubiläum der ACK, das groß gefeiert wurde, zur Illustration seiner witzigen Rede einen Kaktus mit, um die vorsichtigen Beziehung zwischen den Konfessionen zu symbolisieren.

Solch ein Fundstück von Authentizität gab es beim ersten Ökumenischen Kirchentag in Berlin im Jahr 2003. Dort treffe ich auf einer kleinen Bühne Bischof Kamphaus aus Limburg. Wir feiern gemeinsam eine ökumenische Marienvesper. Im Programmheft steht: »Jeder Mensch ist ausgezeichnet mit göttlicher Würde, jeder Mensch bringt Gott zur Welt.« Dieser eindrucksvolle verehrte Mann mit dem einfachen hölzernen Bischofskreuz stimmt mit starker Stimme eine moderne Marien-Liturgie an. Wir singen Marienlieder, die ich ohne theologische Mühe mitsingen kann. Ich beginne etwas von der Hingabe zu verstehen, mit der die katholischen Geschwister Maria lieben, die Schutzmantelmadonna, die den Bedrängten und In-Not-Geratenen Schutz gewährt – »Oh-Maria-Hilf«. Sie stehen unter einem Dach des Vertrauens. Das gibt ihrem Geist Kraft. Die Menschen hören genau zu, als ich von der *Erniedrigung* Marias – nicht von ihrer *Niedrigkeit* – spreche, die Gott nicht verborgen bleibt. Ich bringe die prophetisch klare Stimme des Mädchens Maria zu Gehör, das ohne Unterwürfigkeit in einer äußerst schwierigen Lage, ein großes Lied anstimmt:

Gott hat Gewaltiges bewirkt.
Mit seinem Arm hat er die auseinander getrieben,
die ihr Herz darauf gerichtet haben, sich über andere
zu erheben.
Gott hat Mächtige von den Thronen gestürzt
und Erniedrigte erhöht,
Hungernde hat Gott mit Gutem gefüllt
und Reiche leer weggeschickt.

Lk 1,51-53 in Anlehnung an die
Bibel in gerechter Sprache

Auch Maria kann aus den Übermalungen der Jahrhunderte gerettet werden für heutige Menschen, für moderne Frauen. Daran habe auch ich ein Interesse.

Oder bei meinem Besuch in der Sowjetunion hatte ich erlebt, was orthodoxe Menschen bewegt, wenn sie, umgeben von vielstimmigen Klängen und Farben, so innig von »der Schönheit der göttlichen Liturgie« sprechen und ihr soziales Engagement »die Liturgie nach der Liturgie« nennen. Schönheit als eine der Begegnungsweisen Gottes. Ob uns in der protestantischen Theologie da nicht doch etwas abgeht?

Mein freikirchlicher Kollege machte mich mit der Friedenstradition der Mennoniten bekannt: das Bekenntnis zum Friedensdienst und der Gewaltfreiheit. Ich lerne eine Mennonitin kennen, die in unnachahmlich gekonnter Weise die schwierigsten Verhandlungen zwischen dem Lager der Palästinenser und der Israeli leitet und ihre Kunst des Friedenstiftens, die Mediation, zur Anwendung bringt. Könnten wir das nicht alle von ihnen lernen?

Ökumene – sich an dem freuen, was die anderen an christlicher Tradition *erhalten* haben. Dabei das Eigene besser schätzen und einschätzen lernen. Ich wollte in der ACK arbeiten um dieser Fundstücke willen, um mit den Menschen anderer Konfessionen *gemeinsam etwas zu tun* ... *»damit die Welt glaube« (Joh 17,21)*. Die ACK als Glaubwürdigkeits-Beschafferin, sozusagen. »Lehre trennt, Handeln verbindet« dieser Gedanke der ökumenischen Bewegung stimmt nicht immer. Ich habe trotzdem damit gearbeitet.

◆ ◆ ◆

Meine Arbeit brachte mich nach Ostdeutschland. Versammlungen und Gottesdienste der ACK wurden jetzt oft im Osten der Republik abgehalten, in Magdeburg und Leipzig, Dresden und Eisenach, Ost-Berlin und Halle. Ich lernte die Menschen kennen, die die Ökumenischen Versammlungen der Jahre 1988 und

1989 geprägt hatten. Gemeinsam waren sie von den christlichen Kirchen getragen worden. Ich lernte Menschen kennen, die sich oft als echte Einzelkämpferinnen und -kämpfer gegen Rassismus und Fremdenfeindlichkeit engagierten. Heute weiß man, dass es genau zu der Zeit war, in der der Nationalsozialistische Untergrund (NSU) seine Morde an ausländischen Mitbürgern verübte. In einer unendlich langen Bahnfahrt bin ich von Frankfurt nach Greifswald gefahren und habe zum ersten Mal Menschen kennengelernt, die heute meine Nordkirchen-Geschwister sind.

Der »Konziliare Prozess für Gerechtigkeit, Frieden und Bewahrung der Schöpfung« hatte in Vancouver 1983 seinen Ausgang genommen. Die ökumenischen Versammlungen im Osten waren wichtige Stationen im Vorfeld der »Friedlichen Revolution« 1989 gewesen. Die drei Versammlungen 1988/89 in Dresden und Magdeburg hatten das Dokument erarbeitet »Eine Hoffnung lernt gehen«. Es wurde in die Gemeinden verschickt mit der Bitte, Vorschläge zu machen, wie der Konziliare Prozess in der DDR aussehen könnte. Mehr als 10.000 Vorschläge waren damals aus den Gemeinden zurückgekommen. In Dresden im April 1989 wurden Beschlüsse gefasst, die vieles von dem artikuliert und vorbereitet haben, was im Herbst 1989 in der »Friedlichen Revolution« umgesetzt wurde. Dazu hatten auch die »Friedensdekaden« beigetragen, jene zehn Tage des Gebets für den Frieden im November jeden Jahres, die eine eigene Friedenskultur geprägt hatten. Diese »Friedensdekaden« lebten weiter und zu meinen Aufgaben in der ACK gehörte es, jährlich in der Redaktionsgruppe mitzuarbeiten, die das Arbeitsmaterial für die jeweilige Dekade vorbereitete. Diese Friedensarbeit der Kirchen aufrecht zu erhalten, dafür lohnte es sich zu arbeiten.

Ost und West waren nun in der Bundes-ACK vereinigt. Der Geist der ökumenischen Versammlungen war unter den Ost-Geschwistern noch deutlich spürbar. Es empört mich, zu sehen, wie heute in der Erinnerungsarbeit an die »Friedliche Revolution« dieses ökumenische Stück Geschichte klein geschrieben wird. Wenn nicht gar kirchenkritische Geister in säkularer Aneignung das Ganze einfach weglassen. Die Namen von Heino Falcke, Friedrich Schorlemmer, Christian Führer, Bärbel Bohley, Marianne Birthler und anderen genauso wie die Rolle der Kirchen und der ökumenischen Bewegung aber gehören in diese Geschichtsschreibung, um der historischen Gerechtigkeit willen.

Mein neuer Vorgesetzter in der ACK war der römisch-katholische Bischof Joachim Wanke aus Erfurt. Ich habe ihn am Beginn meiner Arbeit in Erfurt in seinem bischöflichen Domizil besucht und seine kluge und unprätentiöse Arbeit als Bischof einer Ostdiözese mit Hochachtung kennen gelernt.

◆ ◆ ◆

Was sollte ich nun in der ACK anfangen? Was konnten und wollten die Kirchen *gemeinsam tun?* Die griechisch-, russisch-, serbisch-, äthiopisch-, ägyptisch-orthodoxe Kirche – die afrikanischen Christen, (die allerdings nur in den regionalen ACKs nicht vertreten waren), sie alle waren mehr oder weniger von der Fremdenfeindlichkeit in Deutschland betroffen.

Betroffen waren auch die Muslime und – ja, auch das wieder: die Juden. Ein latenter Antisemitismus zeigte sich schon damals wieder. Die Spannungen und Konflikt zwischen Juden und Muslimen wurden auch in Deutschland jetzt sichtbar.

Die Antwort auf diese Problemlage war das Projekt »Lade deine Nachbarn ein«, das wir in der Ökumenischen Zentrale auf den Weg brachten. Muslime und Juden haben es mitgetragen. Ich wurde oft gefragt, was denn Großartiges an diesem Projekt sei. »Nichts«, war meine Antwort. Es ist eine Botschaft eigener Art, dass man zu einer einfachen nachbarschaftlichen Geste in Deutschland ein eigenes Programm braucht. War es unpolitisch, war es naiv?

Man brauchte es. Es war die Zeit der NSU-Morde – was wir damals nicht wussten. Eine latente Fremdenfeindlichkeit drückte sich auch in schlichter Kooperationsunwilligkeit aus. Das Minimum an gemeinsamem Handeln, das zwischen den Glaubensgemeinschaften möglich war, wurde aber genutzt. Die Menschen sollten nicht gleich über Gott und den Glauben sprechen, sondern vielleicht erst einmal über gemeinsame Anliegen, den sicheren Schulweg der Kinder vielleicht.

Mit Martin Affolderbach, Oberkirchenrat der EKD für Ausländerfragen, hatte ich einen wichtigen Unterstützer und Ideengeber. Sein Engagement hat mich sehr beeindruckt und diese Zusammenarbeit stiftete freundschaftliche Bande – später hat er als Wegbegleiter bei meinem Einführungsgottesdienst ins bischöfliche Amt im Lübecker Dom ein schönes Saxophon-Solo gespielt. In der ACK haben wir damals sogar Geld für eine Mitarbeiterin in diesem Projekt gefunden und ein Arbeitsheft zusammengestellt. Obwohl wir das Projekt mit der Ausländerbeauftragten der Bundesregierung Marie-Luise Beck und Vizepräsident Wolfgang Thierse in der Frankfurter Katharinen-Kirche eröffneten, blieb es eher symbolisch wichtig.

Ich wurde auch selbst eingeladen in Moschee-Gemeinden und Moscheen, in jüdische Synagogen und besonders zu muslimischen Frauen. Die christlichen Migrationskirchen zeigten große Vorsicht bei diesen Kontakten zu den Muslimen. Das war auch eine schwierige, aber wichtige Einsicht, die ich durch dieses Projekt gewann.

Können und wollen die Religionsgemeinschaften denn überhaupt die Friedensbereitschaft ihrer Gläubigen stärken? Ich behaupte: Im Herzen jeder Religion liegt der Auftrag zum Frieden. Es ist Auftrag der abrahamitischen Religionen, gemeinsam dem Wort zu widerstehen: »Homo hominis lupus« – »der Mensch ist des Menschen Wolf«. Es ist ihr Auftrag, ihre Gläubigen im Sinne von Gerechtigkeit und Frieden, Schalom und Salam zu orientieren.

Dazu brachten wir Vertreterinnen und Vertreter der Religionen ins Gespräch: Micha Brumlick, inzwischen ein Nachbar aus Frankfurt, und Peter Fischer sprachen aus jüdischer Sicht. Philip Potter und Birgitta Lehmann aus christlicher Sicht, Nadeem Elias und Frau Nigar Yardim aus muslimischer Sicht. Es war ein vorsichtiges Sich-Herantasten an die Frage, wie die friedensstiftende Kraft in den zentralen Religionen gestärkt werden kann. Leider wurde von vielen diese zentrale Bedeutung der Religionen nicht gesehen.

◆ ◆ ◆

Die neue Arbeit wirkte gegen mein Fernweh und brachte mich wieder in europäische Zusammenhänge. Die Generalsekretäre der nationalen Kirchenräte in Europa trafen sich jährlich, in Wales, bei den Waldensern in Rom und im entlegenen orthodoxen Kloster New Valamo in Finnland und berichteten von erstaunlichen Initiativen der Christen. Die Zweite Europäische Ökumenische Versammlung in Graz war eine besondere Erfahrung der Begegnung mit osteuropäischen Christen und ein weiterer Schritt auf dem Weg zur »Charta Oecumenica«, diesem später von den Kirchen gemeinsam beschlossenen »theologischen Knigge« für die Beziehung der Kirchen zueinander.

Oft habe ich mich gefragt: Wozu ist die ACK da? Wie kann sich *mehr* Ökumene entwickeln? Die beiden großen Kirchen, die evangelische und die römisch-katholische, haben gut eingespielte bilaterale Strukturen. Die kleineren ACK-Kirchen leiden darunter, dass die beiden großen Kirchen alle wichtigen Entscheidungen allein untereinander ausmachen. Als Fürsprecherin auch der kleineren Kirchen der ACK habe ich ein Memorandum für meine Kirche verfasst und darin geschrieben: »*Die EKD braucht das Zeugnis der christlichen Geschwister zu ihrer eigenen Erneuerung und Stärkung und zur gemeinsamen Bewältigung der alle Kirchen treffenden Glaubwürdigkeitskrise und des Verlustes an Einfluss und Gewicht. (Es) wird nötig sein, Formen der Beteiligung und Integration eingewanderter Christen in der ACK zu finden, auch um die Entwicklung und Verfestigung separater Strukturen zu vermeiden, die allzu leicht ethnischen und kulturellen Abspaltungen Vorschub leisten. Der Friedensauftrag der christlichen Tradition gebietet es, solche Strukturen zu schaffen, in denen die Christen sich gegenseitig ernst nehmen ... als Geschwister anzuerkennen versuchen und konkrete Kooperationen durchführen* – über das bisher Bestehende hinaus!«

Ich wollte die multilaterale Ökumene stärken. Stattdessen wurde inzwischen die »Ökumene der Profile« ausgerufen, die »Lutherdekade« begonnen, die bisher wenig Ökumenisches erkennen lässt. Die Grenzen zu den anderen Kirchen werden deutlicher markiert. Der Weltkirchenrat wird nicht mehr wirklich gestärkt. Die römisch-katholische Kirche ist ihre eigenen starren Wege gegangen und in ihren eigenen Krisen gefangen. Sie nimmt sich noch immer das Recht zu definieren, wer Kirche ist. Sie hat seit 1994 in einem Apostolischen Schreiben die Priesterweihe von Frauen ausgeschlossen und sagt, »dass sich alle Gläubigen der Kirche endgültig an diese Entscheidung zu halten haben«.

Für mich ist das alles mehr als schmerzlich. Die »Christenheit in Deutschland« selbst ist, so erlebe ich es, in einer großen Krise. Sie ist mit einer wachsenden Säkularisierung und einem von dem englischen Wissenschaftler Richard Dawkins ausgerufenen »militanten Atheismus« konfrontiert. Konfessionsökumene oder weltweite Ökumene haben heute wenige Fürsprecher und gelten als wenig plausibel. Jede Kirche ist mit sich selbst beschäftigt und sich selbst genug. Wie kann man in Zeiten der Globalisierung die globalen Instrumente der Kirchen, den Weltkirchenrat und die Weltbünde, ständig verkleinern? Das ist unbegreiflich kurzsichtig. Die Rekonfessionalisierung ist nicht die Zukunft der Kirchen, sie bedeutet Stillstand, wenn nicht Schlimmeres. Die Reformation des 20. Jahrhundert ist die Ökumenische Bewegung, die Erneuerungsbewegung. Luther ist keine Museumsfigur, sondern einer, der Erneuerung der Kirche aus dem Geist des Evangeliums geleistet hat. Auch heute gilt für das vor uns liegende Jahrhundert: Gemeinsam wären wir stärker – und glaubwürdiger.

♦ ♦ ♦

Und was war nun mit den Frauen? In der Bundes-ACK sind die meisten Repräsentanten der Kirchen Männer. Mein Versuch, den Weltgebetstag der Frauen als wichtige bundesweite ökumenische Basisbewegung zur Mitgliedschaft in der ACK zu bewegen, war nicht erfolgreich. Das habe ich den Frauen ein wenig übel genommen.

Noch immer gab es die »Dekade der Kirchen in Solidarität mit den Frauen«. In Harare in Simbabwe wurde sie dann 1998 mit einem großen Fest beendet. Über 1.000 Frauen aus aller Welt feierten, was es an Fortschritten in der Dekade zu feiern gab. Unglaublich viele Aktivitäten hatte diese Dekade ausgelöst. Sie hatte der Arbeit der Frauen in den Kirchen einen strukturellen Rahmen geboten, innerhalb dessen sich eine erstaunliche Vielfalt von Kreativität und kirchenpolitischem Engagement entfalten konnte. Sie hat viele Früchte getragen. In Harare wurden auch wir Anfängerinnen der Dekade gefeiert.

In der ACK-Deutschland feierten wir, zusammen mit den Frauenverbänden der Kirchen ein Abschlussfest in Bonn, halb fröhlich, halb traurig. War das Ende einer wachsenden Zusammenarbeit unter den Frauen der verschiedenen Konfessionen zu feiern? Wir hatten einander doch gerade erst »entdeckt«! Der altkatholische Bischof Joachim Vobbe hielt auf meine Bitte hin beim Abschiedsfest eine altmodische »Damenrede«, was ihm als rheinischem Mann nicht schwer fiel. Es wurde ein Feuerwerk spitzer, spritziger Beobachtungen eines solidarischen Kirchenmannes. Am Ende der Rede appellierte er an die anwesenden Herren, ihr Herz immer für die Frauen – in den Kirchen!! – schlagen zu lassen und zog dabei ein rot blinkendes Faschingsherz unter seinem Jackett hervor. Wir wollten wirklich nicht traurig in die Zukunft blicken.

War nun also Schluss mit der Partizipation der Frauen und mit ihrer ökumenischen Zusammenarbeit? In der ACK wurde über die Einheit gesprochen, aber meist eben aus Männerperspektive. Mehr Partizipation von Frauen war nicht in Sicht. Da regte sich noch einmal die Anstifterin in mir. Gemeinsam mit der Vertreterin der Baptisten, Irmgard Stanullo, der einzigen Frau im Vorstand, riefen wir Frauen aus den ACK-Kirchen zusammen und gründeten einen »Christinnenrat«. Es sollte eine minimale Struktur für die weitere ökumenische Zusammenarbeit der Frauen sein. Der »Christinnenrat« hat seither eigene Aktivitäten entfaltet. Irgendwann wurde er gebeten, auch eine Vertreterin in die Bundes-ACK zu entsenden, *eine* weitere Frauenstimme in der Mitgliederversammlung. Der Fortschritt ist eine Schnecke, dachte ich, als ich es erfuhr. Aber immerhin ist sie unterwegs.

❖ ❖ ❖

Im Palmengarten gibt es eine Stelle, an der der Garten von Goethes Mutter war. Dort soll Goethe mit seinem Vater Obstbäume gepflanzt haben. Jetzt ist dort ein sehr stilisiertes Stück Garten mit einer Skulptur künstlicher Ginkgoblätter zu sehen. Ob sie Goethe gefallen hätten, der ein so schönes Liebesgedicht über das Ginkgoblatt geschrieben hat? In Frankfurt habe ich auch über Goethe Neues gelernt. Ich hatte über seine Romane mein mündliches Staatsexamen in Germanistik gemacht. Die politische Arbeit Goethes war im Studium nicht wirklich vorgekommen. Als Berater des Herzogs Karl August in Weimar gehörte er dem dreiköpfigen Beratungsgremium des Herzogs an, war also ein »Geheimer Rat«. »Geheim«, so weiß es die Germanistin, hatte früher auch die Bedeutung von »vertraut«.
Auch ich habe in meiner Frankfurter Zeit so etwas wie einen »Geheimen Rat« gesucht für die vielen Fragen, die mich als Geschäftsführerin der ACK beschäftigten. Es wurde eine »Geheime Rätin«, eine Freundin meiner Schwester, die als Radiomoderatorin viel Erfahrung hatte und ein eigenes Beratungsunternehmen betrieb. Bei ihr habe ich gelernt, wie man aus einem Haufen unsortierter Gedanken schnell etwas Klares und Strukturiertes schaffen kann mithilfe kleiner Zettel in verschiedenen Farben. Außerdem hat sie mich gelehrt, wie frau besser die Leitungsfunktion wahrnehmen kann. Ich will nicht behaupten, ich hätte das wirklich gut gelernt, aber geholfen hat es mir auf jeden Fall. Viele Male war der Gang durch den Palmengarten eine große Hilfe, wenn es schwierige Fragen zu bedenken galt. Jetzt aber halfen mir die Blumen des Palmengartens nicht weiter: Ich hatte – wieder einmal – eine schwerwiegende Entscheidung zu treffen.

Am 4. September 1999 kam ich aus Hannover zurück, wo ich an der Einführung der zweiten Bischöfin Deutschlands, Margot Käßmann, teilgenommen hatte. Als Margot da vorne stand und ihr das bischöfliche Kreuz umgelegt wurde, dachte ich: »Gott sei Dank!« Sie war jünger als ich, hatte Elan, Phantasie und Ehrgeiz. Meine Generation sah ich in der Rolle der Hebammen, die anderen Frauen auf den Weg helfen. Ich war damit einverstanden. Manchmal dachte ich wohl auch schon an den Ruhestand, die Alters-Spielweise, um mit Philip noch in die Karibik und in die weltweite Ökumene reisen zu können.

Am 5. September klingelte das Telefon. Der Vorsitzende des Bischofswahlausschusses in Nordelbien, Bischof Hans Christian Knuth, meldete sich: »Ich frage Sie im Namen des Wahlausschusses, ob Sie zu einem Gespräch über eine Kandidatur für die Nachfolge von Bischof Kohlwage bereit wären.« Er gab sich große Mühe angesichts meines sofort hörbaren Zögerns.

Ich brauchte viel Bedenkzeit. Ich war verwirrt. Ich war 57 Jahre alt. Warum jetzt noch so ein Ruf? Ich arbeitete erst drei Jahre in der ACK. Noch einmal neu anfangen? Philip wusste gleich, dass ich das machen sollte. Aber ich habe gezögert und mich mit vielen Leuten beraten. Marie war sofort dafür, was mich irritierte. Ich habe mit meiner »Geheimen Rätin« alle Für und Wider erwogen. Immer hatte ich anderen Frauen Mut gemacht, Verantwortung in der Kirche zu übernehmen. Nun war ich gefragt. Ich bin stundenlang im Palmengarten auf- und abgelaufen, durch alle Frühlings-, Sommer-, Herbst- und Winterwege. Warum diesen schönen Ort verlassen, an dem Philip und ich so gut und gelassen leben konnten? Wo wir so gut hin passten. Wo wir noch einmal Zeit hatten, die interkulturellen Unterschiede zwischen uns auszugleichen. Ich spürte jedoch auch: »Dieses Mal ist die Anfrage ernst gemeint *und* ich habe eine reale Chance.« Vielleicht lässt sich aus meinen Anfängen, Grenzüberschreitungen, Lebensthemen noch einmal etwas machen: ein Stück Erneuerung der Kirche aus Frauenperspektive. Philip sagte: »Gott ruft dich *eben erst jetzt* zu dieser Aufgabe.« So sagte ich schließlich zu, zu einem Gespräch in den Wahlausschuss zu kommen.

Ich habe mich auf diese Wahl wie auf eine Art Staatsexamen vorbereitet. Alle erreichbaren Protokolle der Synode, kirchliche Veröffentlichungen und auch die nordelbische Kirchenzeitung habe ich intensiv gelesen. Ich war begeistert von der fortschrittlichen Verfassung der Nordelbischen Kirche. Ja, da würde ich hineinpassen. Also bereitete ich mich minutiös auf meine erste Begegnung mit den Synodalen vor.

Am Wochenende vor meiner Reise nach Nordelbien habe ich mir dann den Fuß gebrochen. Allen Unkenrufen *in mir selbst* zum Trotz, bin ich an zwei Krücken nach Neumünster gefahren und habe mich den Synodalen vorgestellt. Später, nach meiner Wahl, habe ich frech behauptet: »Ich wollte nur prüfen, ob Sie auch Behinderte nehmen«.

Am Wahltag kandidierten zwei Frauen und einen Mann. Einige Synodale haben mir Briefchen zugesteckt, eine Kerze geschenkt und mir ermunternd auf die Schulter geklopft: »Sie sind eine tolle Frau, auch wenn es heute nicht klappen sollte.« Na ja. Am Morgen dachte ich in meinem Hotelbett ehrlichen Herzens: »Dieser Tag kann nur gut ausgehen. Entweder sie wählen mich, dann werde ich Bischöfin. Oder sie wählen mich nicht, dann muss ich diese Aufgabe nicht übernehmen und kann in Frankfurt bleiben.«

Am 22. September 2000 wurde ich dann in der St. Petrikirche zu Lübeck im dritten Wahlgang mit klarer Mehrheit gewählt. »Kirche ändert sich« dachte ich, als wir drei Frauen in der Sakristei von St. Petri standen und die Synodenpräsidentin Elisabeth Lingner uns das Ergebnis eröffnete.

Von meinen Kollegen in der Ökumenischen Zentrale in Frankfurt und der etwas anderen Kultur des Miteinanders habe ich mich ungern verabschiedet. Auch von den Mitarbeiterinnen, besonders von Gisela Sahm, die meine rechte und linke Hand geworden war. Vom Palmengarten bin ich wehen Herzens geschieden. Unser »Italiener« um die Ecke fragte, als er die Neuigkeit

hörte: »Wie soll ich Sie denn jetzt ansprechen?« »Wie immer«
sagte ich. Als er die Spaghetti auf den Tisch stellte, strahlte er:
»Ich hab's! Eminenza!«

Gebet im Palmengarten

Schaffe in mir, Gott, ein reines Herz
und gib mir einen neuen, gewissen Geist.

Reinige mich von den gramvollen Resten meines Lebens.
Wasche weg das Trübe und Kleinliche,
das mich beengt an mir, an andern.

Schaffe in mir, Gott, ein ruhiges Herz.
Ich will dieses rastlose Getriebensein loswerden
und getrost sein – in DIR.

Mache meinen Geist gewiss,
dass überall Menschen sind,
sein werden,
die mich achten und lieben,

dass ich durchkommen werde
durch die Dickichte
von Intrigen und Macht,

und dass DU DICH,
Herz allen Lebens,
immer finden lässt.

Dies alles habe ich schon
in reichem Maße erfahren
zu vielen Zeiten,
aus Gnade.

Vierzehntes Kapitel

Ich hebe meine Augen auf zu den Wolken ...

Bischöfin in der Nordelbischen Kirche

Meine neue Heimat ist ein Grenzland. Sie grenzt an die Ost- und die Nordsee und weist auf »die weite Welt« jenseits des Meeres hin. Im Norden liegt Dänemark, zu dessen Kirchen gute Beziehungen bestehen; mein Sprengel grenzt auch an die ehemalige DDR, die neuen Bundesländer. Schlagbäume, Stacheldraht und Grenzposten sind verschwunden. Aus dem ehemaligen Todesstreifen ist ein Lebensstreifen geworden, das »grüne Band«, ein ökologisches Schutzgebiet, das sich durch die ganze Republik zieht mit einer großen Vielfalt von Pflanzen und Tieren, Bäumen und Gewässern.

Lübeck liegt an der ehemaligen »Zonengrenze«. Als ich 2001 ankam, waren nach elf Jahren Vereinigung die Zeichen der Vergangenheit noch sichtbar. Wir wohnen zehn Kilometer von der ehemaligen Grenze entfernt. Zuweilen fahre ich mit dem Auto ein Stück nach Osten und sogleich betrete ich eine ganz stille und einsame Landschaft: Vogelschwärme, Kraniche, Wildenten, Fischreiher und besonders eine immer wiederkehrende Schar von Lerchen bewohnen ein Stück einsames Grenzland. Der Wolkenhimmel öffnet den Blick und ich sehe »*dass so der Kranich mit der Wolke teile den schönen Himmel, den sie kurz befliegen*« (Bert Brecht). Der Schaalsee, der Ratzeburger See laden zum Verweilen ein. Man kann spazieren gehen, nachdenken, sprechen, Kraft schöpfen und sehr gut frische Fische essen. Im Schilf nisten Enten und andere kecke Wasservögel. Das Wasser glitzert blau in der Sonne.

Jenes Stück brutaler deutscher Geschichte ist hier noch sichtbar: die Trennung Deutschlands in Ost und West in der Zeit des Kalten Krieges. Hier jedoch wird auch die wiedergewonnene Zukunft greifbar, die Einheit bleibt kein schöner Gedanke, sondern verkörpert sich und wird begehbar. Heute kann ich einfach in den Osten fahren, nach Wismar, Greifswald, Rostock. Nach Hiddensee und Usedom.

Ich bin Bischöfin an einer Grenze, die in den Köpfen und Herzen noch immer ihre Spuren hinterlässt. Der ehemalige Pommersche Bischof Eduard Berger schrieb mir noch nach Frankfurt, vor dem Umzug in den Norden, seine dringende Bitte: »Kümmern Sie sich um die Zusammenarbeit der Kirchen im Norden.«

◆ ◆ ◆

Am 1. April 2001 kniee ich im Lübecker Dom vor dem Altar. Der Leitende Bischof der lutherischen Kirchen in Deutschland, mein neuer Kollege Hans Christian Knuth, legt mir das Bischofskreuz um und segnet mich. Ihm folgen die Kirchenführer der Partnerkirchen, von Papua Neuguinea bis Palästina, von England bis Tansania. Maria Jepsen und Margot Käßmann, meine Schwestern im Amt, segnen mich; Ophelia Ortega aus Kuba, mein liebster Generalsekretär, Philip Potter: es waren die segnende Hände vieler Menschen, die über mir ausgebreitet waren.

Besonders aufmerksam habe ich die Frauen wahrgenommen, die erwartungsfroh in der Gemeinde saßen. Sie legten mir später zum Bischofskreuz einen üppigen Blumenkranz um. Und die Johanniterritter waren da, die würdig in der Prozession vor mir in die Kirche einzogen. Ich sah sie in ihren prächtigen Gewändern überhaupt zum ersten Mal.

Mein Bischofskreuz hatte eine Geschichte: Der »braune« Bischof Erwin Balzer, der von 1934 bis 1945 in Lübeck Bischof gewesen

Die drei ersten Bischöfinnen in Deutschland, von links: Bärbel Wartenberg-Potter, Margot Käßmann, Maria Jepsen 2001

war, hatte es getragen. Er war Mitbegründer des »Eisenacher Instituts zur Erforschung und Beseitigung des jüdischen Einflusses auf das deutsche kirchliche Leben«. 1945 war er aus dem Amt des Bischofs entlassen worden. Die Rechte des geistlichen Standes wurden ihm entzogen. Auf den kleinen Medaillons, die an der Kette befestigt sind und die Kirchen Lübecks darstellen, waren zu Balzers Zeit auf der Rückseite kleine Hakenkreuze eingraviert. In Lübeck hatte es aber auch einen echten Märtyrer des Dritten Reiches gegeben, Pastor Karl Friedrich Stellbrink, der zusammen mit drei katholischen Kaplänen am 10. November 1943 für seinen Widerstand gegen das Nazi-Unrecht hingerichtet worden war. Immer wenn ich während meiner Dienstzeit das Kreuz umlegte, erinnerte ich mich daran, dass ich in diesem Amt ein schweres Erbe antrat. Eine besondere Verpflichtung lag auf mir, dem Satz des Paulus treu zu bleiben: »*Hier ist nicht Jude noch Grieche, Sklave noch Freier, hier ist nicht Mann noch Frau. Ihr seid alle einzig einig in Christus.*« (Gal 3,28) Das galt für mich besonders im Blick auf den Antijudaismus in der christlichen Exegese, der im Dritten Reich eine so folgenschwere Rolle gespielt hatte und der leider auch in neueren exegetischen Arbeiten implizit noch nicht überwunden ist. Das wurde später beim Streit um die »Bibel in gerechter Sprache« sichtbar. Denn eines der Ziele dieser Bibelübersetzung ist es, den Antijudaismus in der Auslegung der Bibel zu überwinden.

Der vorgeschriebene Predigttext am Einführungstag war das Wort Jesu: »*Ihr wisst, dass die Herrscher ihre Völker niederhalten und die Mächtigen ihnen Gewalt antun. So soll es unter euch nicht sein; sondern wer unter euch groß sein will, der sei euer Diener.*« (Mt 20,25-26) Der Satz »So soll es unter euch nicht sein« ging mit mir in dieses neue Amt, um mir Hoffnung für diese Aufgabe zu machen, aber auch um mich, wenn nötig, zu kritisieren.

In meiner Predigt, auf der Kanzel hoch über der Gemeinde, sagte ich: »Es muss Gottes Humor sein, der es fügt, dass ich heute, am 1. April, das Bischöfliche Amt antrete. Es ist aber gewiss kein Aprilscherz.«

Dass einen in den bedeutendsten, gefühlsstarken Momenten des Lebens der Humor nicht abhanden komme, habe ich von meinem Mann gelernt. Als ich im Weltkirchenrat meinen Dienst antrat, hat er mir augenzwinkernd gesagt: »To work for the ecumenical movement, you must have three qualities: 1. You must have some screws loose. 2. You must have a sense of humor 3. You must have a death wish.«[15]

Für den bischöflichen Dienst in einer deutschen Landeskirche waren diese Qualitäten gewiss kein bisschen weniger nötig. Aber nicht jedermann fand solche Sprüche lustig. Dieses Amt war der Ernstfall, das merkte ich sehr bald. Für den Tagesbeginn hatte ich mir einen Text ausgedacht, mit dem ich den Tag gut beginnen konnte:

---

15. Um für die ökumenische Bewegung zu arbeiten ist es nötig, 1. dass bei dir ein paar Schrauben locker sind, 2. dass du Sinn für Humor und 3. eine gewisse Todes-Sehnsucht mitbringst.

Gebet einer Bischöfin

Komm, Heilige RUACH,
Kraft Gottes, Geist Jesu,
komm und trage mich
mit Flügeln der Morgenröte.
Sammle mich,
gib mir die Ruhe des tiefen Wassers,
die Gelassenheit der Ewigkeit.

Gib mir die Leichtigkeit der Vögel
und die Strahlkraft der Blumen.

Gib mir
Kraft zur Entscheidung,
Klugheit der Schlangen,
ohne Falsch sein der Tauben,

den Mut der Prophetinnen
und Pioniergeist der Ostermorgenfrauen,
Leidenschaft für die Gerechtigkeit
und die Liebe zu allen Geschöpfen.

Gib mir
Freude zur Arbeit,
Demut und das Erbarmen Jesu.
Hilf mir zum einfachen Leben.

Komm, Heilige RUACH,
komm und trage mich.

Bischöfin Bärbel Wartenberg-Potter der Nordelbischen
evangelisch-lutherischen Kirche 2008

Am 1. April 2001 feierten wir fröhlich meine Einführung. Am 2. April musste ich morgens um 9.00 Uhr im Kirchenamt in Kiel sein, um im Bischofskollegium über die Aufteilung der Zuständigkeiten des Bischofs und der Bischöfinnen in der Landeskirche zu entscheiden. Jeder Bischof und jede Bischöfin hat einen Bereich der Dienste und Werke Gesamtnordelbiens, für den er oder sie neben der Arbeit im Sprengel zuständig ist, zum Beispiel die Frauenarbeit, die Ökumene, die Diakonie, die Ausbildung usw. Eigentlich war es ein Ding der Unmöglichkeit, dies am ersten Tag meines Dienstes zu entscheiden. Die Kollegin und der Kollege wollten aber unbedingt eine Entscheidung wegen der damit verbundenen Termine. Hätte ich gleich hier einmal Leitungsverhalten zeigen sollen und sagen: »So mach' ich das nicht«?

In Kiel stellte sich auch heraus, dass das landeskirchliche Umzugsrecht die Kosten unseres Umzugs erst »ab der Grenze der Landeskirche« übernahm. Ich musste lachen, als ich das hörte. Es war aber ernst gemeint. Für mich Grenzgängerin musste mühsam eine Sonderlösung erfunden werden.

Die Lübecker Nachrichten titelten am Tag meiner Einführung: »Neue Bischöfin für Scheidung in der Kirche«, weil ich, ständig nach meiner Scheidung befragt, gesagt hatte, man könne ja vielleicht auch nach einer Scheidung noch vor Gott treten und beten.

Es wurde ernst. Der Himmel am 2. April war grau verhangen, als mein Fahrer, Udo Schellenberg, mich um 7.30 Uhr abholte, um nach Kiel zu fahren. Angesichts des trostlosen Wetters kommentierte er: »Grau ist die Landesfarbe«. Sein Humor hat mir in jenen Jahren vieles leichter gemacht, vor allem seine anteilnehmende Frage: »Waren sie auch anständig zu Ihnen?« Wir fuhren Stunden, Tage, Monate und dieses Auto wurde mein zweites Büro. Wir wurden ein eingeschworenes Team. Ich bin ihm bis heute zutiefst dankbar. Wenn er mir abends, nach einer späten Heimkehr, gegen 23.00 Uhr noch die Tagespost aus der Kanzlei holte und ins Haus trug, sagte er: »Einer trage des anderen Last.«

Allmählich entdeckte ich, wie schön dieses Land ist, in das ich gekommen war; in dem einem kein Berg den Blick verstellt, sondern zauberhafte goldumrandete Wolkenberge eine bewegliche Landschaft erschaffen und entgrenzte Horizonte Weite und Licht gewähren. Immer weht ein schöner frischer, zuweilen auch scharfer Wind. Ich seufzte manchmal in diesen Anfangszeiten und dachte: »Ich hebe meine Augen auf ... zu den Wolken. Woher kommt mir Hilfe?« (Psalm 121)

Ja, Hilfe war nötig. Wo lernt frau das Bischöfin-Sein? Ich entdeckte erst langsam, dass mein Verständnis des bischöflichen Amtes, das ich aus Württemberg und aus der Ökumene mitgebracht hatte, nicht das Verständnis Nordelbiens war, jedenfalls nicht das der Kirchenleitung und des Kirchenamtes. Nordelbiens Strukturen und Selbstverständnisse waren anders. Aber wie?

Vieles haben mir meine Bischofskollegin Maria Jepsen und mein Kollege Hans Christian Knuth geduldig erklärt. Aber es ist nicht nur die Struktur und das Selbstverständnis. Wie soll ich mein Amt *als Frau* führen? Ich suchte den Rat von Margot Käßmann, die mir nützliche Hinweise gab. Ich besuchte meinen Ökumene-Kollegen und Freund Eberhard Renz, Bischof in Württemberg, und seine Frau, die mir beide einen ganzen Tag lang erzählten, wie sie – ja, sie haben als Paar vieles im Bischofsamt gemeinsam gemacht – das Amt verstehen und ausüben.

Wir Frauen im bischöflichen Amt waren Anfängerinnen. Es gab schlicht keine Vorbilder für uns. Allmählich verstand ich auch, dass ich eigentlich *zwei* Ämter übernommen hatte: Das Amt der Bischöfin im Sprengel Holstein-Lübeck mit elf Kirchenkreisen und einer Million Gemeindegliedern. Und das Amt der bischöflichen Leitung in der gesamtnordelbischen Kirche – geteilt durch drei – aber wie? Wo gab es Vorbilder? Bei meiner Suche damals habe ich ein Poster von Hildegard von Bingen (1098-1179) in meinem Arbeitszimmer aufgehängt. Sie war durch die 1.000jährige Wiederkehr ihres Geburtstages als bedeutende Frau des Mittelalters ins Blickfeld geraten. Musste ich wirklich so weit zurückgehen, um ein Vorbild zu finden? Das Poster zeigt eine Feuerwolke, die auf Hildegard herabfällt. Durch ein Seitenfenster blickt der Mönch Volmar, ihr Ratgeber und Sekretär, der notierte, was Hildegard in ihren Visionen sah. Hildegard wurde mir eine ferne Ermutigerin als denkende, eigenwillige Frau des Mittelalters mit einem weiten Interesse an Theologie, Musik, Medizin, Natur und Kosmologie. Sie hat mit Bischöfen und Päpsten korrespondiert. Sie hat sich ihre Visionen trotz vieler Widerstände nicht ausreden lassen.

Durch all meine Umzüge hindurch hatte ich die Rede von Bischof Manas Buthelezi aus Südafrika bei seiner Einführung ins Bischofsamt in Soweto 1976 aufbewahrt und sie immer wieder gelesen. Sein Rat war jetzt besonders kostbar. »*Die Bibel sagt uns, dass wir wirklich Gott dienen können, indem wir ... den Unterdrückten und Unbedeutenden dienen. ... Dient man den Bedeu-*

tungslosen, machen wir sie bedeutend. ... Es ist etwas nicht in Ord-
nung, wenn die Kirche es sich leisten kann, in Wohlstand zu leben
und sich sozialen und politischen Ansehens zu erfreuen, während
zur gleichen Zeit ein großer Teil ihrer Glieder leidet und nichts von
diesen Dingen genießt. Das würde heißen, dass eine solche Kirche
belanglos geworden ist.« Auch wenn die Situation in Deutschland ganz anders war als im Südafrika des Jahres 1976, fragte ich
mich, wie ich ein solches Verständnis in meinem eigenen Amt
leben konnte, wenigstens ein Stück weit.

Das neue Amt forderte mich heraus, es beanspruchte meine ganze Kraft und Zeit. Von Grund auf musste ich vieles neu lernen,
Kontakte aufbauen, eben anfangen. Ich hatte keine Netzwerke,
hatte mit niemandem »schon im Sandkasten gespielt«. Ich, die
ich immer so forsch über die Grenzen gegangen war, fand mich
plötzlich in einem Neuland wieder, das unwegsam war. Ich war
nicht nur fremd, ich war verunsichert und verletzlich. Mein bester und verlässlichster Freund und Berater, Philip, konnte mir
in dieser Situation nicht viel raten. Zu fremd war ihm die Welt
der deutschen Landeskirchen, das deutsche Pfarrerdienstrecht,
das Staat-Kirche-Verhältnis, die Kirchensteuer, die ganze innere
Logik der Volkskirche. Jedoch half er mir jederzeit mit der Auslegung biblischer Texte.

Mein Leben hatte sich ungeheuer beschleunigt, während Philip
sich mehr und mehr in die Innenwelt des Altwerdens zurückzog.
Er reiste noch eine Weile durch die Welt, nach Japan in Friedens-
fragen, nach Dominika, seiner Heimatinsel in der Karibik, nach
China, zu seinem Freund aus den Zeiten des Christlichen Studentenweltbundes, dem chinesischen Bischof Ting. Meine Nich-
te Uta begleitete ihn, weil ich dazu leider keine Zeit mehr hatte.
Gemeinsam waren wir allerdings in Wien, wo er seinen neunten
Ehrendoktor verliehen bekam.

Zeit – das wurde ein immer rareres Gut. So heftig hatte ich mir
das in Frankfurt nicht vorgestellt. Die gemeinsame Zeit war
das größte Opfer, das Philip und ich zu bringen hatten. Philips
Freund aus Genfer Zeiten, Paul Löffler besuchte ihn, sie taten

sich zusammen, machten Ausflüge in den Sachsenwald und an die Ostsee, aßen Reibekuchen in dem nahen Café und brachten in ihren Zwiegesprächen »die Welt in Ordnung«. Bis zu Pauls zu frühem Tod war er der beste Freund für meinen Mann, dessen Lebenselixier Dialog heißt. In seiner Altersweisheit gab er mir oft einen hilfreichen Satz mit auf den Weg: »Remember, God needs all kinds of people« – »Vergiss nicht, Gott kann alle Arten von Menschen brauchen«. Ich habe den Satz an viele Pastorinnen und Pastoren weiter gegeben. Ein anderes Mal sagte er: »Don't complain. Don't explain.« – »Klage über nichts. Rechtfertige nichts.«

◆ ◆ ◆

Am 11. September 2001 fielen in New York die Türme des World Trade Centers in Schutt und Asche. Der unvorstellbare Angriff zweier Flugzeuge, die in die Türme gerast waren, hatte die Welt verändert. Nach dem Ende des Kalten Krieges wurde ein neuer Feind sichtbar, der seither alle Politik beherrscht: der islamistische Terror.

Damit wurde ich als Bischöfin in ein ganz neues Amt gestellt: das Amt der öffentlichen Tröstung. Es hat in meiner bischöflichen Zeit eine wichtige Rolle gespielt, bei den Brandanschlägen in Djerba, den Busunglücken bei Lyon und in Ungarn, dem Tsunami, dem fünffachen Kindermord in Darry.

In der Marktkirche St. Nikolai in Kiel kamen 700 Menschen zu einem kurzfristig geplanten Gedenk-Gottesdienst zusammen, die Ministerpräsidentin Heide Simonis und Kabinettsmitglieder, Vertreterinnen und Vertreter der Parteien, amerikanische Repräsentanten, die Gemeinde. Mir war nur während der Autofahrt Zeit geblieben, mich vorzubereiten. Ich sprach deutsch und übersetzte alles spontan ins Englische. Diese gemeinsame Stunde des Betens, Singens und der Stille entfaltete eine eigene Kraft. In der gleichen Woche hatte ich, schon lange mit der ACK Lübeck verabredet, über die »Feindesliebe« zu predigen. Das kam mir in der neuen Situation ganz unmöglich vor. Konnte ich jetzt einfach ein anderes Thema wählen? Nein! Das ging auch nicht! Die Lübecker Nachrichten publizierte später diese Rede zusammen mit Bildern des Unglücks. *»Die Welt hält den Atem an. Mitten in die Normalität des Alltags stürzen die Bilder des Schreckens. ... Vor unser aller Augen breitet sich eine Katastrophe aus ... Mitten im spätsommerlichen New York, dieser bezaubernden und faszinierenden Stadt, Symbol der Freiheit und Lebensfreude, findet ein Traum, ja ein Mythos sein schreckliches Ende: der Traum von der Unverwundbarkeit der Supermacht ... Da gibt es die einfachen Sätze der Bergpredigt. Liebet eure Feinde, und bittet für die, die euch verfolgen. (Mt 5,44) Nie kamen mir diese Sätze wirklichkeitsfremder vor als in diesen Tagen ... Diese Sätze von der Feindesliebe passen nicht in die Landschaft der Bestürzung und Angst. Sie fehlen in den Überlegungen, die wir hören, sie fehlen vor allem an den Orten, in denen sie am nötigsten wären: im White House, im Pentagon, in Berlin, Brüssel, London und Paris. Und doch, was sind solche Sätze im Alltag, wenn alles seinen normalen Trott geht? Wann sollen solche Sätze helfen, wenn nicht in der Krise?«* Ich sprach von der Feindesliebe, ich nannte sie »intelligente Feindesliebe«: *»Feindesliebe ist zuallererst eine Sache der Nüchternheit. Schaut genau hin. Seid achtsam, haltet eure Zunge im Zaum, keine Kollektivhaftung, kein Zündholz für Fremdenhass: Seid nüchtern. Liebet eure Feinde: das kann nicht heißen, den hasserfüllten Verbrechen gegen unschuldige Menschen irgendetwas abzugewinnen. Sie sind böse und verabscheuenswert.«* Ich benannte vier Schritte der intelligenten Feindesliebe in dieser Stunde des Entsetzens: 1. Sie ist ein Ruf zur Nüchternheit. 2. Sie nimmt sich vor, wahrhaftig zu bleiben und sich nicht an Falschmeldungen und Gerüchten zu beteiligen. 3. Sie will den Weg der Gerechtigkeit gehen, besonders im Blick auf die Folgen der Globalisierung. 4. Sie tritt die eigene Menschlichkeit nicht mit Füßen, indem sie sich zu Worten und Taten des Hasses hinreißen lässt.

Die Lübecker Nachrichten titelten: »Nur Feindesliebe kann den Hass besiegen.« Ein Leserbriefschreiber in einer anderen Zei-

tung nannte es einen »Riesenskandal«, was die Bischöfin da gesagt hätte, ich hätte »die Massenmörder faktisch ... entlastet.«
In den nächsten Wochen und Tagen wurde die Berichterstattung distanzierter. Als es einmal hieß: »Bischöfin glaubt an Feindesliebe« fuhr mir der Schrecken in die Glieder.
Am 14. Oktober weckte mich mein Mann mit den Worten: »Ich habe deine Tasche hereingeholt, die du gestern Abend draußen hast stehen lassen.« Ich fuhr im Bett hoch und rannte die Treppe hinunter. Da stand ein schwarzer fremder Rucksack im Flur. Sichtbar war daran eine Leuchtdiode befestigt, die blinkte. Ich griff den Rucksack ohne nachzudenken und trug ihn vor die Tür, rief die Polizei, die uns sofort aus dem Haus brachte. Die Nachbarn auf beiden Seiten wurden evakuiert. Die Autos in der Straße geräumt. Die Straße gesperrt. Aus Kiel wurden die Sprengstoffexperten herbeigerufen. Die Feuerwehr, die Presse kam. Schließlich wurde der Rucksack mit einer Wasserlanze aus großer Entfernung gesprengt. Es stellte sich heraus, dass es eine Bomben-Attrappe gewesen war, dieselbe Bauart die früher schon einmal vor der jüdischen Synagoge und dem Günther Grass-Haus deponiert worden waren. Die Täter wurden nicht ermittelt. Ich war gewarnt.
Es war eine Zeit der Verstörung und Verwirrung bei diesem Neuanfang in Nordelbien. Oft las ich jetzt am Morgen die Worte von Dietrich Bonhoeffer:

»Gott, zu dir rufe ich am frühen Morgen
hilf mir beten und meine Gedanken sammeln;
ich kann es nicht allein.

In mir ist es finster, aber bei dir ist Licht
ich bin einsam, aber du verläßt mich nicht
ich bin kleinmütig, aber bei dir ist Hilfe
ich bin unruhig, aber bei dir ist der Frieden
in mir ist Bitterkeit, aber bei Dir ist die Geduld
ich verstehe deine Wege nicht, aber du weißt
[den] Weg für mich.«

Er war schwierig, der Anfang im bischöflichen Amt. Aber: Ich wollte authentisch und identisch mit mir selbst bleiben und im Einverständnis mit dieser Aufgabe leben. Immer hatte ich Vertrauen, dass es dort, wohin ich gehe, Menschen geben wird, die mit mir gehen, Weggefährtinnen und Weggefährten, freundlich gesinnte Menschen, die mir helfen werden, die Türen aufmachen, Freude verbreiten, das Leben weiten.

Meine Referentin, Pastorin Frauke Eiben, war so ein Glücksfall. Ich hatte die Richtige aus verschiedenen Bewerberinnen ausgesucht. Selbstbewusst und einfühlsam hat sie mit schneller Auffassungsgabe verstanden, wie ich ticke. Wir hatten beide feministische Interessen und sie brachte wichtige Gaben mit: Menschenkenntnis und verlässlichen Fleiß. Wir wurden ein festes gutes Team. Zusammen mit den Mitarbeiterinnen Heidi Bach und Ursula Jugert in der Kanzlei arbeiteten wir uns durch täglich neue Berge von Post und endlos vielen Veranstaltungen. Manchmal fürchtete ich mich ein wenig, weil sie oft eher als ich selbst wusste, was ich dachte, was ich wollte und wie ich entscheiden würde. Wir reisten einmal zusammen nach Vietnam,

Als Vorsitzende des »Brot für die Welt«-Ausschusses mit Ernst Ulrich von Weizsäcker bei der Eröffnung der Kampagne »Menschenrecht Wasser«

wo ich inzwischen als Vorsitzende des Vergabeausschusses von »Brot für die Welt« Projekte kennenlernen sollte. Durch die Arbeit für »Brot für die Welt« blieb ich in lebhaftem Kontakt mit den vielfältigsten Themen der »Einen Welt«, eines davon war die Kampagne »Menschenrecht Wasser«. Wir organisieren in der Bischofskanzlei gemeinsam eine Reise mit Leuten aus Ost und West nach Südafrika, um gemeinsam den Fragen des »Heilens der Erinnerung« nach der Vereinigung nachzugehen. Dies scheint mir immer noch sehr notwendig zu sein. Father Michael Lapsley hatte dazu in Südafrika eigene Workshops entwickelt. An einem nahmen wir teil. Das Thema führte auch zu einer interessanten Begegnung mit Erzbischof Desmond Tutu und seinem Verständnis von Versöhnung, das in der südafrikanischen Wahrheitskommission zum Tragen gekommen war.

Als die bischöfliche Zeit vorbei war, war Frauke Eiben Pröpstin geworden. Da verbrachten wir beide zehn herrliche Tage am karibischen Meer in Jamaika im Ferienhaus der jamaikanischen

Besuch bei Erzbischof Tutu in Südafrika 2007, von links: Marianne Subklew, Rolf Martin, Margit Semmler, Klaus Schäfer, Frauke Eiben, Jörn Halbe, Stefan Block, Arnd Noack, Jörg Utpatel

Freunde und konnten es uns erlauben, nichts zu tun als nur zu schwimmen, zu essen, zu schlafen, zu lesen, das Meer zu hören und fast nicht über Kirchenpolitik zu reden.

Eine besonders schöne »Anstiftung« war das »Fest der Lieder« 2007. Ich hatte immer große Lust, ökumenische Lieder zu singen und bekannt zu machen. Jemand sagte zu mir: »Die Bischöfin singt doch nicht selbst, sie lässt singen.« Nein, das war nicht mein Verständnis. Sorgfältig bereiteten wird einen Tag voller Singen mit Flois Knolle-Hicks, Betty und Peter Arend aus Dänemark und Scot Stroman aus England vor, für das wir leider nicht viele Kirchenmusikerinnen und Kirchenmusiker interessieren konnten. Aber die Chorsingenden und wir selbst waren erfüllt wie ganz selten von dem lebendigen, interkulturellen und ökumenischen Teilen der Musik. Beim »Fest der Lieder« half noch ein anderer Weggefährte weiter, von dem ich sage, dass er zu den »nicht-rechtwinkligen« Menschen gehört, Thomas Hirsch-

Hüffel vom Gottesdienstinstitut Nordelbiens. Bei dem »Fest der Lieder« stand er uns mit vielen Ermutigungen zur Seite. Seine Erfahrungen aus dem Gottesdienstinstitut waren besonders wichtig. Er hatte auch mit den Leuten in Ostdeutschland gearbeitet zum Thema »Gottesdienst verstehen und selbst gestalten«. Seine Hilfe an einem solchen Tag nahm mir alle Sorgen, denn er arbeitete an ähnlichen Zielen. Wir haben auch regelmäßig miteinander die Ordination der neuen Pastorinnen und Pastoren vorbereitet. Das gehörte zu meinen wichtigen bischöflichen Aufgaben und ich habe es sehr gerne gemacht, die jungen Theologinnen und Theologen auf diesem Wegstück zu begleiten. Thomas Hirsch-Hüffel inspirierte sie, ihren Ordinationsgottesdienst mitzugestalten durch Sprechmotetten, durch die Gestaltung der biblischen Texte, durch Liedbeiträge und kreative Elemente. In ihm fand ich einen ideenreichen Erneuerer des gottesdienstlichen Lebens, der das »wirkliche Leben«, die Sprache und die Partizipation der Gemeinde im Gottesdienst stark macht. Da

Mit dem Erzbischof von Canterbury, Rowan Williams, in Trondheim bei der Vollversammlung der Konferenz Europäischer Kirchen 2003

ist uns manches gemeinsam gelungen, aus dem »Wortmuseum« Gottesdienst etwas in unseren Augen erfahrbar Lebendiges zu machen. Er und seine Frau Angelika Hüffel, die Theaterpädagogin, haben geholfen, alle meine Feste zu gestalten, und sie haben sie mit uns gefeiert – ich war eine, die fleißig Feste feierte und ich habe die schöne Bischofsresidenz in Lübeck in diesem Sinne ausgiebig genutzt, um Gäste einzuladen. Einmal im Jahr auch alle Pröpste meines Sprengels.

Heute besuchen uns die Hirsch-Hüffels regelmäßig. Wir schauen Filme an, ein Jahr lang waren es nur chinesische Filme mit der Schauspielerin Gong Li. Wir erzählen uns von unseren kulturellen und theologischen Entdeckungen und ich höre Neuigkeiten aus Nordelbien und jetzt der Nordkirche. Gemeinsam haben wir das schöne Lied des schwedischen Liederdichters Per Harling, das bei der Konferenz Europäischer Kirchen 2003 in Norwegen in der europäischen Ökumene bekannt und beliebt wurde, auch eines meiner Lieblingslieder, ins Deutsche gebracht.

Es ist eine Fanfare des Lebensmutes und der Lebensfreude.

Lebens-Lied

Wenn im Tal die Hoffnung blühet
Sing, sing des Lebens Lied
Wenn der Geist die Welt durchglühet
Sing, sing des Lebens Lied
Luft und Meere werden licht,
dürre Halme grünen dicht,
niemand es an Lieb gebricht
Sing, sing des Lebens Lied ...

Mutig gegen Hass und Sterben
Sing, sing des Lebens Lied
Gegen Risse, Messer, Scherben.
Sing, sing des Lebens Lied.

Gegen Lähmung, Neid und Not,
leuchte Gott, dein Morgenrot.
Schenk uns Gnade, schenkt uns Brot,
Sing, sing des Lebens Lied.

Je länger ich in Nordelbien war, umso mehr Menschen fand ich, die diesen Weg mit mir gingen, Weggefährten in der Kirchenleitung, im Pröpstekonvent, in den Diensten und Werken, unter den Frauen. Hilfe kam mir inzwischen von vielen Seiten. Auf einer Scherz-Postkarte stand, was ich da erlebte: »Bevor man beginnt, etwas zu begreifen, ist die Amtszeit abgelaufen.«

◆ ◆ ◆

Einmal im Jahr trafen sich ein Dutzend muslimische und christliche Frauen und Theologinnen, abwechselnd in der Bischofskanzlei und in der Moschee. Ziel war es, uns besser kennen zu lernen und zu verstehen, welche Rolle die Frauen in den Religionen haben. Wir wollten uns gegenseitig erklären, wie wir mit Texten in den heiligen Schriften umgehen, die Frauen benachteiligen.

Wir hatten einen Stuhlkreis vorbereitet mit Blumen und einer schönen Mitte. Da saßen wir, ohne Tische. Wir legten – aus Mangel an anderen Möglichkeiten – unsere Sachen, auf den Boden, auch die Bibeln. Da baten uns die Muslimas, die Heiligen Schriften doch nicht auf den Boden zu legen! Mehr Ehrfurcht! Ja, da konnten wir gleich etwas lernen.

Wir christlichen Frauen erklärten die Bibelstellen: »Das Weib schweige in der Gemeinde« (1 Kor 14,34) und »... sie soll das Haar bedecken« (1 Kor 11,6) . Als zeitgebundene Anweisung für die Gemeinde in der Stadt Korinth geht es hier nicht um einen zentralen Inhalt des Evangeliums, sondern eher um eine Ansage im kulturellen Kontext. Heute müssen wir die nicht mehr befolgen. Andere Bibelstellen, etwa Gal 3,28 »In Christus ist nicht Jude noch Grieche, nicht Sklave noch Herr, nicht Mann noch

Frau« sprechen die übergreifende Gleichwertigkeit von Frauen und Männern aus und haben größere Autorität und Wirkmacht in den Kirchen. Man unterscheidet also einen »Kanon im Kanon«, den innersten Wahrheitskern der biblischen Schriften.

Die Muslimas erklärten uns die Sure 4,34 im Koran. In der Sure steht angeblich, dass der Mann die Frau schlagen darf. Bei genauer Auslegung ist zu sehen, dass das Wort, das oft mit »schlagen« wiedergegeben wird, im Arabischen mehrere Bedeutungen hat, etwa schlicht »zurechtweisen«. Es kommt also darauf an, das Arabische genau zu übersetzen. Es ist auch wichtig, den »Prophezeiungs-Anlass« in den Blick zu nehmen, in welcher konkreten Situation der Text gesprochen worden war. Dieser Text spricht davon, dass die Geheimnisse der Familie nicht ausgeplaudert werden sollen.

In unserem christlichen Sprachgebrauch hieß das: Der historische Kontext einer Aussage wird beachtet und es wird sprachlich, exegetisch und hermeneutisch genau damit umgegangen.

Sehr bewegt hat mich, als sich die Frauen in der Mittagspause an dem kleinen Waschbecken unserer Toilette die Füße wuschen und danach auf kleinen Teppichen in meinem Bischöfinnen-Zimmer ihr Gebet verrichteten.

Dieser Tag war ein winziger Baustein zum Frieden zwischen den Religionen und zur Solidarität unter den Frauen. Auch das Islamische Frauenzentrum in Köln und Rabeya Müller, mit der ich mehrfach Bibelarbeiten auf dem Kirchentag gehalten hatte, stärkten mein Interesse und Verständnis für muslimische Frauen. Ich habe mir vorgenommen, solche fortschrittlichen Frauen mit aller Kraft zu unterstützen.

Wenn man den muslimischen Frauen helfen will, muss man auch mit den muslimischen Männern sprechen, was ich am Runden Tisch der Religionen in Deutschland und auch in einer Lübecker Moschee tat.

Bischöfin sein heißt Feste feiern: Musik, Kirchenchöre, Kinderchöre, geschmückte Kirchen, Glockenweihe – in Herzhorn in

In der Lübecker Moschee bei einem Gespräch mit dem Imam

der Marsch läutet eine Glocke, auf der eingebrannt ist, dass ich sie geweiht habe – Jubiläen, Anfänge und Abschiede feiern, das ist der besonders schöne Teil des bischöflichen Dienstes. Man trifft die Gemeinden in Feststimmung und in bester Verfassung oder auch bei besonderen Initiativen.

Zum Beispiel beim »Petri-Mahl« in der Lübecker St. Petri Kirche, der Lübecker City- und Kultur-Kirche. Pastor Günter Harig und der theologisch engagierte Restaurant-Besitzer Tubbesing hatten es sich ausgedacht. Später hat Herr Tubbesing immer wieder Gedichte und Texte über das Abendmahl mit mir ausgetauscht. Die beiden standen am Morgen auf dem Lübecker Marktplatz und sprachen Leute an und luden sie zu einem kostenlosen festlichen Mittagessen in die Petri-Kirche ein: eine eilige Hausfrau, einen, der aus dem Rathaus kam, eine Passantin mit Fahrrad, einen, der dort bettelte usw. Um die Mittagszeit fanden sich dann etwa 20 Leute in der ansonst leeren Petri-Kirche ein, in der eine schöne Tafel aufgebaut war mit Tischtüchern und bestem Geschirr, Gläsern, Blumen und Kerzen. Festlich eben. Niemand kannte die anderen, neben denen sie zu sitzen kamen. Man lernte sich jetzt im Gespräch kennen: ich saß neben einem Bankangestellten und einer Verkäuferin. Der Pastor erklärte, es gebe nur eine einzige Regel: niemand solle sich selbst von dem Essen nehmen, sondern darauf warten, von dem Nachbarn oder der Nachbarin gefragt und bedient zu werden. Herr Tubbesing hielt als Laie eine kleine Tischrede, in der er eine Essensgeschichte der Bibel erzählte: Die Speisung des Volkes Israel in der Wüste mit dem Manna, dem »Brot vom Himmel«. Alle Gäste bekamen, so viel er oder sie brauchte und – alles umsonst.

Diese Tafel sollte ein Zeichen der Gastfreundschaft Gottes und der Menschen sein. Die Petri-Mähler wurden von einzelnen Personen »gesponsert«. Es entwickelte sich ein höchst spannendes Zusammensein und Gespräche zwischen Menschen, die sich sonst nie begegnen. Das Essen war sehr fein und reichlich. Jede fragte den Nachbarn: »Möchten Sie Suppe? Etwas Fleisch? Nein, Sie sind Vegetarierin? Aber Gemüse? Noch etwas mehr? Darf ich Ihnen ein Gläschen Wein einschenken? Vielleicht von dem köstlichen Nachtisch? Man lernte, aufmerksam auf die anderen zu werden und nicht nur seine eigenen Bedürfnisse wahrzunehmen. Ich konnte hören, wie es in der Bank zugeht und im Kaufhaus und erzählte vom bischöflichen Amt. Was für eine Überraschung mitten im Alltag! Niemand konnte sich selbst dazu einladen oder anmelden. Die spontane Einladung, die Unverfügbarkeit waren entscheidend bei diesem seltsamen, schönen, verhüllten (Abend?-)Mahl.

◆ ◆ ◆

Ein besonderer Tag war natürlich auch für mich der Heilige Abend.

Er begann für mich früh am Morgen, am *Heiligen Morgen* sozusagen. Mein Fahrer fuhr mich durch die leeren Straßen Lübecks. Ich kam um 8.30 Uhr in der Justizvollzugsanstalt am Lauerhof an, um mit den gefangenen Männern und danach mit den Frau-

en Weihnachten zu feiern. Durch die Sicherheitsschleusen ging
es in die Kapelle, wo der evangelische und katholische Kollege
und die osteuropäische Organistin alles festlich vorbereitet hatten. Ich brachte eine Schachtel voller Papierengel mit, die die engagierte Pastorin Katharina Fenner mit ihre Konfirmandinnen
und Konfirmanden gebastelt und dabei mit ihnen über Schuld,
Strafe und Gnade gesprochen hatte. Auf jedem Engel stand ein
selbsterdachter Gruß der Jugendlichen. Außerdem hatte ich die
Spende der Lübecker Marzipanfirma dabei: einen Marzipans-
tern.
Die Gefangenen kamen mit ihren Bewachern: frisch gewaschen
und in sauberen dunkelgrünen Anstaltsanzügen. Auf diesen
Augenblick musste ich mich jedes Mal innerlich vorbereiten.
Da saßen sie, die Mörder und Zuhälter, die Diebe und Drogen-
händler, Kinderschänder und Menschenhändler oder was sonst
sie auf dem Kerbholz hatten. Harte kantige Gesichter, Deutsche,
Osteuropäer, Menschen aus ganz verschiedenen Ländern. Ich
vergaß schnell, an ihre Untaten zu denken und versuchte mir
vorzustellen: Was empfinden sie jetzt? Was geht in ihnen vor?
Vor den Fenstern flogen die Möwen mit jähem Schrei durch das
Grau des Stacheldraht bewehrten Gefängnisgeländes. Die Kerzen am Weihnachtsbaum brannten, eine Krippe war aufgestellt.
Die beiden Kollegen spielten mit Flöte und Gitarre ein zartes
Weihnachtslied. Da musste ich die Zähne zusammenbeißen gegen die Rührung. Dann stand ich vor den Gefangenen und wollte die Weihnachtsbotschaft ausrichten. Und habe Jahr um Jahr
versucht zu sagen: »Das Kind wurde in einem Stall geboren, an
einem unansehnlichen Ort der Armut. Warum nicht auch bei
euch? Das Heilige Kind lächelt euch alle an.«
Eigentlich war ich gerne hier an Weihnachten. Eine Liedzeile von
Wolf Biermann ging mir – wie passend oder unpassend auch immer – in dieser Situation durch den Kopf. Was hilft es, dass wir uns
»mit Moral die süchtigen Herzen beschmieren«, wenn es in uns doch
immer dieses »heißkalte Blut« gibt. Ja, was hilft es, hier zu predigen?
Die Gefangenen in ihrem kaputten Dasein trösteten mich dar-

über, dass es auch in meinem Leben kaputte, misslungene, versteckte und unansehnliche Stücke gab, die ich vor dem vergebenden Blick des Kindes an Weihnachten ausbreiten wollte. Sie trösteten mich in meinem Heimweh und Fernweh der Migrantin und angesichts ... meiner leer gewordenen Wiege.

Nach dem Gottesdienst gab ich jedem die Hand und übergab die Geschenke. Die gefangenen Frauen weinten viel im Weihnachtsgottesdienst oder lachten verlegen mit ihren punklila Haaren und gepiercten Gesichtern. Oder sie blickten still vor sich hin. Weihnachten im Gefängnis. Eigentlich wäre das schon genug Weihnachten für mich gewesen.

Aber es ging ja noch weiter. Gegen 18.00 Uhr fuhr ich zum CVJM in die Kleine Petersgrube, wo ein Weihnachtsfest für alleinstehende und obdachlose Menschen stattfand. In dem fröhlichen Gedränge wurde ich freundlich mit Hallo begrüßt von denen, die vor dem Dom betteln oder mich aus den Vorjahren kannten. »Hier, ich habe Ihnen einen Platz freigehalten!« Kaffee und Kuchen wird von freiwilligen Frauen und Männern serviert. Ein rumänisches Ehepaar spielt Klavier und Geige, Kaffeehausmusik und Weihnachtslieder schön im Wechsel. Dann kommt der »Lübecker Möwenschiet Chor«, zwanzig ruppig aussehende Männer in Seemannskluft mit Ziehharmonika und nun geht's los: »Hein spielt abends so schön auf dem Schifferklavier ...«, »Wir lagen vor Madagaskar ...«, »Nimm mich mit Kapitän auf die Reise ...«, »Schön ist die Liebe im Hafen ...«, »Sankt Niklas war ein Seemann ...«. Beim ersten Mal fand ich das völlig unpassend. Aber je öfter ich mit ihnen hier Heilig Abend feierte, umso besser gefiel es mir. Bald sang ich gutgelaunt mit und wartete schon auf dieses besondere Element meines Heiligen Abends. Den »Möwenschiet-Chor« habe ich später auch zu meinem Abschied eingeladen, wo sie noch einmal eigens für mich gesungen haben. Das Publikum sang und johlte und kam so richtig in Schwung. Zu meiner Weihnachtsstimmung passte das immer besser. Nach dieser Singerei kam ich mit meiner Ansprache, einer Variante der Gefängnispredigt – und es wurde ganz still, sogar bei den

Rauchern in der hintersten Ecke. Danach sangen wir noch ein paar Weihnachtslieder und der Pastor übernahm wieder die Regie. Beim Heimgehen können die Leute jede Menge gespendetes Gebäck, Brot und Lebensmittel mitnehmen.

Nun war es etwa 20.00 Uhr. Philip und ich hörten zuhause Weihnachtsmusik, lasen die Weihnachtspost und aßen ein kleines schönes Abendessen. In Philips Tradition spielt der Heilige Abend gar keine Rolle. Das war mir je länger je lieber, was nur wenige hierzulande verstehen. Weihnachten wird in der Karibik mehr als Party gefeiert. Im Grünen. Am Meer. Selbst dort werden Christmas Carols gesungen!

Nun kam ja noch der Mitternachtsgottesdienst im Dom. Es ist einer der Höhepunkte des Jahres für viele und der Dom war bis zum letzten Platz gefüllt mit festlich gestimmten Menschen, die manchmal schon ein Gläschen zu viel getrunken hatten. Der Gottesdienst ist eher schlicht. Vor dem Altar steht eine völlig leere Holzkrippe ohne irgendwelche Figuren. Nur eine Kerze brennt darin. Schön einfach ist das. Gefreut habe ich mich jedes Jahr über das einfühlsame Orgelspiel unseres Dom-Kantors Hartmut Rohmeyer. Die Musik stieg aus dem Dunkel auf und brachte die erregte Gottesdienstgemeinde zur Ruhe. Viele Menschen wissen gar nicht mehr, »wie Gottesdienst geht«. Im Mittelpunkt meiner Liturgie stand die Rose: »Es ist ein Ros' entsprungen«. Später dann die Tiere. Ich habe selbst einmal eine »Legende« erfunden für diesen Abend. Um Mitternacht läuteten die Glocken mächtig in die weihnachtliche Stille, während ich bei Kerzenschein auf der Kanzel stand und man mich vielleicht nicht mehr richtig verstehen konnte. Es waren wunderbare Gottesdienste, die auch mich selbst lange durch die Zeit getragen haben. Und ich freute mich schon auf den ersten Weihnachtstag, an dem wir bei Familie Fenner mit ihren Kindern und Enkelkinder gemeinsame Waffeln essen und Weihnachtslieder singen würden. Sie waren inzwischen verlässliche Begleiter in Lübeck geworden.

Einmal aber war es so, wie man es im Pfarramt manchmal im Traum erleben kann: Meinem Fahrer hatte ich am Heiligen

Abend freigegeben. Als ich gegen 21.00 Uhr ein Taxi bestellen wollte, gab es keines mehr. Ich wollte erklären, wie dringend das sei, da sagte die Telefonfrau genervt: »Wenn Sie einmal im Jahr in die Kirche gehen ...!«

Mit dem eigenen Auto fahren? Bei Eis und Schnee und wo einen Parkplatz finden am Heiligen Abend? Die Nervosität stieg. Ich rief bei meiner Nachbarin an, unserer allzeit bereiten Hausärztin, Brigitte Övermann. Ja, sie wollte in den Gottesdienst gehen und könne mich mitnehmen. Ungeduldig wartete ich schon im Freien, es dauerte etwas länger ..., dann fuhren wir los. Im Auto sah ich noch einmal in meiner Tasche nach, ob ich auch alles dabei hatte, ich nahm es eigens heraus und schaute nach. Ja, es war alles da.

Als ich in der Sakristei des Doms ankam, hörte ich den Seufzer der Erleichterung meiner Referentin. Ich mache meine Mappe auf ... Da sind keine Predigt und kein Gottesdienstablauf drin. Die lagen wohl im Auto meiner Nachbarin, die auf Parkplatzsuche war. Die Panik wurde groß. Ein Kirchengemeinderat fuhr mich im Eiltempo zurück nach Hause, wo ich immer eine Kopie meiner Predigt aufbewahre. Zurück in der Sakristei, stürzte ich mich in das heute besonders komplizierte Ornat, die Glocken läuteten und läuteten. Ich trat im Halbdunkel an meinen Platz, völlig außer Atem. Dann betete ich ein kleines Stoßgebet. Ich hatte keinen Gottesdienstablauf, keine Liturgie, keine Gebete, zum Glück saß meine gut vorbereitete Referentin neben mir. Nach dem Orgelvorspiel trat ich ganz ruhig an den Altar und sagte in die große Stille: »Schweiget und ruhet von euren Geschäften, von euren Sorgen und von euren Träumen. Hört das Wort der Stille, hört das Wort der Nacht.« Die Predigt, die für die Ablage zuhause nur in kleiner Schrift gedruckt war, konnte ich im Kerzenschein auf der Kanzel kaum lesen ... »O du fröhliche, o du selige Weihnachtszeit«. Das war ein besonderes Weihnachtsfest gewesen. Und ich beschloss, meinem Fahrer am Heiligen Abend, komme, was da wolle, nie wieder frei zu geben.

Fünfzehntes Kapitel

Anstiftungen

Das Wachsen der Nordkirche

Vielleicht bin ich Bischöfin geworden, weil ich ein paar Dinge anstiften wollte. Hatte ich da ein katholisches Bischofsverständnis im Kopf? Leicht war es jedenfalls nicht, in den vielfältigen Strukturen und dezentralisierten Entscheidungswegen Nordelbiens etwas Neues anzustiften.

Im bischöflichen Amt hatte ich noch einmal ein besonderes Pfund anvertraut bekommen, eine Möglichkeit zu gestalten. Dazu hatte mich die Synode gewählt und ich wollte an der Erneuerung der Kirche kirchenleitend mitarbeiten. Ich verstand Kirche immer als Gemeinschaft von Menschen. Auch als Gefäß, in dem das Evangelium aufbewahrt und weitergegeben wird. Bei aller Kritik an der Kirche: wir haben kein besseres Gefäß. Es gilt heute vielen Menschen, die im Dickicht der »Multipe Choices« nicht mehr wissen, wohin es gehen soll. Als Glieder der Kirche öffnen wir gemeinsam ein paar elementare Schneisen, die auf den Shalom Gottes hinweisen. Das Herzstück der Bibel sagt uns, dass wir »Leben haben«, wenn wir Gott und den anderen Mitgeschöpfen »gerecht werden«. Gerechtigkeit ist das große Schlüsselwort der Bibel. Das hat Luther auf seine Weise in der Rechtfertigung entdeckt. Es bedeutet: Gott wird uns gerecht. Gott macht gerechte Menschen aus uns, damit wir gerecht leben können, so dass wir anderen die Lebensmöglichkeiten nicht beschneiden noch zerstören.

Wie kann die Kirche in ihrer äußeren Gestalt eine überzeugende und engagierte Gemeinschaft des Teilens und eine Agentin der Gerechtigkeit sein? Wie können wir sichtbar und wirksam Themen voranbringen, *die dem Leben, den Menschen und der Schöpfung dienen, wie es Gottes Wille ist?* Woher nehmen wir die Kraft für das Engagement, die Lebenswelt, die Politik und die Ökonomie zu verändern, die so viele Opfer fordern in der globalisierten Welt?

Ich glaube daran, dass eine vertiefte *Spiritualität* die Quelle dieser Kraft ist. *Die Weisungen der Bibel* zeigen den Weg der Gerechtigkeit. Allerdings muss man die Bibel auch verstehen können. Dem dienen neue Übersetzungen, zum Beispiel die »Bibel in gerechter Sprache«. Und eine kritische Bibellektüre. Von meiner kenntnisreichen Freundin Luise Schottroff habe ich gelernt, vieles in der Bibel ganz neu zu verstehen.

Das Leben Jesu orientiert mein Leben, weil es der gültige Versuch ist, nach dem Willen Gottes zu leben und die Ziele des Reiches Gottes und seiner Gerechtigkeit unter keinen Umständen zu verraten.

Im bischöflichen Amt wollte ich das *geistliche Leben* mitten in den Umbrüchen unserer Zeit stärken. Wichtige *Themen und Ziele* benennen und voranbringen. Und die mühevolle Arbeit an der strukturellen Erneuerung der Kirche nicht scheuen. So wollte ich »*die Einheit und das Wachstum der Kirche im Glauben und in der Liebe*« in besonderer Weise fördern, wie es die Verfassung Nordelbiens uns Bischöfinnen und Bischöfen aufträgt.

◆ ◆ ◆

Fünf wuselige Köpfe streckten sich neugierig über den Rand der alten Kanzel im Dom zu Ratzeburg. Aufgeregt blickten fünf Kindergesichter auf 1.000 andere Kinder zu ihren Füßen, die aus Schleswig-Holstein und Mecklenburg-Vorpommern zur »Kinder-Sommeruniversität« nach Ratzeburg gekommen waren. Die Fünf wandten sich an die fünf Politiker, die dort saßen. Ebenso an die Professoren aus Kiel und Flensburg, an die Schirmherrin, die Bischöfin, und den Schirmherrn, den Minister Metelmann aus Schwerin. Die Organisatorinnen und Organisatoren dieses großen Ereignisses hatten mit Hilfe von 100 verlässlichen und einsatzfreudigen Jungen und Mädchen der Gemeindepfadfinder alles bestens organisiert. »Kinder-Delegierte« hatten ein »Wasser-Manifest« mit Wünschen und Forderungen ausgearbeitet. Jetzt sollte es verlesen werden. Die Politiker mussten auch gleich vor Ort Antwort geben.

Es wurde ein unvergesslicher Tag auf der Domhalbinsel in Ratzeburg, der Wasser-Erlebnis-Tag der »Kinder-Sommeruniversität« 2004. So viel quirliges Leben war sonst selten auf der Domhalbinsel zu finden.

Die Kinder hatten sich ausführlich mit dem Thema Wasser beschäftigt. Sie hatten durch Mikroskope geschaut, das Salzwasser der Nordsee geschmeckt, Wasserbilder gemalt. Bei einer afrikanischen Frau konnten sie lernen, einen Eimer voll Wasser auf dem Kopf zu balancieren – schwere Arbeit. Im Dom beteten die Kinder für die Bewahrung des Wassers und der Wassergeschöpfe und sangen:

>*»Du wirst sein wie eine Wasserquelle,*
>*der es nie an frischem Wasser fehlt.*
>*Mit dem Hungrigen brichst du dein Brot,*
>*und den Durstigen füllst du den Krug,*
>*in der Wüste wirst du Garten sein,*
>*steter Tropfen höhlt den Stein.«*
>
>Hans-Jürgen Netz

Die Kinder verlasen ihr Manifest von der Kanzel und ich staunte, wie wichtig für sie die Kanzel als Ort der Wahrheit war.

Als ich 2001 nach Nordelbien gekommen war, fand ich dort eine Gruppe höchst motivierter Menschen, die sich das Thema »Schöpfungsbewahrung« auf die Fahne geschrieben hatten, angeführt vom erfindungsreichen Oberkirchenrat Arnd Heling. Er hatte eine wichtige Kooperation mit nichtkirchlichen Partnern aus den Kommunen, dem Land Schleswig-Holstein und den Universitäten eingefädelt. Es gab eine Vorbereitungsgruppe, an der ich teilnahm. Sie hatten schon im Vorjahr eine Sommer-Universität zum Thema Wasser ausgerichtet. Dort hatte ich gesagt: »Heute brauchen wir nicht nur Menschenrechte, wir brauchen auch Schneckenrechte.«

Das Pastoralkolleg und die Domgemeinde, auch die Stadt Ratzeburg halfen mit. Wir hatten Schlüsselworte gefunden: »Demut – Staunen – Erkennen – Mitfühlen – Gerechtigkeit – Verantwortung – Liebe – Segen«. Sie öffneten uns eine theologisch vertiefte Betrachtungsweise des Schöpfungsthemas. Mir war das Wort »Demut« besonders wichtig, weil es im Denken der Gegenwartskultur – und auch in der Gegenwartstheologie? – fast keine Rolle spielt.

Hier hatten sich sehr kreative Anstifter zusammengefunden. Aus dem Schwung dieser Veranstaltungen heraus war dann 2005 die »Ökumenische Stiftung für Schöpfungsbewahrung und Nachhaltigkeit« gegründet worden von den Kirchen in Nordelbien, Mecklenburg, Pommern und der römisch-katholischen Erzdiözese im Norden als selbstständige Stiftung. Es war eine schwere Geburt, weil alle die Stiftung wollten, aber einfach kein Geld zu finden war und daran wäre es auch fast gescheitert. Da haben Philip und ich noch einmal gründlich unsere Niwano-Friedenskasse geplündert und die nordelbische Startsumme mitfinanziert. Durch das Engagement eines hoch kompetenten Kuratoriums – immer mit einigen Extra-Mühen – habe ich als Vorsitzende mithelfen können, diese Stiftung aufzubauen. Sie gehört – um im Bild zu bleiben – zu den Neugeborenen, die nach der Geburt nicht gleich gut atmen.

Das Thema »Schöpfungsbewahrung«, wie ich damals *noch* sagte, ist mir in jenen Jahren immer wichtiger geworden. Es ist eigentlich vermessen, davon zu sprechen, dass Menschen die Schöpfung bewahren könnten. Was wir wirklich sagen können: Wir sollten die Schöpfung weniger zerstören. Bewahren können wir sie nicht.

In meinem bischöflichen Amt traf ich engagierte, kritische Bäuerinnen und Bauern. Bald sah ich klar, wie viel Misshandlung tierischen Lebens in unserer Gesellschaft fraglos akzeptiert wird. Eine große Fühllosigkeit gegenüber tierischem Leben herrscht vor. In unseren Gebeten und Predigten finden die Tiere und die Schöpfungs-Demut wenig Platz. Wir hatten es einfach nicht gelernt, im Gottesdienst darüber zu sprechen. In der abendländischen Theologie, so lernte ich sehen, hat der Mensch eine derart zentrale Stellung, dass alles andere Leben zu Beiwerk degradiert wird.

Bei den orthodoxen Christen – aber nicht erst bei ihnen – war mir der Gedanke der Theophanie, der Offenbarung Gottes *in* der Schöpfung wirkmächtig wieder begegnet. In ihren Gebeten wurde vom *sakramentalen* Umgang mit allen Geschöpfen gesprochen. Auch bei den indigenen Völkern in Lateinamerika war eine ganz andere Wertschätzung der »Pachamama«, der Mutter Erde zu finden. Wie sehr könnte uns das ökumenische und interreligiöse Gespräch hier weiterhelfen! Gerade auch unserem theologischen Neudenken.

◆ ◆ ◆

»Only connect« war einer der Kernsätze, die ich aus der Ökumene mitgebracht hatte. »Man muss die Dinge miteinander in Verbindung bringen«: Unser Verflochtensein mit allen Lebewesen in einer neuen Spiritualität. Ich wollte unser ausdrucksarmes geistliches Leben, auch mein eigenes, erweitern und vertiefen durch neue Erfahrungen.

Da kam es gelegen, dass ich in Nordelbien viel Taizé-Frömmigkeit vorgefunden hatte. Es gelang mir, meine evangelischen und katholischen Bischofsgeschwister bei einer unserer regelmäßigen Begegnungen zu überzeugen, die Brüder von Taizé einzuladen, ihr Europäisches Jugendtreffen am Ende des Jahres 2003/2004 in Hamburg abzuhalten.

Zu der Kommunität von Taizé hielten Philip und ich Kontakt durch Besuche und zum Beispiel beim Europäischen Jugendtreffen in Stuttgart zum Jahreswechsel 1996/97, bei dem ich mit meiner Botnanger Gemeinde aktiv beteiligt war. Damals gab es ein gemeinsames Mittagessen, bei dem sich Frère Roger und Philip wieder begegneten. Es war eine Freude, die beiden großen Männer der Kirche beieinander zu sehen. Sie kannten sich schon aus Studentenzeiten. So war es nicht schwer für uns, die Einladung aus dem Norden in Taizé zu Gehör zu bringen.

Die Taizé-Treffen sind ein Höhepunkt im geistlichen Leben vieler Jugendlicher in Europa geworden. Als sich in Hamburg 60.000 junge Menschen aus ganz Europa einfanden, erfüllten sie diese säkulare Stadt mit den einfachen, tiefgehenden Liedversen biblischer Texte und mit gemeinsamem Beten. Das Treffen wurde so auch zu einer geistlichen Stärkung unserer nordelbischen Kirche.

Taizé steht in engem Kontakt zur Kommunität der Schwestern von Grandchamp in Neuchatel in der Schweiz. Sie leben aus demselben Geist. Meine Idee war es nun, die Schwestern von Grandchamp zu Hilfe zu holen und sie zu bitten, einige Schwestern dauerhaft auf dem Campus in Ratzeburg »anzusiedeln«. Ratzeburg war ja eine Schnittstelle zwischen Ost und West.

In Jörn Halbe, dem Rektor des Pastoralkollegs, fand ich einen Verbündeten für manche neue Idee im »Grenzland«. Er wurde für mich in Nordelbien ein kenntnisreicher, erfahrener Berater, ein Weggefährte, dem ich in den bischöflichen Jahren viel verdanke. Ich konnte mit ihm meine theologischen Themen erörtern und fand Interesse für ökumenisches Denken. Wir erarbeiteten in der Reformkommission Nordelbiens Sätze zum Kirchenverständnis, die später vielen Gemeinden geholfen haben, ihr eigenes Selbstverständnis und ihre Prioritäten zu klären. Er hatte als Vorsitzender des Theologischen Beirates der Synode schon manches kontroverse Thema klären und durchsetzen helfen können. Im »Dickicht«, das Nordelbien anfänglich für mich war, kam ich dank seiner Hilfe besser und gelassener zurecht.

Jörn Halbe und ich luden also die Schwestern von Grandchamp, dieser kontemplativen evangelischen Schwesternkommunität aus der Schweiz, erst einmal ins Pastoralkolleg ein und begannen mit ihrer Hilfe »Schweige-Retraiten« durchzuführen, eine ungewohnte geistliche Übung für die Pastorenschaft aus Ost und West. Zur Vorbereitung gehörten unsere gemeinsamen Besuche in Grandchamp, die uns mit der hellblau gewandeten Gemeinschaft in Kontakt brachten, mit Sr. Pierrette, Sr. Minke, Sr. Christel und vielen anderen. Es ist eine Kommunität, die in den Tagzeitengebeten und den liturgischen Gesängen »die Welt ins Gebet« nimmt. Ihr einfacher Lebensstil ist gleichwohl erfüllt von der Schönheit dieses südlich anmutenden Ortes am Neuchateler See. Im Kommunitäts-Gehöft mit den Oleanderbüschen, Bächen und Brunnen und in der alten Scheune, dem Gebetsort der Frauen, war es sehr gut zu sein. Leider ließ sich die Idee, mit Hilfe der Schwestern ein geistliches Zentrum in Ratzeburg aufzubauen, nicht verwirklichen, obwohl wir alles versucht haben durch unsere Besuche und Gespräche in Grandchamp, die Schwestern dafür zu gewinnen.

Schweige-Zeiten sind so erfüllt mit innerem Leben wie kaum andere Zeiten des geistlichen Lebens. Bei den Auswertungen sprachen die Teilnehmenden davon, dass es eine *glückliche* Zeit für sie war. Was kann man sich mehr wünschen, als Menschen im geistlichen Beruf durch Glückserfahrungen zu stärken!

So bewährte sich eine ökumenische Grunderfahrung: Auf uns allein gestellt sind wir unvollständig und bedürftig. Wir brauchen die Stärke und Hilfe der anderen. Und sind bereit, unsere eigenen Gaben und Güter mit anderen zu teilen. Es lebe die Ökumenizität!

◆ ◆ ◆

In meiner Arbeit als Bischöfin gab es Aufgaben, die mir übertragen wurden und Ziele, die ich mir selbst setzte. Ich legte Stein auf Stein, so gut ich es verstand. Ich baute mit am Haus der Kirche in

Nordelbien. Zu meinen Zuständigkeiten als Bischöfin gehörte – glücklicherweise – die Ökumene.

Sie war in Nordelbien fest verwurzelt und gut aufgestellt. Der ÖRK spielte eine wichtige Rolle seit es das Antirassismusprogramm gab. Auch die Texte über »Taufe, Eucharistie und Amt« und die »Dekade der Kirchen in Solidarität mit den Frauen« haben lebhafte Aktivitäten in der Landeskirche angeregt. Schließlich hatte diese Dekade die Wahl der ersten und der zweiten Bischöfin in Nordelbien mit ermöglicht. Der »Konziliare Prozess für Gerechtigkeit, Frieden und Bewahrung der Schöpfung« war von vielen Menschen aufgegriffen worden. Die »Dekade zur Überwindung der Gewalt« hatte gerade begonnen. Fernando Enns, der mennonitische Theologe, lehrte an der Hamburger Universität »Theologie der Friedenskirchen«. Pastorin Marianne Subklew brachte aus Pommern die Erfahrungen der friedlichen Revolution im Osten in die neue Dekade-Arbeitsstelle ein.

Die weltweite Gemeinschaft mit den lutherischen Kirchen im Lutherischen Weltbund (LWB) wurde besonders intensiv gepflegt. Gemeinde-Partnerschaften blühten. Osteuropa war stark eingeprägt in die nordelbische Visitenkarte.

Es gab auch den kirchlichen Entwicklungsdienst. Er hatte eine eigene Struktur, die in den 1970er Jahren dezidiert unabhängig und getrennt von den Missionsstrukturen aufgebaut worden war. Als Vorsitzende der Generalversammlung des Nordelbischen Missionszentrums lernte ich das weltweite Netzwerk der Partnerkirchen kennen. In Lübeck gab es eine wichtige ökumenische Tradition durch den ehemaligen Missions-Bischof Heinrich Meyer und den früheren Propst Niels Hasselmann. Kurz: In Nordelbien fand ich eine bunte, oft unverbundene Vielfalt von Initiativen und Organisationen vor nach dem Motto »Lasst tausend Blumen blühen«. Sehr unterschiedliche Verständnisse von Partnerschaft traf ich an, von paternalistischen bis partizipatorischen. Es gab sehr verschiedene Richtlinien und Ziele der Arbeit. Die Geldmittel für die »Dritte Welt«, die wir jetzt den »globalen Süden« nennen, und den Osten waren sehr ungleich verteilt. Das berührte meinen Gerechtigkeitssinn. Propst Hasselmann bat mich zu Beginn meiner Amtszeit, noch einmal an der Schaffung integrierter Strukturen für Ökumene, Mission und ökumenische Diakonie in Nordelbien zu arbeiten. Noch so ein weitreichender Wunsch und Auftrag!

Wer arbeitet gern an Strukturen? Ich war viel mehr an Themen und Menschen interessiert. Das schöne vielfältige Blumenfeld der Ökumene in Nordelbien war der Pflege wert, so wie es war.

Bald aber musste die Kirchenleitung mit der Kürzungsschere durch alle Arbeitsfelder der Kirche gehen und überall die finanziellen Mittel beschneiden. Welche Kriterien sollten nun angewendet werden? Was für eine Kirche wollten wir sein? Viele nordelbische Pastoren und Pastorinnen waren durch die Theologie von Joachim Scharfenberg geprägt, der die Seelsorge (»Seelsorge als Gespräch«) ins Zentrum gestellt und pastoralpsychologisch ausgerichtet hatte. Das war auch mir wichtig. Mission und Ökumene sahen viele eher als »Außenministerium« der Kirche, als einen Teilbereich, der es ja durchaus *auch* war. Aber eben nicht nur!

Mir lag im beginnenden Strukturreformprozess unserer Kirche, der aus finanziellen Gründen notwendig geworden war, daran, den Grundpfeiler eines *erweiterten* Ökumene-Verständnisses zu festigen. Den Gedanken hatte ich aus der weltweiten Ökumene mitgebracht: Keine Kirche oder Gemeinde kann, wenn sie bei sich allein bleibt, die »Fülle der Gottheit« (Kol 2,9) erfahren. Wir sind als weltweite Ökumene bei der Suche nach der Wahrheit und Einheit aufeinander angewiesen. Ökumenische Verbundenheit zwischen Kirchen verlangt von ihnen Offenheit, Beweglichkeit und eine Bereitschaft zu teilen. Kirchen müssen das Risiko eingehen, durch die Beziehung mit den anderen selbst *verändert* zu werden. Das erfordert eine große, umfassende ökumenische Bereitschaft.

»Was geht die Christinnen und Christen in Lübeck die Gemeinde in Husum-Bredstedt und ihre Finanzlage an?«, war eine Such-Frage – und sehr bald auch: »Was gehen uns die Christen in

Mecklenburg und Pommern an?«» Diese *Ökumenizität*, das Handeln aus dem Betroffensein durch die Situation der Mitchristen, auch das *Anerkennen der eigenen Bedürftigkeit* kam in den Blick. Dazu die Bereitschaft, *sich von den anderen verändern zu lassen.* Diese Gedanken sollten den Reformprozess voranbringen und Teil des wachsenden Selbstverständnisses unserer Kirche werden.

Mit dem Dezernenten, der für Mission, Ökumene und Diakonie zuständig war, Wolfgang Vogelmann, arbeitete ich an einer neuen Struktur für den Ökumene-Bereich. Ich sehe die zahlreichen Schaubilder vor mir, die ich entwarf, um die neue Struktur zu entwickeln. Die Idee war, alle ökumenischen Akteure an einen »Runden Tisch« zu bringen. Dort sollten sie über ihre jeweilige Arbeit berichten, erläutern, *nach welchen Gesichtspunkten* sie sie taten, und neue gemeinsame Schritte planen.

Die Vielfalt der Gruppen und Organisationen in diesem Bereich brauchte eine Struktur, ohne alle Gruppen zu vereinheitlichen, aber um »dem Ökumenischen in Nordelbien« ein größeres strukturelles Gewicht zu geben. Wir arbeiteten gemeinsam an einem Grundverständnis. Am Runden Tisch sollten auch wichtige Themen aus der weltweiten Ökumene aufgegriffen und umgesetzt werden. Engagierte Freiwillige und Hauptamtliche sollten miteinander beraten. Ich besuchte die vielen verschiedenen Gruppen und erklärte diese Ziele. »Daran wird sie sich die Zähne ausbeißen«, hörte ich einmal in einer Kaffeepause jemanden sagen. Manchmal war ich von dem Gewirr von Interessen sehr entmutigt. Es war ein hartes Brot. Aber warum hatte Nordelbien eine Ökumenikerin zur Bischöfin gewählt? Doch wohl um das Ökumenische zu stärken, sagte ich mir. Oft konnte ich mich mit diesem Anliegen nicht verständlich machen. Es wurde als Machtkampf verstanden und hatte ja wohl auch etwas davon.

Im Februar 2008 schließlich, im Jahr meines Abschieds, konnte ich der Synode endlich die Eckpunkte der neuen Ökumene-Struktur vorlegen, um »*den gestiegenen Herausforderungen an die Kirchen in einer globalisierten Welt*« gerecht zu werden und »*eine stärkere Gesamtverantwortung, Koordinierung und gemeinsame Policy-Steuerung für die verschiedenen Arbeitsbereiche«* zu ermöglichen. Ein Plenum sollte alle Akteure versammeln, Empfehlungen konnten an einen geschäftsführenden Ausschuss weitergegeben werden, der Beschlüsse für die Kirchenleitung erarbeitete. Während der Arbeit an dieser Struktur trafen sich in unserem Haus Oberkirchenrat Wolfgang Vogelmann, der diese Strukturveränderungen mit Engelsgeduld bis zur letzten Entscheidung durch trug, Margit Semmler, Vorsitzende des Entwicklungsbereichs, und der Direktor des Nordelbischen Missionszentrums, Klaus Schäfer. Wir diskutierten das Erreichte und überlegten gemeinsam, welche nächsten Schritte zu tun seien. Das Vertrauen untereinander wuchs, die Berührungsängste nahmen ab.

An dem Tag, als die Synode diesem Vorschlag zustimmte, konnte ich sagen: »Gemeinsam können wir ökumenische Ziele besser erreichen und *das offene, weltzugewandte Gesicht unserer Kirche* sichtbar machen.« Mission und Entwicklungsarbeit wurden arbeitsteilig unter ein Dach gebracht und die Diakonischen Werke eingebunden. Ebenso wurde die Europaarbeit, die bisher isoliert im Kirchenamt logierte, strukturell unter dieses gemeinsame Dach gestellt. Die ganze Nord-Ost-Südarbeit war gedanklich und praktisch neu als *»Eine-Welt-Arbeit«* konzipiert worden. Das war strukturell ein Riesenfortschritt und entsprach dem Bewusstsein einer gemeinsamen Verantwortung aller in diesem Bereich Engagierten.

Bei jeder Strukturarbeit sagte ich mir selbst und anderen: »Wir legen – bildlich gesprochen – nur Messer und Gabel auf den Tisch. Gute Strukturen können in der Reich-Gottes-Arbeit helfen und machen unseren Nachfahren das Leben (hoffentlich) leichter.«

Dann aber kam die ganz große Strukturveränderung: die Entstehung der Nordkirche. Sie wurde zum Ernstfall der Ökumenizität, unserer Bereitschaft, uns durch die anderen verändern zu lassen und zu teilen.

◆ ◆ ◆

»Ich wusste gar nicht, dass Gott auch in Polen ist«, sagte ein Kind nach einer Begegnung mit Christen im Ausland, die das Mecklenburgische Frauenwerk in den 1970er Jahren für Familien organisiert hatte. Ein wunderbarer Satz ökumenischen Lernens! Entdeckung der Universalität des Glaubens und der Kirche! Solche Geschichten wollen festgehalten werden. Mecklenburgische Frauen hatten eine unermüdliche Aufbauarbeit für die Kirche in der DDR geleistet. Mit viel Engagement, Lust und einfachsten Mitteln hatten sie dies getan. Von all dem aber waren wenig Spuren in den Protokollen, Akten und Dokumenten des Kirchenarchivs zu finden.

Im spiegelglänzenden Festsaal des Schweriner Kirchenamtes hatten sich etwa 60 Kirchenfrauen aus Mecklenburg versammelt. Sie wollten die Arbeit von Frauen in die Geschichtsbücher der Mecklenburgischen Kirche eintragen. Christiane Eller, die Leiterin des Frauenwerkes, hatte es sich zum Ziel gesetzt, durch eine Publikation ein Stück Frauen-Geschichte sichtbar zu machen. Hannah Arendt nennt ein solches Unternehmen den Versuch, *der Unsichtbarkeit und dem Vergessenwerden zu entrinnen.* Als Gast eingeladen, sprach ich an diesem Tag zu dem Thema: »Unerschrockene Frauen in die Geschichtsbücher!« Ich sprach als westliche, ökumenisch sozialisierte Frau und es klang etwa so: »Wir Kirchenfrauen leben noch immer in einem Zwiespalt zwischen Bescheidenheit und dem Wunsch nach Wirkungsmacht. Wir sollten nicht länger die eigene Unsichtbarkeit kultivieren und Kollaborateurinnen der Stagnation in den Kirchen sein. Also: Werdet sichtbar! Legt die Kultur der Geringschätzung und Selbstentwertung ab. Tut etwas und redet darüber. Setzt euch in die erste Reihe. Stellt sicher, dass eure Arbeit sichtbar wird in den Protokollen und Archiven. Lasst euch euren Beitrag zur Kirchengeschichte nicht enteignen. Seid jüngeren Frauen sichtbare Vorbilder, damit sie sich orientieren können. Habt Mut, auch eine andere Kultur im Leitungsverhalten auszuprobieren. Die Frauenperspektive ist Teil der Gesamtperspektive. Frauen tragen die Hälfte des Himmels.«

Meine kämpferischen Töne weckten bei den Ost-Frauen gemischte Gefühle. Das war nicht so ganz ihre Sprache und ihr Selbstverständnis. »Sich in die erste Reihe setzen« – war das nicht einfach die Imitation der herrschenden Männerkultur der Dominanz?

Dieser Nachmittag war ein wichtiger Anstoß, über die Frauenbewegung und ihr Sichtbarwerden in der Geschichtsschreibung nachzudenken. Frauen hatten vieles erreicht in den letzten Jahrzehnten. Müssen sie sich jetzt auch noch selbst um die Geschichtsschreibung kümmern? Wird der Beitrag von Frauen weiter mündlich tradiert und irgendwann vergessen sein?

Dieser Nachmittag hat mich motiviert, ein Stück Entstehungsgeschichte der Nordkirche aufzuschreiben. *Meine Version,* sozusagen.

◆ ◆ ◆

Die Nordelbische Kirche hat diese gemeinsame Grenze mit Mecklenburg-Vorpommern. Wie viel Gras war inzwischen über die deutsch-deutsche Teilung gewachsen? Wie viel wussten wir über die Menschen im Osten? Und sie von uns? Nordelbien hatte eine gute Partnerschaft mit Pommern gepflegt, eine Geber-Partnerschaft. Viel Hilfe war schon in DDR-Zeiten über die Grenze gegangen zur Restaurierung der Dorfkirchen und Pfarrhäuser.

Seit dem Jahr 2000 gab es eine Kooperationsvereinbarung der drei Kirchen in Mecklenburg, Nordelbien und Pommern und einen Kooperationsausschuss, der sich in regelmäßigen Abständen traf. Sehr unterschiedlich war die Größe der Kirchen, wobei es im Osten zu DDR-Zeiten eben keine volkskirchliche Grundlage und Finanzierung gegeben hatte. Nordelbien hatte 2,1 Millionen, Mecklenburg 210.000 und Pommern 100.000 Kirchenmitglieder.

Es gab einen Unterausschuss des Kooperationsausschusses, »Programme und Projekte«, der über konkrete Zusammenarbeit nachdachte. Bei dem Treffen der drei Kirchenleitungen in

Güstrow 2003 trug Jörn Halbe die Ergebnisse dieser Arbeit vor, zum Beispiel die Arbeit an den »Offenen Kirchen«. Er hatte die Zusammenarbeit mit den Kirchen im Osten seit der Öffnung der Grenze entschieden zu seiner Sache gemacht. So wurde er für mich auch in Sachen Nordkirche ein wichtiger Verbündeter.

Als ich mein Amt 2001 antrat, war ein »Moratorium« – ein zeitlich begrenztes Aussetzen der Ost-West-Begegnungen – ausgerufen worden. Man wollte nach dem Wechsel im Vorsitz der Kirchenleitung und des Kirchenamtes erst einmal alles »sortieren«. Seltsam kam mir das vor.

Bischof Hans-Christian Knuth hatte, als er später turnusmäßig den Vorsitz der Kirchenleitung übernahm, die Leitung des Ost-West-Kooperationsausschusses an mich als der Bischöfin »an der Grenze« delegiert. Das habe ich nicht nur gerne, sondern begeistert angenommen. Die Kontakte zu den Geschwistern im Osten standen für mich jetzt regelmäßig auf der Tagesordnung.

Das Nachdenken über eine Nordkirche – dieser Name entstand erst später – begann für mich bei einem Treffen der drei Kirchenleitungen in Usedom im April 2004. In einem munteren Gespräch über die Zukunft der Kirchen – alle Kirchen hatten ernsthafte Mitgliederverluste – fühlte ich mich ermutigt zu fragen: »Kann man nicht auch einmal über die Bildung einer gemeinsamen Nordkirche nachdenken?« Niemand ging darauf ein. Nach der Sitzung nahm mich ein östlicher Kollege zur Seite: »Sagen Sie das nie wieder!« Ein westlicher Kollege sagte: »Das ist nicht von der Kirchenleitung autorisiert, so etwas vorzuschlagen.« Meine pfälzische Direktheit hatte mir wieder einmal ein Bein gestellt.

So ging die Arbeit zunächst einfach im Kooperationsausschuss und im Unterausschuss »Programme und Projekte« weiter. Dann hörten wir plötzlich, dass Pommern und Mecklenburg Fusionsgespräche aufgenommen hatten. Nichteinmischung in Ost-Angelegenheiten war für mich noch immer die Devise. Als dann aber diese Gespräche scheiterten, begann eine neue Zeit. Pommern hatte bereits Sondierungen mit der Kirche in Berlin-

Brandenburg aufgenommen, um ein Zusammengehen auszuloten. Die Pommersche Kirche war in finanzielle Not geraten. Am 25. November 2006 schrieb ich deshalb als Vorsitzende des Kooperationsausschusses im Namen der Kirchenleitung Nordelbiens einen Brief nach Mecklenburg und Pommern: *»Die Kirchenleitung der Nordelbischen Kirche ist besorgt darüber, welche Auswirkungen diese Entwicklung* (erg. das Scheitern der Fusionsgespräche und der Dialog Pommerns mit der Kirche in Berlin-Brandenburg) *für die Zusammenarbeit mit der Nordelbischen Kirche haben wird. Bisher hat sie sich im Blick auf die Fusionsvorschläge* (erg. zwischen Mecklenburg und Pommern) *zurückgehalten, um die Entwicklung zwischen den östlichen Landeskirchen zu respektieren. Die erfolgreich miteinander praktizierten Kooperationsprojekte versteht die Nordelbische Kirche als deutliche Signale, dass sie ihre Strukturen auf ein weiteres Zusammenwirken der drei Nordkirchen ausrichten will.«*

Der Greifswalder Superintendent Ulrich Tetzlaff berichtete mir nach einer Sitzung am 17. Januar 2007 im Flur der Bischofskanzlei in Lübeck aufgeregt über die neueste Entwicklung in Pommern. Ein wichtiges Gespräch zwischen den Vertretern der Berlin-Brandenburgischen Kirche und den Pommern hatte stattgefunden. Tetzlaff sagte:»Wenn die Nordelbische Kirche jetzt nichts unternimmt, wird Pommern mit der Berlin-Brandenburgischen Kirche zusammengehen. Die finanzielle Krise erfordert eine schnelle Lösung.« Da war ich sehr alarmiert. Zwei Telefonate halfen weiter: Jörn Halbe versuchte, Genaueres über den Stand der Dinge und die Diskussionen in Pommern zu erfahren. Seine guten Kontakte und Kenntnisse in beiden ostdeutschen Kirchen waren im weiteren Verlauf für die Nordkirchen-Verhandlungen sehr förderlich. Ein zweites Telefonat führte ich mit Gert Ulrich, damals Propst in Angeln, Mitglied der nordelbischen Kirchenleitung. Ich bat ihn als Mitglied des Kooperationsausschusses, diese neueste Entwicklung bei der nächsten Sitzung der Kirchenleitung am 12./13. Februar 2007 weiterzugeben. Ich selbst war in dieser Zeit mit 40 muslimischen, jüdischen, hinduistischen und christlichen Vertretern der Religionen aus Europa in Birmingham, um nach den Terroranschlägen von London (im Juli 2005) über die »friedensstiftende Kraft der Religionen« nachzudenken. Gert Ulrich hat im Verlauf der sich entwickelnden Verhandlungen und ab 2008 als neugewählter nordelbischer Bischof mit vermehrter Kraft entschieden die Fusion zu seiner Sache gemacht und von nordelbischer Seite als Vorsitzender der Kirchenleitung die komplizierten Verhandlungen, die allen viel abverlangten, zu Ende geführt. 2013 wurde er dann auch zum ersten Landesbischof der Nordkirche gewählt.

Die Kirchenleitung horchte nach diesem Bericht auf. Namens der Kirchenleitung lud Bischof Knuth die Bischöfe Hermann Beste aus Mecklenburg und Hans-Jürgen Abromeit aus Pommern zur nächsten Sitzung der Kirchenleitung am 12./13. März 2007 nach Kiel ein. Bei diesem Gespräch wurde der Kirchenleitung der »Kairos« – der richtige Augenblick – der Sache, besonders aber auch ihre Dringlichkeit immer deutlicher. Es gab Handlungsbedarf, sonst würde Pommern sich mit der Berliner Kirche verbinden. Das wäre in meinen Augen auch kein Unglück gewesen, aber es lief einerseits den gewachsenen Beziehungen zwischen Pommern und Nordelbien in der Zeit der Trennung der beiden deutschen Staaten zuwider und andererseits dem Konzept einer gemeinsamen Verantwortung für den Norden.

Der entscheidende Schritt wurde dann bei dem Treffen der drei Kirchenleitungen am 11./12. Mai 2007 in Greifswald getan. Es gab nur einen einzigen Tagesordnungspunkt: Soll es Gespräche über eine Fusion der drei Kirchen im Norden geben?

Das Treffen begann mit einem Gottesdienst im Greifswalder Dom. Bischof Abromeit sprach über Caspar David Friedrich, der ein Bild der Greifswalder Jacobi-Kirche *als Ruine* gemalt hatte, obwohl sie niemals eine Ruine gewesen ist. Dazu hatte der Künstler gesagt: »Der Maler soll nicht bloß malen, was er vor sich sieht, sondern auch, was er in sich sieht. Sieht er aber nichts in sich, so unterlasse er auch zu malen, was er vor sich sieht.« Die drei Kirchenleitungen sahen *nicht* die Ruinen ihrer Kirchen in sich, vielmehr begannen sie, eine neue Kirche zu sehen, eine neu erbaute, gemeinsame Kirchenstruktur. Bei aller Zwiespältigkeit, die bei vielen vorherrschte, wuchs die Hoffnung, im Norden künftig das Evangelium gemeinsam in die säkulare Gesellschaft zu tragen. Wir kamen uns bei diesem Treffen auch menschlich näher.

Am nächsten Morgen feierten wir im Greifswalder Dom das Abendmahl. Ulrich Tetzlaff und ich leiteten gemeinsam die Liturgie. In diesem Augenblick hatte ich die klare Intuition: dieses Projekt wird gelingen. Wir teilten Brot und Wein aus, stärkten uns alle für die vor uns liegende schwierige Entscheidung. Wir wollten gemeinsam versuchen, in neuer Weise miteinander und füreinander da zu sein. Über alle Kirchenpolitik hinweg verband uns das Abendmahl, der Tisch Jesu, das gelebte Für-einander-Dasein. Das war für mich, ganz unsentimental, der Beginn der Nordkirche.

Eine Steuerungsgruppe wurde eingesetzt, zu deren Vorsitzenden ich bestimmt wurde. Sie begann ihre Arbeit schleunigst am 13. Juni 2007 in Lübeck, vollkommen paritätisch, vier zu vier zu vier zusammengesetzt und tagte von nun an regelmäßig und oft. Als ich am 29. September 2007 zum ersten Mal die gemeinsame Beschlussvorlage der drei Kirchenleitungen mit großer Aufgeregtheit in die nordelbische Synode einbrachte, waren 108 Synodale anwesend. Die Diskussion verlief sehr erfreulich, in meiner Erinnerung sogar begeistert. Das Protokoll sagt zur Abstimmung: *»Große Mehrheit, keine Gegenstimme, zwei Enthaltungen«.* Synodal beschlossen worden war nun, *Sondierungsgespräche* über die Bildung einer Nordkirche zu führen. Das war ein wirkliches Wunder, denn Nordelbien stand ja noch mitten in der eigenen Strukturreform. Die beiden östlichen Synoden hatten ebenfalls zustimmende Beschlüsse gefasst. Danach gab es viel Unverständnis in den Gemeinden, Kirchenkreisen, Diensten und Werken. Überall musste Überzeugungsarbeit geleistet werden, auch in uns selbst. In allen Landeskirchen war es bis zur allerletzten Abstimmung über die Verfassung in Warnemünde am 7. Januar

2012 nicht wirklich sicher, ob die Synoden mit Zweidrittel Mehrheiten der Fusion zustimmen würden. Bruchstücke von Erinnerungen aus dieser bewegten und geschäftigen Zeit blitzen auf: An einem Nachmittag sitzen Bischof Abromeit und ich an der Ostsee nahe Greifswald beim Mittagessen. Wir essen Fisch und arbeiten dabei zielstrebig an den »Sätzen, die uns leiten«, einer Zusammenstellung der wichtigsten Argumente für eine Nordkirche, die in den Synoden und Gemeinden als Argumentationshilfe eine wichtige Rolle spielen sollten. Es war ein engagiertes, hoffnungsvolles und vertrauensvolles Miteinander.

Ich erinnere mich, dass der Referent der Kirchenleitung, Pastor Heiko Nass, in großer Loyalität nach jeder Sitzung der Steuerungsgruppe sozusagen über Nacht das oft schwierige Protokoll erstellte und so eine umfassende schnelle Kommunikation mit den inzwischen arbeitenden Untergruppen ermöglichte. Ohne diesen Einsatz hätte der Prozess nicht so zügig laufen können.

An der Steuerungsgruppe nahm bald der neue Bischof von Mecklenburg teil, Andreas von Maltzahn, dessen offene und unterstützende Art der gemeinsamen Arbeit sehr förderlich war.

Ich erinnere mich an einen geplanten festlichen Abend der drei Kirchenleitungen in Güstrow. Die Ost-Geschwister hatten ein Liedblatt mit fröhlichen Volksliedern vorbereitet. »Ännchen von Tharau« und Ähnliches stand darauf. Es hätte von meiner Mutter stammen können. Die West-Geschwister aber wollten partout »diese sentimentalen Stücke« nicht singen. Der gesellige Abend fiel ins Wasser. Es wurde ein unschöner Zusammenprall der verschiedenen Kulturen in Ost und West. Es gab noch viel zu lernen!

Im Juli 2010 erhielt ich, bereits im Ruhestand, einen schönen Brief vom Synodenpräsidenten der Pommerschen Kirche, Dr. Rainer Dally: »Die Euphorie des ersten Jahres ist natürlich einem sachlich-konstruktiven Umgang gewichen«, schrieb er und schickte mir solidarisch den Entwurf der neuen Verfassung »dass Sie den Lebensweg des Kindes, das Sie mit aus der Taufe gehoben haben, ein wenig mit verfolgen und begleiten können«.

Am 30. Oktober 2010 traten die Synoden der drei Kirchen zum ersten Mal in Lübeck Travemünde zur gemeinsamen Verfassungsgebenden Synode zusammen. Der Alterspräsident, der nordelbische Synodale, Dieter Walch, eröffnete die Sitzung. Er war im Leitungsteam seines Kirchenkreises gewesen, mit dem ich im Rahmen der Nordelbischen Strukturreform ein sehr schwieriges Gespräch über die ungeliebte Fusion der Kirchenkreise in Ostholstein führen musste. Nach der Sitzung hat er mir väterlich auf die Schulter getippt und gesagt: »Sie hätten uns eben öfter besuchen und uns alles erklären sollen. Dann wäre es anders gelaufen.« »Ja, Recht hat er«, dachte ich beschämt. Dies war ein schmerzlicher Tatbestand. Nun hatte ich es mir mit diesem freundlichen Herrn verdorben. Ich hatte eben andere Prioritäten in meiner Dienstzeit gesetzt.

Dann aber blitzte doch so etwas wie Versöhnung auf, als ich hörte, was er zu Beginn der Verfassungsgebenden Synode sagte: *»Wir Kirchenleute entwickeln aus der Kraft des Glaubens Visionen. Wir Kirchenleute sind es auch gewesen, die den Ausgangspunkt der Montagsdemonstrationen ausgemacht haben, so dass die Visionen sich erfüllen konnten und sich eine immense Bewegung der Befreiung ... entwickelt hat. Ähnlich muss es ... auch unserer damaligen Bischöfin Frau Wartenberg-Potter ergangen sein, gilt sie doch als Frau ... bei der »der erste Funke für eine gemeinsame und Grenzen überwindende Kirche in Deutschland bereits 1983« zündete. Sie gab mit vielen anderen in der Kirchenleitung der Nordelbischen Kirche wichtige Impulse für die Initiative zu dieser Ost-West Fusion und hat viel getan, sie Wirklichkeit werden zu lassen.«*

Die wichtigste Ermöglichung dieser Fusion war aus meiner Sicht der Beschluss, die Steuerungsgruppe strikt paritätisch zu besetzen, also »Vier zu Vier zu Vier«, trotz aller Unterschiede in der Größe der beteiligten Kirchen. So waren auch alle Untergruppen zusammengesetzt. Hier kam ein ökumenisches Grundprinzip zum Tragen: Zwischen eigenständigen Kirchen sollte es *keine* Majorisierung geben. Das hatte ich in Vancouver verstanden.

Dafür stand ich eisern ein, auch als es in der Kirchenleitung einmal den Versuch gab, das Prinzip der »Augenhöhe« zu verlassen. In den »*Sätzen, die uns leiten*« hatte es geheißen: »*Dem Auftrag Christi zu Einheit und Frieden untereinander verpflichtet, wollen die Kirchen in dieser Region noch einmal einen entschiedenen Beitrag dazu leisten, den »Zaun in den Köpfen« zwischen Ost und West zu überwinden und so einen kirchlichen Beitrag zum Wachsen der Einheit Deutschlands zu erbringen.*« Dies war für mich der zentrale Satz geworden.

Mit der Fusion wollten wir die missionarische Präsenz der Kirchen stärken und gemeinsam danach suchen, die Sprache auch der »nicht-religiösen« Menschen verstehen und sprechen zu lernen. Es sollte eine »Kirche für andere«, eine Kirche *mit* Anderen werden, in Wort und Tat.

Die Steuerungsgruppe arbeitete unter meiner Leitung vom 13. Juni 2007 bis zum 22. August 2008 in 22 Sitzungen einen Vorschlag für die drei Synoden aus, wie die Fusion aussehen konnte. Die Untergruppen hatten ihre Ergebnisse kontinuierlich in die Steuerungsgruppe zurückgebracht. Sie zu leiten, war für mich jedes Mal ein aufregendes Lernen von Ökumenizität. Es war ein Balancieren auf der Grenze zwischen unseren verschiedenen Herkünften, ein Abwägen unserer Veränderungsbereitschaft, ein aufmerksames Einander-Beobachten, auch ein Wiegen mit der Goldwaage deutsch-deutscher Empfindlichkeiten. Die Emotionen gingen oft hoch. Es gab manche schrägen Blicke. Meine erste Loyalität in diesem Prozess galt dem *Weg*, dem Finden des Miteinanders, mehr als den Sachinteressen. Nach den Treffen der Steuerungsgruppe folgten die gemeinsamen Sitzungen der drei Kirchenleitungen. Dort wurden die Ergebnisse diskutiert und beschlossen. Die begeisterte Aufregung in dieser Sache ging mir nie aus.

Bei meiner letzten nordelbischen Synode im bischöflichen Amt, vom 18.-20. September 2008 war die *Fusion* zur Nordkirche *beschlussreif* geworden.

Von links: mit Bischof Hans Jürgen Abromeit und Bischof Andreas von Maltzahn am 17.9.2008 in Lübeck bei der Pressekonferenz zur Vorstellung der Ergebnisse der Sondierungsgespräche (der Phase Eins)

Ich brachte namens der drei Kirchenleitungen den *Fusions-Beschluss* ein. Damit kam die *Phase Eins* des Nordkirchenprojektes zu ihrem Ende. Die Weichen waren gestellt.

Ab jetzt sollte die *Phase Zwei* beginnen, die *Ausarbeitung einer gemeinsamen Verfassung.* Die wichtigsten Eckpunkte waren aber bereits ausgehandelt worden und wichtige Grundsatzentscheidungen gefallen. Dazu gehörte die Entscheidung über den Standort des künftigen Kirchenamtes und des Sitzes des Landesbischofs an *einem gemeinsamen* Ort. Dieser schwierige Beschluss war unter der achtsamen Moderation des Bayerischen Landesbischofs Johannes Friedrich als »neutralem Geburtshelfer« zustande gekommen. Die Wahl war auf Lübeck gefallen. Das hatte bei mir große Freude und Erleichterung ausgelöst. Ich erinnere mich an die Fahrt mit meinem neuen Fahrer, Andreas Köppe, von dem ich vieles über den Osten gelernt habe. Ich durfte nichts zu den Beschlüssen verlauten lassen. Aber schweigsam und aufmerksam konnte er meine Körpersprache lesen. »Heute fahre ich sie gerne nach Hause«, kommentierte er vielsagend. Lübeck stand nun in der Vorlage, die ich der Synode erläuterte. Aber zwei Juristen der Synode hatten vor der entscheidenden Abstimmung erwirkt, dass von der Synode ein »Prüfauftrag in der Standortfrage« erteilt wurde. Prüfaufträge sind natürlich meist Verhinderungsmittel. So war es auch diesmal. Wie die Standortentscheidung für Lübeck dann später zu Fall kam, habe ich nie genau erfahren. Ich nahm nicht mehr an den Beratungen teil. Es war für mich eine traurige späte Enttäuschung. Ich hatte auch nach meinen Erfahrungen mit der dezentralen Struktur Nordelbiens dafür gekämpft, Kirchenamt und Bischofssitz an *einem* Ort zusammenzulegen, um eine bessere, in meinen Augen dringend nötige Steuerung und Koordinierung der gesamtkirchlichen Arbeit zu ermöglichen. Auch diese Idee ging auf diesem Wege verloren. Jetzt bleibt das Kirchenamt in Kiel, der Landesbischof hat seinen Sitz in Schwerin. Die Lübecker, die diese komplizierten Entwicklungen natürlich nicht kennen können, waren mir darüber sehr gram. So werde ich wohl als die Bischöfin erinnert werden, die am Verlust des Bischofssitzes »Schuld« ist. »You can't win this one«, kommentierte Philip, – »Diesen Fall kannst du nicht gewinnen«.

In Schwerin wurde zu Beginn der *Phase Zwei* eine Arbeitsstelle für die Nordkirche eingerichtet. Oberkirchenrat Michael Ahme aus Kiel wurde als Leiter der Arbeitsstelle berufen. Das war eine ideale Besetzung und ich habe die kurze Zeit der Zusammenarbeit mit ihm besonders geschätzt. Er war ein Meister des Kompromisses. Ebenso waren die Berufung von Pastorin Annegret Wegner-Braun, Pastorin Dorothea Strube aus Mecklenburg sowie die pommersche Juristin Elke Stöpker Glücksfälle. Alle Kolleginnen leisteten in den kommenden Jahren bis 2012 unschätzbare Organisations- und Überzeugungsarbeit in den drei Landeskirchen und entfalteten einen großen Ideenreichtum. Die Ausarbeitung der Verfassung war eine enorme Anstrengung der Gremien, die allen viel abverlangte. Sie brachte die Menschen in

Ost und West zusammen und immer wieder auch auseinander. Es war »learning by doing«, ein »Lernen durch Handeln«. Schließlich stand die verfassunggebende Synode in Rostock-Warnemünde am 7. Januar 2012 vor der letzten Entscheidung. Mit Bangen haben die Synodalen aller drei Kirchen über die neue Verfassung der Nordkirche abgestimmt. Von 266 möglichen Stimmen wurden 255 abgegeben. 227 stimmten mit Ja, 22 mit Nein und 6 enthielten sich. Jemand begann spontan zu singen: »Großer Gott wir loben dich.« Als Gast war ich bei dieser Entscheidung anwesend und, wie viele andere, vergoss ich ein paar Glückstränen.

Philips Satz: »God needs all kinds of people« hatte sich auch für die Nordkirche bewährt. Was sind landeskirchliche Grenzen, die durch die Zufälle der Geschichte geschaffen wurden, vor den Augen Gottes? Zufällig sind sie. In Anlehnung an den Apostel Paulus gilt: »In Christus ist nicht Mecklenburgerin noch Pommer noch Nordelbierin, wir sind alle einzig einig in Christus.«

Am Pfingstfest 2012 wurde mit einem wunderbar lebendigen Gottesdienst im Ratzeburger Dom in Anwesenheit des Bundespräsidenten Joachim Gauck – er ist ein ehemaliger mecklenburgischer Pastor – die Nordkirche ausgerufen. Die fröhliche »Speisung der 5.000« auf dem Domhof war ein ganz besonders gelungenes Willkommen für die Gäste aus Ost und West, vorbereitet von dem engagierten Team der Arbeitsstelle. Die Handschrift des Ehepaares Hirsch-Hüffel und von Annegret Wegner-Braun war deutlich zu sehen. Der ökumenisch gefärbte Beitrag der gastgebenden Pröpstin des Kirchenkreises, Frauke Eiben, hat mir dabei besondere Freude gemacht.

Ein großes Projekt *gemeinsamen Lernens von Ökumenizität* war ans Ziel gekommen. Ich saß mit frohen und zugleich melancholischen Gedanken im Dom und erinnerte mich an die frühen Anfänge, die für mich zurück führten zu einem Schiff, das 1981 von Dresden elbaufwärts nach Bad Schandau gefahren war, den gesamten Ökumenischen Rat an Bord. Die Menschen am Ufer der Elbe winkten den ökumenischen Gästen mit Betttüchern und ließen die Glocken ihrer Kirchen läuten. Das Bild deutsch-deutscher Teilung und die Sehnsucht nach Einheit hatten tiefe Spuren in mir hinterlassen.

Mein Sängerinnenherz war ganz besonders erfreut, als ein paar Wochen später das große Chorfestival »Drei-Klang« in Greifswald stattfand. 3.000 Laiinnen, Laien, Chorsängerinnen und -sänger waren zum gemeinsamen Singen nach Greifswald gekommen. Manche der Sänger aus der Nordkirche waren sechs Stunden, per Schiff, Bus und Bahn von den Nordseeinseln her unterwegs zu diesem unvergesslichen Gemeinschaftserlebnis! »Wir kommen aus Anklam oder Barkow, ach eigentlich von überall«, erzählte ein junger Bläser. Die Stadt war voller Musik. Ein leibhaftiger Dreiklang aus den drei ehemaligen Landeskirchen entfaltete sich. Man sang aus *einem* gemeinsamen Chorheft. Menschen, die sich Jahrzehnte lang nicht gesehen hatten, fanden sich wieder beim gemeinsamen Singen. Workshops von Gregorianik bis Volkslied, von Gospel bis Klassik fanden statt. Gäste aus dem Baltikum brachten ihre zarten Lieder mit. Eine fröhliche Kirchenmusikerin sagte: »Wir treffen ja sonst nicht mal den Chor unserer Nachbarinsel Föhr.« Die »parochiale Gefangenschaft« (Ernst Lange), die Engführung war aufgebrochen und es war etwas sehr, sehr Schönes, Neues geworden.

Die Freude, die Freude ... verbreitete sich und ergriff auch die vielen unbeteiligten Spaziergänger in Greifswald. Da war sie schon, die »*missionarische Präsenz und die für nicht-religiöse Menschen verständliche Sprache*«: die Sprache der Musik. Das war »Nordkirche live« und der schönste Abschluss der Arbeit und Mühe, die so viele Menschen auf dem Weg zur Nordkirche auf sich genommen hatten.

Die Begegnungen und das gegenseitige Entdecken, das deutsch-deutsche gemeinsame Kirche-Sein fängt ja jetzt erst wirklich an. Auch dabei wird noch manches zu lernen sein.

Sechzehntes Kapitel

»Frag doch die Tiere ...«

Ruhestand und Entdeckung der Theologischen Zoologie

Die Zukunft Gottes

Wenn alle Gottesbilder,
deren das menschliche Herz
je fähig war

im Aufstand
der Scharfsinnigen und Überdrüssigen
gestürzt sein werden,

werden wir dennoch
nicht aufhören wollen,

vor dem brennenden Dornbusch
der uns bestimmt ist,

die Schuhe von den Füßen zu streifen,
auf heiligen Boden zu treten
und mutig zu sagen:

Hier bin ich:
Schicke mich.

Das war eine wichtige Erfahrung meines Lebens: Durch scharf-
sinniges Denken ist mein Glaube an die Existenz Gottes manchmal brüchig geworden. Das fing im Theologiestudium an und ist
bis heute so geblieben. »Du bist vermutlich eine gläubige Zweif-
lerin«, sagt Freundin Marie. Diese Erfahrung teile ich mit vielen,
die sich in Verständnislosigkeit und Überdruss von der Kirche
und dem christlichen Glauben abgewendet haben.

Für mich hat diese Entfremdung aber meist zu noch intensi-
verem Nachdenken und Suchen geführt. Denn, um es biblisch
auszudrücken, »mein Leib und meine Seele haben nach Gott ge-
dürstet wie nach frischem Wasser«. Ich wollte ihn finden, den
Sinn des Lebens. Den Wegweiser. Die Befreiung. Das Bewahrt-
Werden. Immer habe ich nach der Quelle des wahren gerechten
Lebens, die ich Gott nenne, gesucht und – immer wieder aufs
Neue daraus getrunken. Die Lieder meiner Mutter, die Gespräche mit meinem Vater, mit meinen Schwestern, meine Schule,
mein Jugendchor, mein Großwerden in dieser Tradition haben
mich dabei gehalten. Es ist, als ob ich mit zwei unterschiedlichen
und doch zusammengehörigen Grundgedanken durchs Leben
gehe – dem Zweifel *und* der Erfahrung der Nähe Gottes.

In Anton Tschechows Drama »Die Schwestern« sagt die eine:
*»Ich glaube, ein Mensch muss einen Glauben haben oder den
Glauben suchen, sonst ist sein Leben leer, leer. ... Leben und nicht
wissen wozu die Kraniche fliegen, wozu Kinder geboren werden,
wozu die Sterne am Himmel stehen. ... Entweder man weiß, wozu
man lebt, oder alles ist nichts.«*

Mein Ruhestand begann im September 2008 in Lübeck und seither lebe ich dort mit meinem fast 92jährigen Mann. Wir üben in
Tapferkeit und inniger Verbundenheit das Altwerden. Die Musik
spielt dabei eine tragende Rolle, sie versöhnt Philip mit den Ein-
schränkungen des Migranten-Lebens und des Alters.

Nach einer Zeit des Zur-Ruhe-Kommens habe ich zuerst ein
Buch geschrieben. Es enthält meine wichtigsten theologischen
Gedanken, Reden und Predigten des letzten Jahrzehnts unter
dem Titel »*Mitleidenschaft. Mut-, Mahn- und Trost-Reden einer*

ökumenischen Bischöfin«. Dann habe ich ein paar Ehrenämter angenommen. Ich bin die Schirmherrin des Vereins »Verwaiste Eltern« in Schleswig-Holstein geworden. Dort fragen verzweifelte Menschen nach dem Tod eines Kindes: »Wie kann Gott das zulassen? Wie kann man an Gott glauben, wenn man ein Kind verliert?« Eine meiner nüchternen Antworten ist: Es ist uns nie und von niemand ein Leben ohne Leid versprochen worden. Leben ist lebensgefährlich. Zugesprochen ist nur, dass wir von Gott nicht verstoßen sind in dieser Situation. Den Weg durch das Leid müssen wir nicht allein gehen. *»Selig sind, die Leid tragen, denn sie sollen getröstet werden.«* Das ist zuallererst meine Antwort auf die Theodizee-Frage, die Frage nach Gott angesichts von Leiden: Gott geht mit uns auf dem Weg.

Ich spreche von Gott als dem »Woher meines Trostes«. Meine toten Kinder und ich sind Teil eines großen, lebendigen Ganzen, in dem Gott waltet. Wir sind in Gottes Hand. In Abrahams und Saras Schoß. Nahe am Herzen des Lebens. Meine Beziehung zu Gott braucht die menschlichen Metaphern von Vater oder Mutter nicht. Gott ist das große DU meines Lebens. In dieser Bildlosigkeit kann ich mir dennoch Gottes Hände vorstellen, die mich halten, wenn ich stürze. Gottes Flügel, die mich decken. Ich trete zu Gott in ein Haus aus Licht, das mein Dunkel vertreibt. Gott ist das unerklärliche Woher meines Lebensmutes. Ich brauche ein Gegenüber, wenn ich glücklich bin, eine Empfängerin meiner Dankbarkeit und Freude. Das einzig wirkliche, menschlich warme, persönliche Gottes-Bild ist das Bild Jesu von Nazareth. Befreier und Bruder nenne ich ihn am liebsten. Es muss eine Kraft geben, die die Menschheit angesichts ihrer katastrophalen, selbst verschuldeten Tragödien tröstet, über sich selbst tröstet. Solche Kraft war in Mozart, sagte ein großer Musiker. *»Atheismus ist der Versuch, die Erde ohne die Sonne zu erklären.«* (S. v. Radecki)

Ich gehe in einen Gottesdienst mit Musik, Feier und Deutungsworten. Ich tauche in den Strom der Solidarität Gottes mit uns Menschen ein. Freilich nicht immer und automatisch. Dieser

Strom verbindet mich mit allen Menschen. Nicht nur mit Christinnen und Christen, aber mit ihnen besonders.

Der große Ökumeniker und anglikanische Bischof William Temple bringt es auf den Punkt. Gottesdienst feiern heiße:

> *»Das Gewissen schärfen durch die Heiligkeit Gottes,*
> *das Denken mit der Wahrheit Gottes »füttern«,*
> *unsere Vorstellungskraft durch die Schönheit Gottes reinigen,*
> *die Herzen für die Liebe Gottes öffnen*
> *und unser Wollen ganz den Zielen Gottes verschreiben.«*

Mein Glaube ist ein Weg, der auf ein erhofftes Ziel zuläuft: geheilt zu werden, Zweifel, Schuld und Selbsthass zu verlieren und zu einem mitleidenschaftlichen Menschen zu werden. In einer Welt mit mehr Gerechtigkeit leben können. Immer neu »Empowerment«! Das Evangelium ist voller befreiender Geschichten. Es lehrt die Menschen von Grund auf das Gute, die Gottes- und Menschenliebe. Es erneuert meine Kraft, für das Leben zu kämpfen. Für Barmherzigkeit und Gerechtigkeit.

Es schmerzt und erzürnt mich, dass heute ein »militanter Atheismus« (Richard Dawkins) gegen die Religionen nicht nur lästert und hetzt, sondern sie aktiv bekämpft. Auf vielfältige und subtile Weisen werden die Kirchen und Religionen als rückständig und – mehr noch – als gefährlich eingestuft, als Verursacher von Krieg und Gewalt. Zweifellos rauben Missbrauch, Herrschaft und Fundamentalismus den Religionen die Glaubwürdigkeit. Besonders auch der Ausschluss oder die Marginalisierung der Frauen. Christen werden heute aber alle undifferenziert in eine Art »Sippenhaft« genommen für alle fundamentalistischen Exzesse der Religionen. Als ob nie etwas Gutes von den Religionen ausgegangen wäre. Hat da nicht im 20. Jahrhundert ein baptistischer Pfarrer, Martin Luther King, die Bürgerrechtsbewegung in den USA angeführt? Ein Hindu, Mahatma Gandhi, den Kolonialismus mit Gewaltlosigkeit besiegt? Die friedliche Revolution in Deutschland von 1989, wäre sie ohne die Gebete und die Gewaltlosigkeit von Christinnen und Christen denkbar? Die Apartheid, ist sie nicht durch das Engagement vieler Kirchenfrauen und -männer mit zu Fall gebracht worden?

Eine säkulare und wissenschaftsgläubige »Religion« hat sich ausgebreitet. Ich beobachte, dass der Konsumismus eine Art Religionsersatz geworden ist und das religiöse Erleben verdrängt. In der Geschichte der Menschheit hat sich der »homo sapiens« aus der Gewalt der Naturkräfte befreit und seinen Verstand entwickelt. Heute aber sind wir mitten in der Anbetung des totalen Marktes angekommen. Der Mensch hat *»eine neue Produktionsmethode erfunden, und Produktion und Verteilung zu seinem neuen Götzen gemacht. Er betet das Werk seiner Hände an und macht sich zu einem Diener von Dingen. Er missbraucht den Namen Gottes, der Freiheit, der Humanität und des Sozialismus, er brüstet sich seiner Macht – der Bomben und Maschinen, um seinen Bankrott als Mensch zu verbergen.« (Erich Fromm)*

Die Naturwissenschaft sagt: Man kann nur glauben, was man in der Petrischale untersuchen oder anderweitig *beweisen* kann. Als ob es nicht auch schon ein Glaubenssatz wäre, zu sagen: »Was man *auf diesem Wege* nicht beweisen kann, gibt es nicht.« Das ist eine Behauptung, die keinen Beweis für sich hat, sondern nur das Absolut-setzen der im 21. Jahrhundert herrschenden wissenschaftlichen Methode. Man könnte sich ja auf eine Wette einlassen, wer ganz am Ende (an welchem Ende?) Recht behält: die Atheisten oder die Gläubigen. Mehr als eine *Behauptung* ist auch der atheistische »Glaubenssatz« nicht.

Während ich mich oft beim Fernsehen und Zeitungslesen ärgere, verzweifle, auch schäme, hält mich dieser Gedanke aufrecht, sagen zu können: »*Hier bin ich. Schicke mich.*« Und dann auf den heiligen Boden des Lebens zu treten und aus der Intelligenz und Innigkeit des Glaubens zu leben. Glaube mutet uns zu, Spannungen auszuhalten.

◆ ◆ ◆

Aus Münster in Westfalen erreichte mich der Ruf eines engagierten katholischen Priesters, Rainer Hagencord, mitzuarbeiten im »Institut für Theologische Zoologie«. Wie bitte? Ja, die Schöpfungsverantwortung hat viele Gesichter angesichts der brutalen Vernichtung tierischen Lebens in der Massentierhaltung. Sich um *den theologischen Ort der Tiere in Gottes Welt* Gedanken zu machen, war die Herausforderung. Halbherzig fuhr ich zur Gründungsveranstaltung des Instituts, bei der Jane Goddall, die große Frau des Schimpansen- und Mitweltschutzes, Schirmfrau war. Eine zutiefst geistliche Person ist mir da begegnet.

An diesem Tag gingen wir in den Allwetterzoo in Münster und wurden im Elefantengehege mit einem herrlichen vegetarischen Abendessen bewirtet. Ein Mann aus Grönland, er nannte sich Eskimo, bat uns um Aufmerksamkeit. Die Elefanten liefen in ihrem Gehege herum und suchten die Äpfel, die der Wärter hineingeworfen hatte. Da begann der Eskimo-Mann ein grönländisches Lied zu singen. Es waren eigentlich nur tief vibrierende Töne. Eine Tönekette flog durch das Elefantenhaus. Da kamen die vier Elefanten langsam herbei, stellten sich genau gegenüber zum Eskimo-Mann auf. Sie legten ihre Rüssel – es sah wie zärtlich aus – aufeinander, streichelten sich gegenseitig, sie waren ganz beieinander und der älteste Elefant antwortete plötzlich dem Eskimo-Mann – mit einem tiefen vibrierenden Ton. Sie blieben so nah verbunden beisammen, bis der Eskimo-Mann aufhörte zu singen. Es war so etwas wie ein heiliger Augenblick.

Der Eskimo-Mann erklärte uns hinterher, man müsse den Tieren in die Augen schauen, um ihnen nahe zu kommen. Dann fassen sie Vertrauen und verbinden sich mit dem Menschen, der sie ruft. Beziehung also! Auch hier! Ich dachte an Martin Buber und seine Katze, mit der er ebenfalls eine Ich-Du-Beziehung beschreibt.

Ich war sehr bewegt und aufgeregt. Und ich verstand, dass wir, wenn wir auf diesem Planeten Erde weiterleben wollen, anders mit den Tieren umgehen müssen. Denn unsere menschliche Seele braucht die Tiere mehr als sie uns.

Seither leite ich das Kuratorium des »Instituts für Theologische Zoologie«. Ich lerne jeden Tag etwas Neues. Noch nie hat ein Lebewesen auf dem Planeten Erde so viele Ansprüche an die Erde gestellt wie der »homo sapiens«, wie wir Menschen heute, die so viel konsumieren, verbrauchen, vergeuden. Denn wir leben ein falsches Leben in der überentwickelten Welt. *»Das entscheidende Merkmal moderner Zivilisation ist die unendliche Vielfalt der Bedürfnisse. Das Merkmal alter Kultur ist die unabdingbare Reduzierung ... der menschlichen Bedürfnisse«*, sagt Gandhi.

Ich möchte darauf vertrauen, dass es dem Erfindungsgeist engagierter Zukunftsaktivisten gelingen wird, den Umbau unserer Gesellschaften zu einer nachhaltigen, nicht verschleißenden Wirtschaftsweise zu bewerkstelligen. Es wird allerdings nicht gelingen, ohne dass wir alle zu einer einfacheren Lebensweise finden. Dass wir »Minimalisten« werden, solche, die mit wenig leben können, wie es heute schon viele versuchen. Das Konzept des fortwährenden Wachstums ist von gestern. Die Tiere und ihre totale Verzweckung in der Nahrungsproduktion sind ein drastisches Beispiel dafür.

Als Theologin denke ich über die Theologie nach und stelle fest: Der Mensch steht so total im Mittelpunkt allen Denkens und Handelns (Anthropozentrismus), dass uns darüber die Erde und ihre Geschöpfe nicht mehr heilig sind. Die Tiere sind, rechtlich gesehen, Dinge. Es fehlt uns an Ehrfurcht und Empfindungen der Heiligkeit gegenüber dem geschöpflichen Leben. Das ist die Wurzel der Selbstzerstörung, in der wir gefangen sind. Alles ist verzweckt. Dieser Tatbestand spricht entschieden gegen den materialistischen Atheismus. In Madagaskar sind die berühmten Baobabs, die Brot-Bäume, Baumriesen, dem Kahlschlag des Regenwaldes nur deshalb entgangen, weil es heilige Bäume sind. Da ist noch ein anderer Gedanke, den ich wieder von Ernst Lange gelernt habe. Obwohl wir längst aus dem Kindesalter der Menschheit herausgewachsen sind, in dem wir uns als Kinder »eines gütigen Vaters« sehen konnten; obwohl wir dem Leben seine Geheimnisse immer mehr entreißen und die Welt umgestalten, ist diese Welterfahrung und Weltverantwortung nicht in die Frömmigkeitssprache unserer Zeit und in unser Gewissen eingegangen. Wir sind *geistlich nicht erwachsen* geworden. Die Metaphern von Gott als dem »Vater« und »Herrscher« und vom Menschen, der in »kindlichem Gehorsam« vor Gott steht, prägen das Frömmigkeitsdenken. Um unserer Zeit gerecht zu werden, müssen wir uns voll und ganz als Menschen mit erwachsenen Entscheidungsfähigkeiten verstehen, als Mitarbeiterinnen und Mitarbeiter Gottes (1 Kor 3,9), die Verantwortung für das Ganze, für die bedrohte Erde, übernehmen. Wenngleich auch wahr ist: *Die Rätsel Gottes sind befriedigender als die Lösungen der Menschen. (G.K. Chesterton)*

Eine bestimmte Auslegungtradition biblischer Texte hat dazu geführt, dass Menschen sich die göttliche Allmacht über alles Nicht-Menschliche – und auch über andere Menschengruppen – anmaßen. Es war aber ein folgenschwerer Irrtum, ein Missverständnis der patriarchalischen Kultur, immer weiter von »Herrschaft« als höchstem Wert und Ziel und Titel zu sprechen und zu glauben, wir hätten das Recht, alle Mitgeschöpfe »untertan zu machen« und zu verzwecken.

Solche Fragen tauchen auf in den Gesprächen mit den Menschen, die in Münster an der Universität forschen. In dem Institut für Verhaltensbiologie habe ich vor einer schönen Malerei gestanden und mir sagen lasse, eine Schimpansin habe sie gemalt. Die Themen des »Instituts für Theologische Zoologie« sind vielfältig: von der Verhaltensforschung zur Massentierhaltung, von der Rolle der Tiere in den Religionen zu den Essgewohnheiten, vom Anthropozentrismus zum Gottesverständnis. Wie hängt das alles mit dem großen Ganzen zusammen? Ein interdisziplinäres Gespräch mit höchstem Aufklärungswert findet statt. »*Frag doch die Tiere, sie lehren es dich*«, heißt es im Buch Hiob (12,7). Ich selbst beginne, die biblischen Texte neu zu lesen mit der Brille der »Ehrfurcht vor dem Leben«, wie Albert Schweizer es uns schon gesagt hat. Die Kritik an der »Herrschafts«-Metapher ist – so entdecke ich – immer auch schon in den biblischen Texten selbst vorhanden.

◆ ◆ ◆

Die fünf Schwestern, von links: Hannelore Ruppert, Waltraud Bischoff, Bärbel Wartenberg-Potter, Christel Salzmann, in der Mitte: Heidi Waffenschmidt

Ich habe eine sehr lebendige Großfamilie. Vier Schwestern: Christel, Traudel, Heidi, Hannelore. Ich bin die Zweitjüngste.

Ich kann mir nicht vorstellen, wie arm meine Kindheit gewesen wäre, wenn ich ohne Schwestern hätte aufwachsen müssen. Sie waren in meinem Leben mit all seinem Wandel, den Anfängen und Grenzgängereien immer verlässlich da: Sie haben mich in den Bombennächten des Zweiten Weltkrieges in den Keller getragen. Während der »Evakuierung« aus der Pfalz ins Allgäu, haben sie mich, die damals Kleinste, herumgeschleppt. Mir später beim Latein lernen geholfen; beim Ausprobieren des Lebens habe ich ihnen vieles abgeguckt. Wir Fünf sind recht verschieden, aber alle irgendwo engagiert in der Kirche, für die Menschen, für Gerechtigkeit und Frieden. Und wir sind auch einigermaßen streitlustig bei diesen Themen. Fünf Pfälzer Frauen eben. Das schwesterliche Gespräch reißt nicht ab. Am Telefon raten, trösten, mahnen, widersprechen, bedenken wir, besonders mit

meiner jüngsten Schwester, Hannelore. Als Kinder waren wi
uns oft gar nicht grün. Jetzt sind wir uns gerne grün.
Einmal im Jahr treffen wir Fünf uns für drei Tage. Als unsere
Mutter noch lebte, war sie mit dabei. Dann wurden diese Treffen
zu unserem Schwestern-Ritual. Ich bin eben immer für Strukturen, die verstetigen.
Wir beginnen stets mit einer ausführlichen Runde: Wie war dein
Jahr? Was beschwerte, was erfreute dich in diesem Jahr? Wir gehen spazieren, in ein Konzert, einen Gottesdienst, ins Thermal-
bad. Wir spielen Karten und singen Lieder, Volkslieder, Abend-
lieder, Kirchenlieder, auch neue:

Meine engen Grenzen, meine kurze Sicht
bringe ich vor dich.
Wandele sie in Weite, Gott erbarme dich.

Philip nennt uns »The fabulous five« – »die fantastischen Fünf«.
Auch mit seinen 92 Jahren hat er noch immer eine scharfe Beob-
achtungsgabe und Menschenkenntnis. Es ist ein besonderes, zuweilen anstrengendes Glück, so alt zu werden. »We cannot afford
to loose humor« – »Wir können uns nicht erlauben, den Humor
zu verlieren«, kommentiert er manchmal die kleinen und großen Niederlagen des Altwerdens. Neben einem so weitherzigen
Menschen, der das Leben so vieler Menschen berührt hat in der
Geschichte der ökumenischen Bewegung, alt zu werden, ist ein
besonderes Glück und eine Beauftragung.
Am 19. August 2011 feierten wir seinen 90. Geburtstag im Haus
am Schüberg in Hamburg. Die ökumenische Familie aus der
Ferne und der Nähe und die Verwandtschaft hatten sich einge-
funden. Unter der Initiative von Paul Löffler und Rudolf Hinz
hatte eine Gruppe zwei Jahre lang Philips wichtigste Texte zusammengetragen in dem Buch »... *damit Du das Leben wählst*«.
Barbara Robra hatte einen bewegenden Film über Philips Geschichte in der ökumenischen Bewegung gemacht: »*The House of
the Living Stones*«. Eine Schar Frauen der Nordelbischen Kirche

kam mit Trommeln und hat so afrikanisch für ihn getrommelt, wie man es sich auf dem platten norddeutschen Land kaum vorstellen kann. Flois Knolle-Hicks sang mit uns ökumenische Lieder, dazu hatten wir eigens ein kleines Liederbuch mit Philips Lieblingsliedern zusammengestellt. Der EKD-Ratsvorsitzende Nikolaus Schneider hat in seiner Rede ausdrücklich das Anti-Rassismus-Programm gewürdigt. Und am Ende hat der Jubilar unter dem wohlwollenden Blick der Hausärztin eine seltene Zigarre geraucht, ein Geschenk des mitrauchenden Georg Pfäfflin. Auch heute begleitet uns eine Schar von Freundinnen und Freunden aus der Ferne in unserem Alltag. Mehr und mehr lebt Philip im Vergangenen, im Vergessen, liest aber unverdrossen täglich in dem Buch »Remaking Humanity«, »Die Wiedererschaffung der Menschheit«.

Jetzt ist es meine Aufgabe, mit meinem Mann alt zu werden. Wir stehen vor der letzten Grenze. Auch sie ist, so sehe ich es – ein Versprechen. Wir werden sie überschreiten. Manchmal sage ich zu ihm: »Bald wirst Du zweiundneunzig.« »WOW!« antwortet er und lacht. Und: »I am on my way home.« – »Ich bin auf dem Weg nach Hause.« Er sagt es mit ernster Stimme, aber ein klein wenig Unbekümmertheit blitzt auf bei ihm, der lebenslang ein Migrant gewesen ist. Seine Theologie ist nicht von der Angst vor dem individuellen Tod geprägt, sondern vom Vertrauen in Gottes gutes und gerechtes Leben in Zeit und Ewigkeit.

◆ ◆ ◆

Einmal im Jahr trifft sich die ganze Sippe, die fünf Schwestern und Ehemänner, Nichten und Neffen. Einige von ihnen haben eine Zeit mit uns in Kingston gelebt, da sind die Verbindungen enger geworden. Sogar bei den Großneffen und -nichten finden diese Familientreffen (meist) Anklang. Sie kommen in meinen Heimatort in der Pfalz, nach Ludwigswinkel. Wir gehen – wie mit dem Vater früher – in den Wald. Er ist nicht grün, denn wir treffen uns im Winter, zwischen den Jahren. Wir gehen über die Grenze ins Elsass.

Diese Treffen sind ein unerlässlicher Teil des Jahresendes geworden. Wir gehen durch den Wald und erzählen uns, was wir mit
unseren Leben angefangen haben oder anfangen wollen, besonders die jungen Familienmitglieder. Der Kinderwagen mit dem
kleinen Jacob, dem jüngsten Familienmitglied, wird mitgescho-
ben, einige gehen an Spazierstöcken, andere lassen sich auch
schon zum Treffpunkt fahren. Die Wanderstarken klettern noch
auf eine Burg. Und dann findet sich die ganze Sippe im elsässischen Grenzlokal ein an einer riesigen lauten Tafel. Zweiund-
dreißig waren es zuletzt.

Auch die Familie ist über die Grenze des Pfälzischen hinausge-
wachsen. Zwei Sachsen sind dabei. Der globalisierte Teil der Familie kommt aus Boston, einer studiert in London Biologie, ein
anderer arbeitet im Emissionshandel und an der Verminderung
des CO_2-Ausstoßes der Zementindustrie. Es gibt eine Hebamme,
die Kindern mit »sanfter Geburt« auf die Welt hilft. Ein junger
Koch verwöhnt uns später mit seinen Künsten. Eine Großnichte
lernt die Schreinerei. Sie zeigt uns eine schöne Intarsienarbeit,
die sie den Großeltern schenkt. Vielfältig sind wir, in der Tat.

Philip ist aus der Ferne dabei. Mit 92 Jahren geht es nicht mehr
gut zu Fuß. Aber die unermüdliche Freundin unseres Lebens,
Dorle Dilschneider, die uns schon in vielen Lebenssituationen
geholfen hat, leistet ihm Gesellschaft, so dass ich zur Familien-
wanderung reisen kann. Philip steht für die weltweite Dimensi-
on unserer Familie.

Was kommt in Frankreich nicht alles auf den Tisch: Zwiebelsup-
pe, Quiche, Berge von Pommes frites, Schnecken (was mir miss-
fällt), Entrecôte, Forellen, Käse, Mousse au Chocolat, Rotwein,
Elsässer Bier, Limonade. Wir essen fröhlich und ausgiebig, ich
vegetarisch. Wir essen inzwischen gerne, was unsere ehemaligen
Feinde, die Franzosen, gerne essen.

Jede versucht mit jedem ein paar Worte zu wechseln oder auf
dem Weg ein längeres Gespräch zu führen. Die schwierigeren
Themen zwischen uns sparen wir uns meist für später auf. Wie
geht es Dir? Was planst Du? Erinnerst Du Dich? In unseren Ge-

danken sind unsere Mutter und unser Vater bei uns, die Anfängerin und der Anfänger unserer Sippe. Der kleine Jacob lächelt mir aus dem Kinderwagen charmant entgegen.

Wir gehen zurück und sind wieder in Deutschland, ohne es zu merken. Die Elsässer sind unsere Nachbarn geworden. Die »Mirage« donnern nicht mehr über uns hinweg. An dieser Grenze ist es gelungen, eine Feindschaft zu beenden, hoffentlich. Und »ein Drittes« ist geworden, »etwas, auf dem man für eine Zeit stehen kann ...«

◆ ◆ ◆

Zuletzt (Anhang)

Predigen als Beruf
Drei Predigten

Die Macht Gottes
Predigt zu Psalm 8 bei der Arbeitsgemeinschaft Christlicher
Kirchen in Köln 2012

In den Psalmen stellen die Betenden große Menschheitsfragen:
Was ist der Mensch? So hört es sich in modernem Sprachgewand
an[16]:

> *Du, unser Gott,*
> *wie wunderbar auf der Erde ist dein Name.*
> *Dein Glanz über den Himmeln wird besungen.*
>
> *Aus dem Munde von Kindern und Säuglingen hast du eine*
> *Macht geschaffen gegen alle, die dich bedrängen, auf dass*
> *Feindschaft und Rache verstummen.*
> *Wenn ich die Himmel sehe, deiner Finger Werk,*
> *den Mond und die Sterne, die du bereitet hast,*
>
> *was ist der Mensch, dass du seiner gedenkst*
> *und des Menschen Kind, dass du dich seiner annimmst?*

---

16. Die Übersetzung entstand aus einer Mischung von Luther, Einheitsüber-
setzung, Buber, Bibel in gerechter Sprache, Jerusalem und etwas Eigenem.

Ließest ihm ein Geringes nur mangeln,
göttlich zu sein,
kröntest ihn mit Ehre und Glanz,
hießest ihn walten der Werke deiner Hände.
Alles setztest du ihm zu Füßen,
Schafe und Rinder allesamt
Und auch das Getier des Feldes,
den Vogel des Himmels
und die Fische des Meeres,
was die Pfade der Meere durchwandert.

Du wunderbarer Gott. Dein Name ist ICH BIN DA.
fürwahr DU BIST DA auf der ganzen Erde.

Da staunt jemand. Und öffnet seine Seele dem Wunder des Universums. An jedem Teil der geschaffenen Welt ist Gottes Gegenwart, Gottes Schönheit und Glanz zu erkennen.
Nicht nur die Größe Gottes, nein, Gottes ganzes Wesen.
In der Zeit, als Menschen den achten Psalm zu singen begannen, waren in der Menschheitsgeschichte aus Hirten Bauern geworden, die Tiere zur Feldarbeit zähmten. Sie sprachen von Gott in der Sprache ihrer Lebenswelt. »Der Herr ist mein Hirte.« Bildliche Wendungen, Metaphern. Nur in Bildern ihrer Welt können Menschen ihre Erfahrungen und Einsichten über Gott mitteilen. Niemand hat Gott je gesehen.
Es war eine patriarchalische Kultur. Das Männliche war der höchste Wert. Jeder Gedanke über Gott formt sich an diesem höchsten Wert. So dachten die Menschen an Gott als ein männliches Wesen. Sie redeten von Gott wie von einem menschlichen, mächtigen Herrscher. Von Heerscharen, Befehlsgewalt und Gehorsam. Es wurde daraus ein allmächtiger, allgegenwärtiger, allwissender Gott. »Herr, unser Herrscher, wie herrlich ist dein Name in allen Landen«, übersetzt Luther den Anfang des achten Psalms.
Die Rede von »Gott, der alles so herrlich regieret« ist für viele Menschen eine der schönsten Lobpreisungen Gottes. Vielen

Menschen des 20. Jahrhunderts ist sie aber nach den Erfahrungen des Holocaust/der Shoah im Halse stecken geblieben. Warum? Diesem Bild fehlt ganz und gar das Wissen um Gottes Leiden und Gottes Mitleidenschaft. Es liegt ein Schatten auf diesem Bild. Wie viel Missbrauch und Unrecht hat dieses »Herrscherbild« Gottes ermöglicht. Es fehlt ihm, was Jesus uns von Gott gezeigt hat, *die ganz andere Art der Macht, die Macht der gewaltlosen Liebe.*

So begannen die Menschen, die sich als Statthalter Gottes verstehen, herzhaft zu herrschen. Sie haben Herrschen als *Beherrschen* missverstanden. Die Verantwortung war abhandengekommen. Sie haben die Tiere niedergezwungen zur Feldarbeit. Und sie schmiedeten Waffen und unterwarfen Völker. Sie beherrschten.

Die Menschen berufen sich heute noch immer auf das Beherrschen der Natur, obwohl die ökologischen Nöte, die Ausrottung zahlloser Tierarten, das Auftauen der Permafrostböden und die Zerstörung lebenswichtiger ökologischer Räume immer größer wird. »Untertan-machen« übersetzte Luther (1 Mose 1,28), »dominium terrae« nennt es Descartes. Und seither ist die Beherrschung der Erde immer weiter ausgedehnt worden und – sie wird immer brutaler und totaler: bei der Embryonenforschung, beim Klonen, bei der Genmanipulation.

Diese Herrschaft hat die *Ehrfurcht* außer Kraft gesetzt. Es ist schwer, das uns so vertraute Bild von Gott, dem Herrscher und HERRN in Frage zu stellen. Auch wenn es als Gegenbild und Kritik an menschlicher Herrschaft gebraucht worden ist, ist es schwer, es einfach unbesehen weiter zu gebrauchen. Kann/darf/soll das Bild seine »beherrschende« Stellung behalten? Die Metapher des Herrschens hat zu viel Schaden angerichtet!

Nie mehr soll im Namen Gottes menschliche, ehrfurchtlose Herrschaft gerechtfertigt werden, auch nicht über die Schöpfung. Solches Herrschaftsdenken hat das Lebenssystem der Erde an den Rand der Zerstörung gebracht. Wir können nicht mehr erklären, warum ein Gott, der so herrlich regiert, solche Zerstörung an der Schöpfung zulässt. *Ehrfurcht* ist in unserer

Gegenwartskultur ein antiquiertes Wort. Das Staunen über die Schönheit und Vollkommenheit des Geschaffenen ist zu Nostalgie geworden.

Der achte Psalm aber will die Menschen wieder Ehrfurcht lehren. Ein neuer Herzschlag stellt sich ein, wenn wir sagen: Gott wohnt *in* allem Geschaffenen. Ein Funke Gottes ist in allem, was lebt – und heiligt es! Es genügt nicht, ein paar grüne Gebete zu sprechen und die Ökologie zu den ethischen Vorräten hinzu zu addieren. Es geht um mehr. Es geht um die Mitte, um Gottes Anwesenheit in der Schöpfung. Es geht um das Heilighalten des Gott-geschaffenen Lebens.

Die hebräischen Wörter haben weite Bedeutungsfelder und erlauben es, Gottes DA-SEIN als ein *Walten*, und nicht als ein *Herrschen* zu verstehen. Das Moment des Zwangs und der Gewalt klingt dann nicht mehr mit.

Angesichts von so viel Zerstörung ist es Zeit, als Christengemeinden den Mut zu haben, neue theologische Wege zu gehen. Im Welten-Haus gelten andere als hierarchische Gesetze. Das Konzept der Beherrschung zerstört es.

Leben vollzieht sich nur in dem fein gesponnenen Netz der Gegenseitigkeit, im Anerkennen von Abhängigkeit, im Miteinander. »Alles ist mit allem verflochten« scheint eine triviale Wahrheit und doch ist sie der Schlüssel zur Zukunft. Heute gilt es zu sagen: Gott *waltet im Schöpfungswerk, Gott beherrscht es nicht*. Ja, Gott wohnt *im* Welten-Haus. Es muss neu erfunden werden, richtig Mensch zu sein.

Wie konnte man den Psalm so missverstehen? Beherrschung und Unterwerfung der Mitwelt daraus ableiten? Er wurde falsch gelesen. Herrschsüchtig gelesen.

Dabei irritiert der Psalm gleich zu Beginn durch einen Vers, einen echten Widerhaken:

Aus dem Munde von Kindern und Säuglingen hast du eine Macht geschaffen gegen alle, die dich bedrängen, auf dass Feindschaft und Rache verstummen.

Dieser Satz ist der Schlüssel zum Verstehen des Ganzen. Er sagt etwas über *das Wesen der Macht Gottes*. Es ist die Macht, die im Kleinen, Schwachen, Kindlichen sichtbar wird. Und schließlich in Jesus von Nazareth, der hilflos gekreuzigt wurde. Dennoch hat sich seine gewaltlose Macht unter den Menschen und in der Geschichte ausgebreitet. Trotz der Gewaltgeschichte des Christentums, die es auch gibt.

Wenn man das Bild sprechen lässt: *Aus dem Munde von Kindern und Säuglingen hast du eine Macht geschaffen,* kann man an den Schrei eines Neugeborenen denken. Oder an die entwaffnende Macht eines Kinderlachens. An kindliches Vertrauen und Arglosigkeit. Auch die schlaue Bereitschaft von Kindern, den Schmerz schnell zu vergessen, wenn da ein Tier, ein Stein, eine Pflanze, eine Süßigkeit ist, an der sie sich freuen können.

Ich denke an meinen verhungerten Engel, das Kwashiorkor-Baby. Es hat mit Macht zu mir gesprochen. Meinem Leben eine Richtung gegeben. Genau wie das HIV-infizierte Kind in Südafrika. Es wirkt in mir fort, wenn ich Bilder im Fernsehen sehe: ein Mädchen, das herzzerreißend weint aus Heimweh nach der jahrelang abwesenden Mutter, die im fernen Deutschland illegal alte Menschen pflegt.

Solche Schreie gegen das Unrecht erreichen die Menschen und erinnern sie an die gerechten Beziehungen, die es zu schaffen gilt. Die Macht von Kindern kann aller kalkulierenden Feindschaft und Bosheit den Boden entziehen. Davon spricht dieser alte Text. Und nicht zu vergessen, dass das Christentum überhaupt mit einem Kind angefangen hat, das in einem Stall geboren wurde.

Diese Macht aus dem Munde der Kinder hat sicher in meinem Leben gewirkt und ich erlebe sie immer wieder als einen Einspruch gegen die menschliche Beherrschungs- und Unterwerfungs-Praxis.

Heute höre ich den Psalm sagen: Die Erde gehört euch nicht. Sie ist die Wohnung Gottes. Sie ist euch nur geliehen!

Der Text endet mit dem Dank für Gottes ganz andere Macht, aber eben doch Macht, die die Welt durchwaltet. Die Möglichkeit bleibt

erhalten, dass die Menschen endlich, endlich »gute HaushalterInnen der mancherlei Gnade Gottes« werden. (1 Petr 4,10)
Der Mensch hat, sagt der Psalm, fast göttliche Gene. *Ließest ihm ein Geringes nur mangeln, göttlich zu sein.* Göttlich sein aber heißt, biblisch verstanden – *barmherzig sein und gerecht.*

Die Augen Gottes
Predigt zur Losung der 10. Vollversammlung des ÖRK in Busan, Korea: *Gott des Lebens, weise uns den Weg zu Gerechtigkeit und Frieden* (beim Deutschen Evangelischen Kirchentag in Hamburg 2013 in St. Petri)

Liebe Geschwister!

Heute kann man mit einem großen Auge aus dem Weltall auf den Planeten Erde blicken. Und mit rasanter Geschwindigkeit auf eine einzelne Stadt, ein Haus zuzusteuern. Mit Google Earth. So habe ich mir als Kind das Auge Gottes vorgestellt. Wenn wir noch einmal diese kindliche Perspektive einnehmen: Was ist es, das das Auge, besser *die Augen Gottes* sehen, wenn sie auf den blauen Planeten, dieses göttliche Lieblingsprojekt, blicken? In diesen Tagen sehen sie die Ameisenstrassen froher ChristInnen in Hamburg, die aufgeregt durcheinanderlaufen. Wonach suchen sie? Nach Orientierung? Auswegen? Nach Menschen- und Gottes-Nähe? ...
Wir sind heute erneut auf dem Weg der Gerechtigkeit unterwegs, den zu gehen uns die ökumenische Bewegung so nachdrücklich lehrt mit der »Dekade zur Überwindung der Gewalt« und dem »Konziliaren Prozess für Gerechtigkeit, Frieden und Bewahrung der Schöpfung«. Wir begegnen Gott immer wieder neu, dessen Name Gerechtigkeit ist. Der/die uns *als AgentInnen der göttlichen Gerechtigkeit in die Wüste der überentwickelten Welt* schickt. Frieden und Gerechtigkeit wird es nur geben, wenn »Jeder Mund voll Korn ist«, also satt.

Die Bergpredigt zeigt uns den Weg der Gewaltlosigkeit. Wir können, sagt Jesus, einander im Frieden gerecht werden. Dazu hat Gott uns doch zu gerechten Menschen gemacht! Gott schenkt uns *aus reiner Gnade* jeden Tag *alles, was wir brauchen,* den Atem zum Leben, den Tag und die Nacht, das Brot und die Liebe. Wir sollen für einander Hüter/Hüterin sein! Deshalb fragen wir gerade die Ökonomie, die sagt, der *Eigennutz* sei nützlich für die Ökonomie: Ist die Ökonomie heute denn noch nützlich für die Menschen, oder nur für wenige? Wir wollen das Miteinander *anders* gestalten und suchen das »buon vivir«, das gute Leben für alle. Und wissen nach diesem Kirchentag noch einmal genauer, dass die Oikumene, *die ganze* bewohnte Erde, unsere gefährdete Heimat und doch unsere Zukunft ist.

So legen wir die Themen, die uns auf den Nägeln brennen, bereit für das Gepäck nach Korea: *Den gerechten Frieden* in einer ökonomisierten Welt mit ihren totalitären Ansprüchen; *Das große Genug,* die Selbstbescheidung, von der wir auf diesem Kirchentag so viel geredet haben. Und hoffen, dass in Busan »ein Wort gesagt wird, das die Welt nicht überhören kann.« (Bonhoeffer) Und hoffen, dass ein Papst Franziskus zum Bündnispartner einer neuen Stimme der Kirchen in einer Zeit wie der unseren wird.

Zu Gott, der großen Hüterin des Lebens, sprechen wir das inständige Gebet der Losung: *Gott des Lebens, weise uns den Weg zu Gerechtigkeit und Frieden.*

Die Losung für Busan spricht für meine Ohren etwas neu aus. Eine neue Klarheit kündigt sich an. *Gott des Lebens.* Bisher hat die Ökumenische Bewegung Gottes Weisung in erster Linie als Weg-Weisung für das gerechten Zusammenlebens der Menschen und der Kirchen verstanden. Als Antwort auf die Frage: »Mensch, wo ist dein Bruder? Wo ist deine Schwester?« Heute steht *eine neue Frage* vor uns: Wo ist dein Bruder, der aussterbende Pandabär und deine Schwestern, die Bienen? Wo sind die vielfältigen, ausgerotteten Geschöpfe Gottes, die Tiere und Pflanzen? Wie steht es um das Meer und die Luft?

Die Losung spricht vom *Gott des Lebens*. Denn heute geht es schlicht um *das Leben selbst*, um das physische, biologische Leben auf dem Planeten Erde. »Was den Bienen geschieht, geschieht auch den Menschen«, soll Einstein gesagt haben. Um die Vielfalt, die sich in Jahrmillionen entwickelt hat und die für uns Menschen unabdingbare Grundlage des Lebens ist. Erst jetzt, wo die Gefährdung dieses Lebens schon mit Händen zu greifen ist, beginnen wir es ernst zu nehmen: Gott schaut nicht wie Google Earth distanziert und voyeuristisch auf uns herab. *Gott selbst ist das Leben, das in allen Geschöpfen gegenwärtig ist, das Herz des Lebens selbst.* Die Welt ist sakramental. Gott spricht zu den Menschen auch durch die Geschöpfe, durch Wind, Blumen und Tiere. Auch wir können den Theophanien, den Erscheinungen Gottes begegnen, wenn wir Augen dafür haben. Ja, Gott schreit uns an im Gebrüll gequälter Versuchstiere. Oder aus den Ställen der Massentierhaltung. Die Tiere haben ihr eigenes Lebensrecht verloren, um unseres Fleischverzehrs willen.

Das Motto der Vollversammlung bringt uns zum Sprechen: »Gott des Lebens: Sprich mit uns, damit wir das Wunder des Lebens endlich verstehen. Öffne uns die Augen.« Die Erde ist selbst ein Lebewesen. »Alle lebendigen Dinge auf der Erde, von den Walen bis zu den Viren und von den Eichen bis zu den Algen bilden eine einzige lebendige Einheit, die in der Lage ist, die Bedingungen für den Erhalt des Leben zu schaffen.« (Leonardo Boff) Die Temperatur der Erde, der Salzgehalt des Meeres, die Zusammensetzung der Atmosphäre, das Konstanthalten der CO_2-Konzentration *gemeinsam* schaffen die Grundlage dafür, dass Leben auf dem Planeten Erde möglich ist. Die Erde verhält sich wie ein menschlicher Körper, der alle Arten von Mechanismen hat, seine Temperatur konstant zu erhalten. Wäre der Planet Erde um ein Weniges näher an der Sonne, würde alles Leben verbrennen; wären er ein Weniges weiter von ihr entfernt, würde alles Leben erfrieren. Nein, wir sind genau dort, wo Leben möglich ist. Jetzt aber steigt das Fieber der Erde – *durch die Menschen-gemachte, falsche Überentwicklung*

Gott des Lebens, öffne uns die Augen für das Gleichgewicht, das alles im Lot hält, das wir im Begriff sind zu zerstören.

Die Einsicht wächst auch, dass der »homo sapiens« sich selbstbezogen ins Zentrum der Dinge gestellt hat. Eine patriarchalische Theologie hat ihn zum Beherrscher der Natur erklärt. Wir verhalten uns wie Despoten, die sich an ihre Herrschaft klammern, die verhindert, dass wir empathische Mitgeschöpfe werden. Gott des Lebens, lehre uns, *Dich zu ehren in allen Deinen Geschöpfen.*

EvolutionswissenschaftlerInnen denken ernsthaft darüber nach, ob der »homo sapiens«, wie einst die Dionsaurier, irgendwann verschwinden wird, weil er sich nicht lebensfördernd auf der Erde verhält, sondern ihre herrliche Vielfalt zerstört. Die Erde wird sich vom Anschlag der menschlichen Gier in Millionen Jahren erholen und neue Vielfalt hervorbringen. Möglicherweise. Vielleicht ist uns tatsächlich diese Erde nur auf sehr begrenzte Zeit als Wohnraum gegeben. Wir müssten dann noch einmal über unsere Eschatologie, über die letzten Dinge nachdenken.

Die Busan-Reisenden werden Menschen treffen, die vom anderen Ende der Erde kommen, die anders singen, beten und denken, andere Ängste und andere Prioritäten haben.

Und doch vertrauen sie, wie wir, auf die Versöhnungskraft Christi und die Erneuerungskraft des Heiligen Geistes. Werden wir EuropäerInnen unsere Angst verständlich machen können, dass dies *eine einmalig gefährdete Zeit ist in der Menschheitsgeschichte?* Dass Busan zu einer einzigen Krisensitzung zur Rettung des Lebens auf dem Planeten werden müsste? Und die versammelte Christenheit ein Wort spricht, das die Welt – zuerst aber die Kirchen selbst – nicht überhören können.

Was wird in Busan geschehen? Vielleicht ist die Lösung in der Losung schon ausgesprochen: »Gott des Lebens«. Diese Eingangs-Anrufung *wölbt sich wie ein Bogen über alle Suche nach Gerechtigkeit und Frieden.* Das Leben, die schiere Ermöglichung des Fortbestandes der Lebensvielfalt ist das *große Vorzeichen* vor *der Klammer* aller Friedens- und Gerechtigkeitsanliegen. Alle Nöte der Menschen werden sich verschärfen, wenn es nicht gelingt, das steigende Fieber der Erde zu senken. Die Lebens-Luft wird dünn werden *für alle*, wie in Peking während des Smogalarms im Winter. Es wird mehr Flüchtlinge, mehr Hungertote, mehr Kriege, mehr Migration geben.

Nicht weil die Menschen schlechter sind, wird es so werden, sondern weil wir nicht klar genug gehört haben, auch in den Kirchen, dass wir *den Gott des Lebens in allen seinen/ihren Geschöpfen, mit denen wir die Erde teilen, ehren sollen.* Es ist ein furchtbares Missverständnis, das wir am Beginn des 21. Jahrhunderts korrigieren müssen.

Gott des Lebens, weise uns den Weg zu Gerechtigkeit und Frieden. Du willst nicht, dass die Geschöpfe des Planeten zerstört werden. Schaffe in allen, die hier beim Kirchentag sind, die Mitleidenschaft, die in Jesus von Nazareth war. Gebrauche uns als Agenten des Lebens, als Anwältinnen der Gerechtigkeit für alle, die das Leben auf dem Planeten Erde teilen.

Die Kirchen und ChristInnen sollen aufwachen aus dem Schlaf des Traditionalismus und der Kleinteiligkeit und wirksame Instrumente des Friedens und der Gerechtigkeit werden zwischen Mensch und Mensch *und* zwischen Mensch und Natur.

Das geben wir den Busan-Reisenden und dem Generalsekretär des ÖRK mit auf den Weg. Und unsere Gebete und unseren Segen. Wir hier werden weiter gehen auf dem den Weg der Gerechtigkeit und versuchen, einfacher zu leben. Wir finden neue Namen für Gott, die nicht von der Allmacht sprechen, sondern von der Mitleidenschaft Gottes, nicht vom *Herrschen*, sondern vom *Walten Gottes* in allen Geschöpfen.

 Die Augen Gottes.
Wir wissen, wie sehr der Blick eines geliebten Menschen in uns *ungeahnte Kräfte der Kreativität und Lebensliebe entbinden* kann. *Wie viel mehr wird der Blick Gottes uns stark machen!* Denn Gott ist es, der/die *auch die Evolution im Blick hat.*

Blicke uns an, Gott des Lebens!
Aus der Tiefe des Wassers.
Im Blick eines Tieres.
Mit den Augen der Menschen.
Hilf uns leben!
Weise uns den Weg zu Gerechtigkeit und Frieden
mit den Menschen *und* mit der ganzen Erde. Amen.

O when the saints ...
Predigt über Matthäus 25,31-46 »Über das Weltgericht«, vor der Nordelbischen Synode am 21. November 2003 in Rendsburg

»Liebe Synodengemeinde!
Einmal, sagt der Evangelist Matthäus, wird der wahrhaft vollkommene Mensch, der Menschensohn, auf die Bühne der Geschichte treten. Seine tiefe Menschlichkeit wird ihr sehendes Auge auf die Menschheitsgeschichte werfen.
Da wird dann das apokalyptische Ausmaß des Dramas, in das sich die Menschheit gestürzt hat, offen zutage treten. Gigantische Verteilungskämpfe finden statt zwischen Nord und Süd, Ost und West. Hungernde Flüchtlinge strömen über die Erde. In supermodernen Kriegen werden Gegner vernichtet. Tiere irren auf der Suche nach den letzten Lebensräumen umher. Menschen ringen in vergifteten Städten nach Atem. In modernen, schlanken Machtstrukturen kämpfen sie um ihre Menschlichkeit. Riesige ferngelenkte Computer verwalten die Erde. Terror regiert in den Städten. Das Geld wird in obszöner Direktheit über die Bühne gerollt. Jeder fällt über jeden her im freien Wettbewerb der Kräfte. Frauen werden herumgestoßen und vergewaltigt. Kinder werden in Laborgläsern gezeugt, weil die Fähigkeit und der Wille zur Fortpflanzung in der reichen Welt erstirbt, die Armen hingegen übervölkern den Erdball. Das sind die Katastrophen, die die Menschheit über sich selbst gebracht hat. Was bliebe einem strafenden Gott da noch zu tun übrig?

Der Menschensohn, der wahre Mensch, bringt in seinem Gefolge all die mit sich, die durch die Jahrhunderte hindurch die Menschlichkeit unter die Menschen getragen haben, die Engel der Menschheit. Groß ist ihre Zahl. Sie, die der Wahrheit und Gerechtigkeit auf Erden gedient und dafür ein riskantes Leben nicht gescheut haben. Die Märtyrerinnen und Märtyrer der alten Kirche, die Armuts- und Gerechtigkeitsmenschen des Mittelalters, die modernen Engel der Menschheit, fromme und nichtfromme, Catharina von Georgien und Franz von Assisi, Oscar Romero und Ida Ford aus El Salvador, Martin Luther King und Mahatma Ghandi, Elsa Brandström und Rosa Luxemburg, Toyhito Kagawa, Rigoberta Menchu und Mandela, die Kämpfer der Menschlichkeit durch die Geschichte hindurch, auch die Namenlosen aller Zeiten und aller Völker. Überwältigend wird der Anblick all dieser mutigen Menschen sein, von denen so viel Vision, Kraft und Wille ausging und die eine unübersehbare Spur auf der Erde hinterlassen haben. Sie haben der Weltgeschichte einen anderen Verlauf gegeben.

Diese Engel der Menschheit werden um den Menschensohn versammelt sein und alles Licht, das von ihm und ihrem Leben ausging, wird die Weltbühne hell machen: Jede dunkle Falte der Geschichte wird durch ihre leuchtende Gegenwart transparent. Auf der Bühne der Weltgeschichte nimmt dann der wahrhaft menschliche Mensch den höchsten Ehrenplatz ein und ruft die Menschheit aus allen Enden der Erde zusammen, aus der ganzen Ökumene – der ganzen bewohnten Erde. Und da kommen sie, die Reichen und die zerlumpten Ghettomütter und Straßenkinder; sie kommen, die Kriegsherren und die Kriegsopfer, die Despoten und die schweigenden Massen, die endlos gelitten haben im Dunkeln, es kommen die Kämpfer mit der aufgerissenen Brust und die eleganten Verwalter des Geldes, die Atemlosen, denen das Blut aus den Schuhen quillt und die smarten Manager. Es kommen die Kämpferinnen und Kämpfer. Es kommen auch die Frommen und die Lauen, die Eiferer und die Verzagten. Sie alle kommen herbei, sie *warten und hoffen ... und fürchten* das gerechte Ende der Geschichte.

Da werden sie plötzlich einander in die Augen schauen, die Opfer und Täter. Die einen werden ihre Wunden enthüllen und die anderen ihre Rechtfertigungen stammeln. Viele werden nicht wissen, auf welche Seite sie treten sollen, selbst Opfer, selbst Täter oder beides zugleich und sie werden die Augen niederschlagen vor der enthüllenden Klarheit des Menschensohns. Es wird eine große Verwirrung geben, ein Gerenne und Suchen; denn *aller äußere Schein* ist plötzlich abgefallen und sie stehen da mit ihren nackten Herzen – und was zählt ist nur *die schlichte, wirkliche Tat.*

Dann wird der wahrhaft menschliche Mensch aufstehen und es wird sich, ohne dass er viel täte, eine Gasse bilden: die Menschen treten zur Rechten und zur Linken. Sie werden im Lichte seiner Gegenwart plötzlich ganz klar wissen, wohin sie gehören; es entsteht ein überdeutliches Schwarz-Weiß-Bild. Sie wissen selbst am besten, wofür sie sich entschieden haben in ihrem Leben. Der Menschensohn muss es gar nicht entscheiden. Die Menschen haben dem Richter selbst die Entscheidung abgenommen und zwar schon längst, zu ihren Lebzeiten. Jetzt ist nur die Stunde des Ans-Licht-Kommens, nicht Stunde der willkürlichen Richtersprüche.

Die auf der rechten Seite werden verlegen um sich schauen, einander wiedererkennen, hier und da einander zuwinken. Der Menschensohn wird sagen: »Ich lag an eurem Weg, ich war in euren Gefängnissen. Ich hause obdachlos im Freien. Ich liege hungrig in den Slums der Welt. Mir habt ihr menschliche Gesetze gemacht, mich habt ihr vor der Folter gerettet. Mit mir habt ihr euer karges Brot geteilt, mir habt ihr eure Kirchen geöffnet, mit mir und für mich habt ihr gebetet und gesungen und eure Kirche reformiert, mir habt ihr eure Grenzen geöffnet, mir habt ihr Arbeit gegeben. Ich wohne in jedem Menschen, weil ich das Erbteil Gottes in jedem Menschen bin. Ich, der Menschensohn, teile meinen Segen, meine göttliche Kraft mit Euch. Ihr seid schon längst Teil des Reiches Gottes und seiner Gerechtigkeit und werdet es bleiben.«

Und es wird ihnen wie Schuppen von den Augen fallen: ihr absichtsloses oder auch bewusstes Ringen um mehr Menschlichkeit, ihr stilles und lautes Kämpfen, das spontane oder bewusste, immer aber beschwerliche Eintreten für die armen, hungernden, nackten, kranken und gefangenen Mitmenschen; für sie war es der Weg der Menschlichkeit, es war kein Verdienstweg zu Gott. Wie sollte es auch sein? Denn auch sie selbst sind auf solche Erweise der Liebe angewiesen gewesen, das wissen sie. Es ist doch alles ein Geben und Nehmen. Was jetzt mit ihnen passiert auf dieser Weltbühne, kommt ihnen vor wie eine glanzvolle Zurschaustellung des Selbstverständlichen. »Wir haben doch nur das Naheliegende getan, was hätte das mit Dir, Menschensohn, in dem wir jetzt den Christus erkennen, zu tun?« Absichtsvolle, kalkulierende Frömmigkeit, da hat Luther recht, ist hohl, befriedigt nicht. Aus einem ungeteilten Herzen steigt die überzeugende Tat auf. »Wer, wenn nicht Du, gab uns solche Herzen?«

Sie werden verwundert um sich blicken, es vielleicht geahnt haben und doch erstaunt sein über diese Wendung der Dinge.

Auf der linken Seite aber bricht großer Schrecken aus: Scham, Angst und Entsetzen wird die befallen, die des tiefen Mangels an Menschlichkeit in ihrem Leben gewahr werden. »Wir waren blind«, werden sie rufen, »wir haben Dich, den wahrhaft Menschlichen, nicht richtig erkannt. Wir waren abgelenkt, falsch informiert. Deine Prediger haben uns den Sinn vernebelt. Wir haben sie nicht verstanden, die Nacktheit der Bettler, die Krankheit der Kranken, den Hunger der Armen, die Verzweiflung der Spaßgesellschaft. Wir haben doch ein-, zweimal im Jahr für die Hungernden gespendet. Zählt das nicht? Es muss ein Irrtum, ein entsetzlicher Irrtum sein. Wie hätten wir DIR nicht helfen wollen, Du, der Du der Christus bist. Aber die Not der Menschen im Allgemeinen kam uns wie Schicksal vor, die Zahl der Fremden hat uns geängstigt. Die Gefängnisse waren zu weit weg. Wir haben es nicht gewusst. Wir hatten keine Zeit. Nein«, werden sie schreien, »wir sind doch nur die kleinen Leute. Wir hatten doch keine Macht, wir haben doch gebetet und gesungen und Dich angerufen.« Aber der Menschliche – und es ist nun vor aller Augen, dass Jesus von Nazareth der Christus, der wahre Mensch ist – wird ohne Wenn und Aber sagen: »Nein, es ist kein Irrtum. Ihr habt nicht menschlich gehandelt. Ihr habt euch verweigert. Ich war euch nicht sauber genug. Ihr habt meinen Frieden nicht ausgebreitet, in den Gottesdiensten habt ihr nicht gelernt, den Frieden einander weiterzugeben. Ich bin nicht gekommen, auf dass ihr *einmal* im Leben, an mir, menschlich handeln könnt, sondern damit ihr *ein für alle Mal* menschliche Menschen werdet. Geht weg von mir – ihr habt die dunkle und böse Seite gewählt. Es ist nicht Raum für das Böse im Reich Gottes. Die Welten stoßen sich. Geht mit den Engeln des Bösen, die euch geführt und verführt haben.«

Da werden sie heulen und Zähne klappern und verzweifelt auf ihre vertanen Leben blicken; sie werden die Opfer ihrer Gier, Nachlässigkeit und Blindheit entsetzt anstarren und erkennen, dass niemand anders als sie selbst und das Auge der Geschichte ihre eigenen Richter sind. Nichts ist geschehen, was sie nicht zutiefst gewusst und gewählt hatten. Sie hatten die Stimme Gottes in ihrem Gewissen erfolgreich erstickt. Auf ewig vertan ein Menschenleben, das so viele Chancen hatte. Das ist die unendliche Pein, auf diese vertanen Chancen zu blicken und die Scherben des selbstsüchtigen Lebens in den Händen zu halten. Mehr Pein braucht es nicht. Die Verzweiflung brennt wie Feuer.

Ist es das, was im 25. Kapitel des Matthäusevangeliums steht? Was geht uns das an, die wir heute eine Synodensitzung beginnen?

Einmal, sagt der Evangelist Matthäus, wird der wahrhaft vollkommene Mensch, der Menschensohn, auf die Bühne der Geschichte treten. Ist dieser Text für uns heute? Er ist.

Wie wird Christus uns finden, uns, die Nordelbische Kirche, die nordelbische Synode? Diese Geschichte gilt nicht nur den Einzelnen, sie gilt auch uns als Gemeinschaft, als Kirche. Ja, bei solchen Schwarz-weiß-Bildern scheint alles klar zu sein. Wie aber im Dickicht des Umbruchs, mitten in den Entscheidungen in den

Kirchengemeinden, in den Verteilungskämpfen? Wo ist da rechts und links, richtig und falsch, schwarz und weiß? Hart trifft es die einen, unseren pfarramtlichen Nachwuchs. Sind wir wirklich bereit, ihn in die Wüste zu schicken? Hart trifft es die Mitarbeitenden, deren Arbeitsplatz verloren geht. Nichts ist so im Umbruch wie die Arbeitswelt. Wie werden wir ihr in Zukunft gerecht werden? Noch sind wir mittendrin. Was will uns die Geschichte sagen als Kirche, die gemeinsam unterwegs ist. Viele von uns haben sorgenvolle Herzen. Viel Zeit und Kraft wird investiert, viel Schweiß der Edlen vergossen bis zur physischen und psychischen Erschöpfung, um die Zukunft der Kirche herauszufinden. Wir müssen einander befragen, beraten: »Ist der ausgeglichene Haushalt das einzige Ziel, das wir noch verfolgen und geht uns das »Wozu das alles« verloren?« Dies ist klar mit dieser Geschichte: Unsere Kirche wird und muss auch mit weniger Mitteln die Möglichkeiten erhalten, die Hungernden zu speisen, die Nackten zu kleiden, die Gefangenen zu besuchen, die Traurigen zu trösten. Sie muss Menschen befähigen und ermutigen, das zu tun. Sie ist um der Menschen willen da, Nachfolgegemeinschaft Jesu, der all dies getan hat. Wir sollen »die Welt ins Gebet nehmen«. Alles, was wir tun, jeder Dienst, jede Ortsgemeinde ist daran zu messen, damit die Welt glaube. Was soll sie glauben? Dass Gott die Welt liebt und ihr gut will. Alles wird hineingestellt in die Klarheit des Lichtes des Menschensohnes. »Gott und den Menschen dienen«, diesem Ziel dient unser Beten, Loben, Danken, Handeln.
Matthäus will uns diesen Hunger nach Gottes Gerechtigkeit und Mitmenschlichkeit nicht abgewöhnen. Er will uns auch nicht nur auf das Ende der Zeiten vertrösten. Er will uns keine Angst machen.
Durch dieses große Gemälde vom Einzug des wahren Menschen und aller Engel der Menschheit will er uns in unserer Überzeugung stärken, dass *es richtig ist, auf die Seite Jesu zu treten und in diesem Sinne die Kirche zu verändern und zugleich zu erneuern.* Wir dürfen und sollen uns mutig in den Zug derer einreihen, die ihr Leben den großen und würdigen Zielen des Reiches Gottes

und seiner Gerechtigkeit verschrieben haben. Nicht Arroganz und Lüge, Protz und Macht, sondern die wahre Menschlichkeit wird am Ende auf dem Thron sitzen. Die Engel Gottes auf Erden sind unvergessen vor der letzten Gerechtigkeit, das sagt der Text. Wir werden staunen, wie groß ihre Zahl ist. Am Ende wird nicht gefragt werden, ob ich ein Gandhi oder eine Elsa Brandström war, sondern ob ich in den Grenzen meines Lebens wahrer, menschlicher Mensch gewesen bin, ob wir wahre lebendige Kirche gewesen sind, die nicht sich selbst lebt, sondern den Menschen gedient hat und sich in allem Beten und Singen dazu orientieren lässt vom Herrn der Kirche.

Am Ende wird eine große Freude sein über alle, die sich auf den schönen, schweren Weg der Gottes- und Menschenliebe gemacht haben und dies auch in den Strukturen der Kirche umsetzen, die bescheidener werden. Die Wirkkraft des Senfkorns, das erzählen viele Geschichten der Bibel, hängt nicht von der Größe ab.

Und allen, die Unrecht erlitten haben in den Händen der Ungerechtigkeit und Folter, wird versprochen, dass die sehende Gerechtigkeit Gottes auch das gesehen hat und Gott selbst die Wunden heilt.

In den schwarzen Gemeinden Amerikas und der Karibik gibt es ein bekanntes Gospellied. Es wurde von Menschen gesungen, deren Menschlichkeit während der Sklavenzeit und bis zum heutigen Tage mit Füßen getreten wurde und wird. Und doch singen sie dieses Lied:

> »O when the Saints go marching in,
> o when the Saints go marching in,
> O Lord I want to be in that number,
> o when the Saints go marching in.«

In meinen Worten: »Wenn all die Heiligen einmal auftreten werden, ja, wenn sie alle ins Licht der Geschichte treten werden, dann Gott, dann möchte ich auch dabei sein, wenn all die Heiligen gemeinsam mit Dir auftreten werden.«

Es ist ein Lied, das diesen schweren Text vom Weltgericht leicht macht. Wenn die Heiligen einziehen ... Das könnten wir sein. Das werden wir sein. Gewiss doch.

Wir in unserer europäischen Gedankenschwere können solche Hoffnungen kaum noch ausdrücken. Entweder sind wir mutlos und erschlagen von einer solchen Geschichte. Oder wir lassen sie gleich ganz wegfallen.

Aber unsere ökumenischen Geschwister helfen da mit ihrem Lebensmut unserer depressiven Schwachheit auf. Dieses Lied wurde ja und wird noch heute von Menschen gesungen, die eine dramatische Geschichte haben, Nachkommen der SklavInnen. Sie trompeten es in den schönsten Jazz Solos unter die Menschheit: »O when the saints go marching in ...« Sie halten die tapfere Inbrunst und naive Frömmigkeit aufrecht, die wir brauchen, um den schönen, schweren Weg der Gerechtigkeit zu betreten. Und wir, wir fangen an, dazu zu tanzen, das ist ja klar. Das fährt einem in die Glieder. Die Freude darüber, dass es so viele sind, springt über. Viele Menschen reihen sich ein. Nichts ist schöner, als so freudig entschlossene Menschen zu sehen. Es macht uns Mut, unsere Entscheidungen zu treffen zum Lobe Gottes und zum Dienst an den Menschen. Nichts wünsche und erbitte ich mehr, als dass Gott uns diese Leichtigkeit schenkte und die Schwere, die Halbherzigkeit und Unsicherheit von uns nimmt. Damit wir immer besser wissen, auf welche Seite wir uns zu stellen haben, in unserem persönlichen Leben und mit den Entscheidungen über die Zukunft unserer Kirche. Nichts wünsche und erbitte ich mehr, als dass wir in jeder Zelle unseres kirchlichen Daseins eine menschenfreundliche, der Welt zugewandte, prophetische und ökumenische Kirche sein werden.

O when the saints go marching in ...

Wenn die Heiligen einziehen werden mit dem Menschensohn ... dann, ja dann will ich auch dabei sein. Amen.

Kurzbiographie

Bärbel Wartenberg-Potter geboren am 16. September 1943 in Pirmasens in der Pfalz, Studium der Germanistik und Theologie, verheiratet mit Philip Potter, ehem. Generalsekretär des Weltkirchenrates in Genf.

1970-1972 »Aktion Missio«

1972-1974 »Dienst für Mission und Ökumene« der Württembergischen Landeskirche

1977-1980 Studienleiterin im »Zentrum für Entwicklungsbezogene Bildungsarbeit« (ZEB), Stuttgart

1980-1985 Direktorin der Abteilung »Frau in Kirche und Gesellschaft« des Ökumenischen Rates der Kirchen (ÖRK), Genf, Schweiz

1985-1990 Dozentin am »Vereinigten Theologischen College« der Universität der Westindischen Inseln und Universitätspfarrerin, Kingston, Jamaika

1991-1997 Gemeindepfarramt in Stuttgart-Botnang

1997-2001 Geschäftsführerin der Arbeitsgemeinschaft Christlicher Kirchen in Deutschland (ACK), Frankfurt a.M.

2001-2008 Bischöfin der Nordelbischen Evangelisch-Lutherischen Kirche für den Sprengel Holstein Lübeck

Vorsitzende des Kuratoriums des »Instituts für Theologische Zoologie« (seit 2009), www.theologische-zoologie.de

Vorsitz der »Kommission für Theologische Ausbildung« beim Evangelischen Missionswerk in Deutschland

Schirmfrau des Vereins »Verwaiste Eltern« Schleswig Holstein, www.vesh.de

Verwendete Literatur

Arendt, Hannah, Vita Activa oder Vom tätigen Leben, München 1983

Bahr, Ehrhard, Was ist Aufklärung, Thesen und Definitionen, Reclam Texte 9714, Stuttgart 1974

Begerau, Christiane u.a. (Hg.), Abendmahl, Fest der Hoffnung, Gütersloh 2000

Biermann, Wolf, CD »Die Welt ist schön« 1998

Brecht, Berthold, Gesammelte Werke 2, Stücke 2, Die Maßnahme, (Reis-Lied) Frankfurt a.M. 1967

Boff, Leonardo, Die Botschaft des Regenbogens, Düsseldorf 2002

Cantate Domino, World Council of Churches, Kassel, London 1974

Camara, Dom Helder, The Desert is fertile, New York 1974

Caprano-Diehl, Gabriele, Euthanasie-Verdacht in der Heil- und Pflegeanstalt Klingenmünster 1944-1946, Marburg, 2012

Coenen, Lothar u.a., Vancouver 1983, Beiheft der Ökumenischen Rundschau Nr. 48, Frankfurt a.M. 1984

Evangelisches Gesangbuch, Ausgabe für die Nordelbische Evangelisch-Lutherische Kirche, Hamburg 1994

Fromm, Erich, Ihr werdet sein wie Gott, Reinbek 1980

Gandhi, Mahatma, Ausgewählte Texte, Hg. Richard Attenborough, München 1983

Gillwald, Katrin, Ein Primus der Sinnstiftung. Die Riverside Church, Diskussionspapier des Wissenschaftzentrums Berlin für Sozialforschung, Mai 2004

Girard, René, Das Ende der Gewalt, Analyse des Menschheitsverhängnisses, Freiburg 1983

Göhres Annette u.a., Bischöfinnen und Bischöfe in Nordelbien 1924-2008, Kiel 2008

Goodall Norman, The Uppsala Report 1968, Official Report of the Fourth Assembly of the World Council of Churches 1968, Genf 1968

Harrison, Beverly Wildung, Making the connections, hg. v. Carol Robb, Boston 1985

Hymns and Psalms, A Methodist and Ecumenical Hymn Book, London 1983

Jepsen, Maria, »das Weib rede in der Gemeinde«. Erste Lutherische Bischöfin, Gütersloh 1992

Lange, Ernst, Lesebuch, Hg. Georg Friedrich Pfäfflin und Helmut Ruppel, Berlin 1999

Lange, Ernst, Die ökumenische Utopie oder Was bewegt die ökumenische Bewegung?, Stuttgart 1972

Lange, Ernst, Kirche für die Welt, Aufsätze Hg. Rüdiger Schloz, Gelnhausen 1981

Littell, Jonathan, Die Wohlgesinnten, Roman, Berlin 2008

Loccumer Brevier. Verstehen durch Stille, Hg. Heinz Behnken u.a. 2001, 4. Aufl. 2008 (darin Marie Luise Kaschnitz)

Luther King, Martin, Der Traum vom Frieden, Gütersloh 1983

Marley, Bob, Uprising (Schallplatte), Recorded Tuff Gong Studio Kingston Jamaica, darin: Redemption Song

Müller-Römheld, Walter, Bericht aus Vancouver 1983, Offizieller Bericht der Sechsten Vollversammlung des Ökumenischen Rates der Kirchen, Frankfurt a.M. 1983

Nimm hin und stirb, Von der Zukunft der Dritten Welt. Hg. Arbeitskreis Dritte-Welt-Studie Jugendpfarramt Hamburg 1968 (darin: Erich Fried, Kind in Peru)

Parvey, Constance, Die Gemeinschaft von Frauen und Männern in der Kirche, Sheffield Report, Neukirchen-Vluyn 1985

Potter, Philip, »... damit ihr das Leben wählt«. Texte und Reden eines Gestalters der ökumenischen Vision, Göttingen 2011

Rakusa, Ilma, Dostojewskij in der Schweiz, Frankfurt a.M. 1981

Rüppell, Gert, Erinnern – für eine ökumenische Zukunft, 30 Jahre Plädoyer 1979-2009, Frankfurt a.M. 2009

Schorlemmer, Friedrich, Das soll Dir bleiben, Stuttgart 2012

Schottroff, Luise, Johannes Tiele (Hg.), Gotteslehrerinnen, (darin das Portrait von Lois Kroehler), Stuttgart 1989

Stahl, Daniel, Nazi-Jagd, Südamerikas Diktaturen und die Ahndung von NS-Verbrechen, Göttingen 2013

Sundermeier, Theo, Südafrikanische Passion, Wuppertal 1977

Taufe, Eucharistie und Amt, Konvergenzerklärungen der Kommission für Glaube und Kirchenverfassung des Ökumenischen Rates der Kirchen, Frankfurt a.M. 1984

Twain, Mark, Meine geheime Autobiographie, ed. Harriet Elinor Smith u.a., Berlin 2012

Tillich, Paul, Impressionen und Reflexionen, Gesammelte Werke XIII, Stuttgart 1972

Unser Lied, Deutscher Bund der Mädchenbibelkreise Leipzig 1928

Wartenberg-Potter, Bärbel, Mitleidenschaft, Geistliche Mut-, Mahn- und Trost-Reden einer ökumenischen Bischöfin, Stuttgart 2010

Eigene Publikationen

Schwarzer Widerstand – weiße Herrschaft, ein Handbuch, (mit Wolfgang von Wartenberg), Nürnberg 1975

Wir werden unsere Harfen nicht an die Weiden hängen. Engagement und Spiritualität, Stuttgart 1985

Das Kreuz. Baum des Lebens, (zusammen mit Dorothee Sölle und Luise Schottroff), Stuttgart 1987

X Die Reise der Pachamama. Eine theologische Erzählung, Stuttgart 1989

Freedom is for freeing. A study book an Galatians (mit Philip Potter), New York 1990

Wes Brot ich ess', des Lied ich sing ... Die Bergpredigt lesen, Freiburg 2007

X Mitleidenschaft, Geistliche Mut-, Mahn- und Trost-Reden einer ökumenischen Bischöfin, Stuttgart 2010

Die Bergpredigt der Bibel, Freiburg 2013

Herausgabe

Schwarz kann nicht ziehen. Ein Werkbuch zum Thema Rassismus am Beispiel Südafrika, Stuttgart 1973

Aufrecht und frei. Was Frauen heute in der Bibel entdecken, Offenbach/Main 1986

Komm, lies mit meinen Augen. Biblische und theologische Entdeckungen von Frauen aus der Dritten Welt (mit John Pobee), Offenbach/Main 1987

X Die tägliche Erfindung der Zärtlichkeit: Gebete und Poesie von Frauen aus aller Welt (mit Sybille Fritsch), Gütersloh 1990

Dorothee Sölle, Gewöhnen will ich mich nicht, Engagierte Texte und Gedichte, Hg. Bärbel Wartenberg-Potter Freiburg 2006

X Was tust du, fragt der Engel, Mystik im Alltag, Freiburg 2004

www.baerbel-wartenberg-potter.de

Quellen- und Bildnachweis

S. 5: Hanna Arendt, aus: Dies.: Vita activa oder Vom tätigen Leben, © Piper Verlag GmbH, München 2002. – S. 22f.: Erich Fried, aus: ders.: Kind in Peru. Anfechtungen, © Verlag Klaus Wagenbach, Berlin 1967. – S. 72: Wolf Biermann: Sag, wann haben diese Leiden ..., aus: ders.: Große Ermutigung (Refrain), aus: ders.: Alle Lieder, Hoffmann und Campe Verlag GmbH, Hamburg, © 1966 by Wolf Biermann. – S. 81f.: Brigitte Vielhaus: Brot wandelt sich, © Brigitte Vielhaus, Abdruck mit freundl. Genehmigung der Autorin. – S. 90: Marie Luise Kaschnitz, aus: dies.: Dein Schweigen – meine Stimme, © Iris Schnebel-Kaschnitz. – S. 199: Bert Brecht: Weiß ich, was ein Reis ist?, Auszug aus »Song von Angebot und Nachfrage«, aus: Bertolt Brecht: Werke. Große kommentierte Berliner und Frankfurter Ausgabe, Band 14: Gedichte 4, © Bertolt-Brecht-Erben / Suhrkamp Verlag 1993. – S. 201: Schalom Ben-Chorin: Freunde, dass der Mandelzweig (nach Jeremia 1,11), © Text 1942 SCM Hänssler, Holzgerlingen, Melodie: Fritz Baltruweit, © tvd-Verlag, Düsseldorf. – S. 246: Dietrich Bonhoeffer, aus: Dietrich Bonhoeffer Werker (DBW), Bd. 8: Widerstand und Ergebung, © Gütersloher Verlagshaus, Gütersloh, in der Verlagsgruppe Random House GmbH, München, S. 204-205. – S. 262: Hans-Jürgen Netz (Melodie: Nis-Edwin List-Petersen), aus: Wasser – Quellen der Schöpfung, © tvd-Verlag, Düsseldorf 1993. – S. 307-314: Predigt »O when the saints ...«, aus: Bärbel Wartenberg-Potter: Mit Leidenschaft. Geistliche Mut-, Mahn- und Trost-Reden einer ökumenischen Bischöfin (Christentum heute, Bd. 7), © 2010 W. Kohlhammer GmbH, Stuttgart 2010.
Fotos und Abbildungen: S. 24, 27, 28, 31, 33, 39, 47, 53, 99, 157, 161, 171, 174, 177, 180, 206, 207, 213, 214, 215, 216, 240, 247, 248, 249, 250, 254, 280 und 292: © privat. – S. 66: Foto: M. Dominguez, © World Council of Churches, Genf/Schweiz. – S. 102, 153: © World Council of Churches, Genf/Schweiz. – S. 113: Cartoon, © Anne S. Walker, International Women's Tribune Centre, New York/Australien. – S. 136, 150: Fotos: Peter Williams, © World Council of Churches, Genf/Schweiz. – S. 148: © epd-bild/ Arnold. – S. 151: Cartoon, © Claudius Ceccon, Rio de Janeiro/Brasilien. – S. 237: Foto: Stefan Wallocha, © pictures alliance/dpa/Stefan Wallocha.

Bibliografische Information der Deutschen Nationalbibliothek

Die Deutsche Nationalbibliothek verzeichnet diese Publikation
in der Deutschen Nationalbibliografie; detaillierte bibliografische
Daten sind im Internet über https://portal.dnb.de abrufbar.

MIX

Papier aus ver-
antwortungsvollen
Quellen

FSC® C005833

Verlagsgruppe Random House FSC® N001967
Das für dieses Buch verwendete FSC®-zertifizierte
Papier *Munken Premium Cream* liefert
Arctic Paper Munkedals AB, Schweden.

1. Auflage
Copyright © 2013 by Gütersloher Verlagshaus, Gütersloh,
in der Verlagsgruppe Random House GmbH, München

Umschlagfoto: © picture alliance/dpa/Ulrich Perrey
Druck und Einband: Těšínská tiskárna, a.s., Český Těšín
Printed in Czech Republic
ISBN 978-3-579-08164-9

www.gtvh.de